Wolfgang Schwartz

Rund um Osnabrück

Osnabrücker und Tecklenburger Land

50 ausgewählte Touren

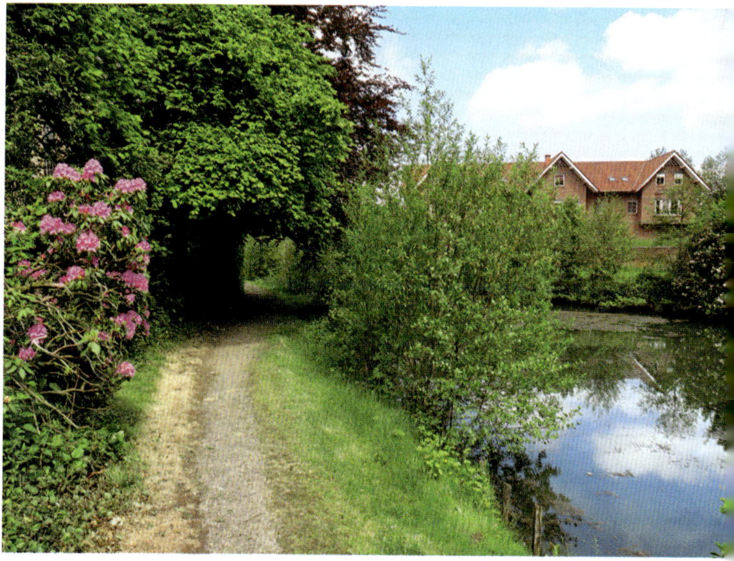

ROTHER
BERGVERLAG

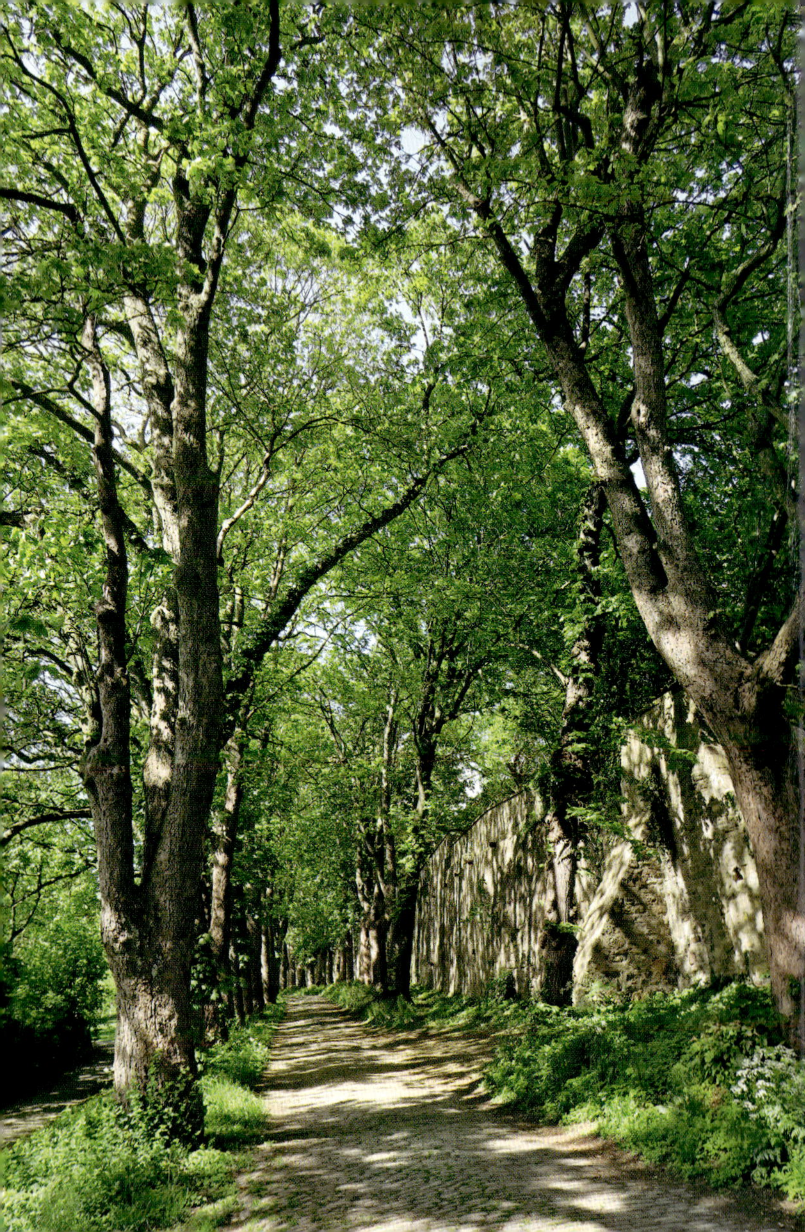

VORWORT

Dank der Lage am Übergang von den Mittelgebirgen zur Norddeutschen Tiefebene bietet die Region rund um Osnabrück ausgesprochen vielseitige Wandermöglichkeiten. Eingeklammert zwischen zwei Gebirgszügen eröffnet sich rund um die Friedensstadt Osnabrück ein breites Spektrum an Touren mit viel Wald, Wiesen, Wasser und Sehenswürdigkeiten.
Abwechslungsreiche Wege laden ganzjährig zu Touren unterschiedlichster Länge in variierenden Landschaften ein: Mittelgebirgen auf den Kämmen des Teutoburger Waldes und Wiehengebirge, den Flussniederungen der Hase und Hunte sowie Gewässern wie Ankumer See und Alfsee oder Dümmer und Dammer Bergsee. Unterwegs erinnern zahlreiche Punkte an vergangene Zeiten, als älteste die steinzeitlichen Hünengräber, errichtet aus tonnenschweren Findlingen. Bei Kalkriese wird der Schauplatz der für die Römer verhängnisvollen Varusschlacht vermutet. Das Osnabrücker Historische Rathaus schrieb Geschichte als Unterzeichnungsort des Westfälischen Friedens und in und um Osnabrück erinnern viele Schächte und Steinbrüche an die jüngere Industriegeschichte.
Zahlreiche Fernwanderwege durchziehen die Region, darunter bekannte Fernrouten wie der Hermanns-, Hünen- und Wittekindsweg oder der Jakobsweg Via Baltica in seinem südlichsten Abschnitt.
Große Teile der Umgebung von Osnabrück, dem Osnabrücker Land, gehören zum Natur- und UNESCO Geopark TERRA.vita als Nachfolger des Naturparks Nördlicher Teutoburger Wald / Wiehengebirge. In dieser Region werden viele Wandertouren als Terra-Tracks vermarktet. Das weiter westlich liegende Tecklenburger Land besticht durch Touren mit weiten Blicken vom Teutokamm auf das Münsterland, andere begleiten dort den Dortmund-Ems- und Mittellandkanal. Für besonders genuss- und abwechslungsreiches Wandern stehen im Tecklenburger Land die prämierten Rundwege namens Teutoschleif(ch)en.
Die Wanderungen erschließen nicht nur unterschiedliche Landschaften, sondern sind auch hinsichtlich Länge und Wegbeschaffenheit vielseitig; als Rund- wie Streckentouren. Fast alle Touren bieten Möglichkeiten für Abkürzungen oder Verlängerungen, oft auch Kombinationsmöglichkeiten mit anderen Touren. Viele Wanderungen bieten thematische Schwerpunkte, etwa botanisch, vor allem aber geologisch: Kein Wunder bei der Vielfalt an Landschaften mit interessanten Aufschlüssen und ehemaligen Steinbrüchen. Aber auch kulturell und geschichtlich hat die Region viel zu bieten: Natürlich Osnabrück selbst mit mehreren Museen und bedeutenden Bauwerken sowie im Umland die ehemaligen Steinbrüche und Schächte sowie steinzeitliche Steingräber.

Osnabrück, Sommer 2022 — Wolfgang Schwartz

INHALTSVERZEICHNIS

Norden mit Hase- und Hunteniederung sowie Ankumer Höhe

Nordwesten mit Tecklenburger Land

Stadt Osnabrück

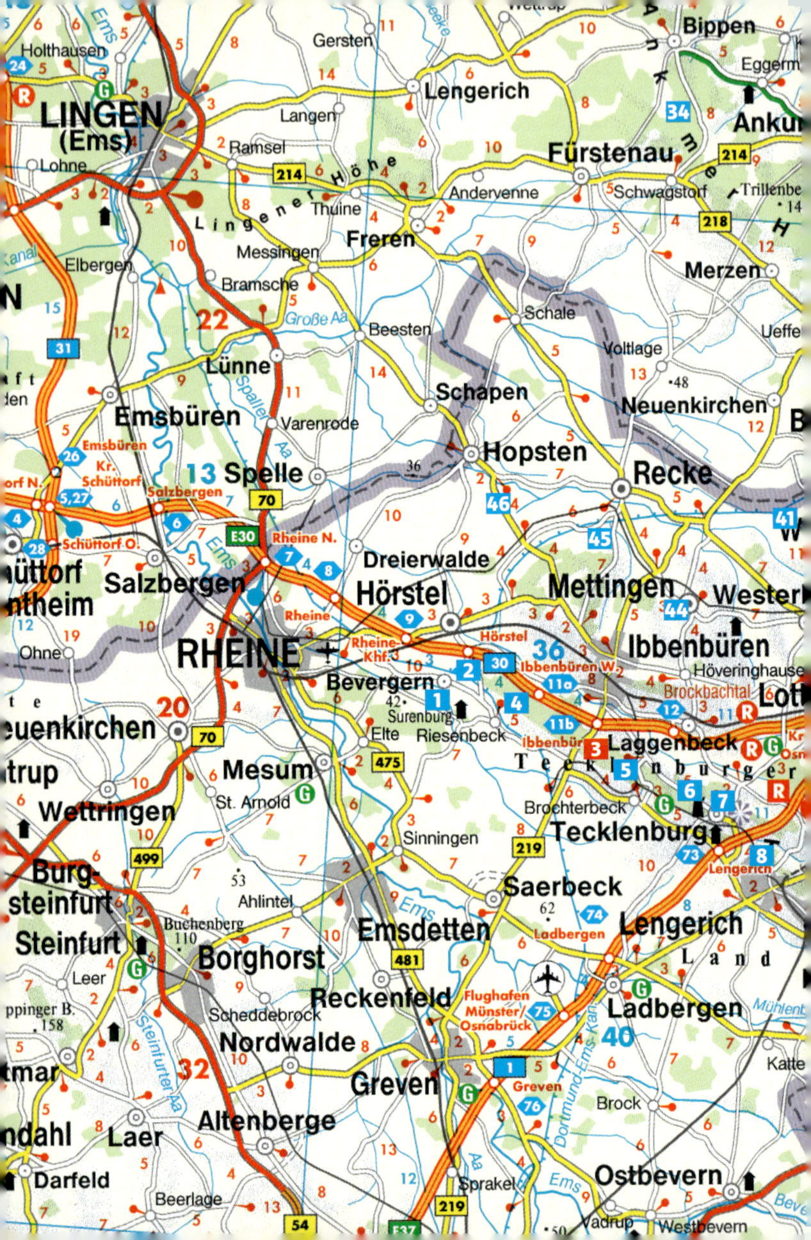

LINGEN (Ems)
Holthausen
Lohne
Gersten
Lengerich
Langen
Ramsel
Lingener Höhe
Thuine
Freren
Messingen
Elbergen
Bramsche
Große Aa
Beesten
Lünne
Emsbüren
Varenrode
Spelle
Schapen
Hopsten
Schale
Voltlage
Neuenkirchen
Recke
Fürstenau
Andervenne
Schwagstorf
Merzen
Bippen
Eggerm
Ankum
Trillenbe
Salzbergen
Rheine N.
Dreierwalde
Hörstel
Mettingen
Wester
Ibbenbüren
Höveringhause
Brockbachtal
RHEINE
Rheine-Khf.
Bevergern
Surenburg
Riesenbeck
Elte
Ibbenbüren W.
Laggenbeck
Teklenburger Land
Brochterbeck
Tecklenburg
Lengerich
Ohne
Neuenkirchen
Mesum
St. Arnold
Wettringen
Sinningen
Saerbeck
Ladbergen
Burgsteinfurt
Steinfurt
Ahlintel
Buchenberg
Borghorst
Emsdetten
Leer
Scheddebrock
Reckenfeld
Flughafen Münster/Osnabrück
Nordwalde
Greven
Altenberge
Laer
Darfeld
Beerlage
Sprakel
Ostbevern
Brock
Dortmund-Ems-Kan.
Westbevern
Vadrup
Katte
Ems
Spaller Aa
Steinfurter Aa
Emsbüren
Kr. Schüttorf
Schüttorf O.
Ladbergen

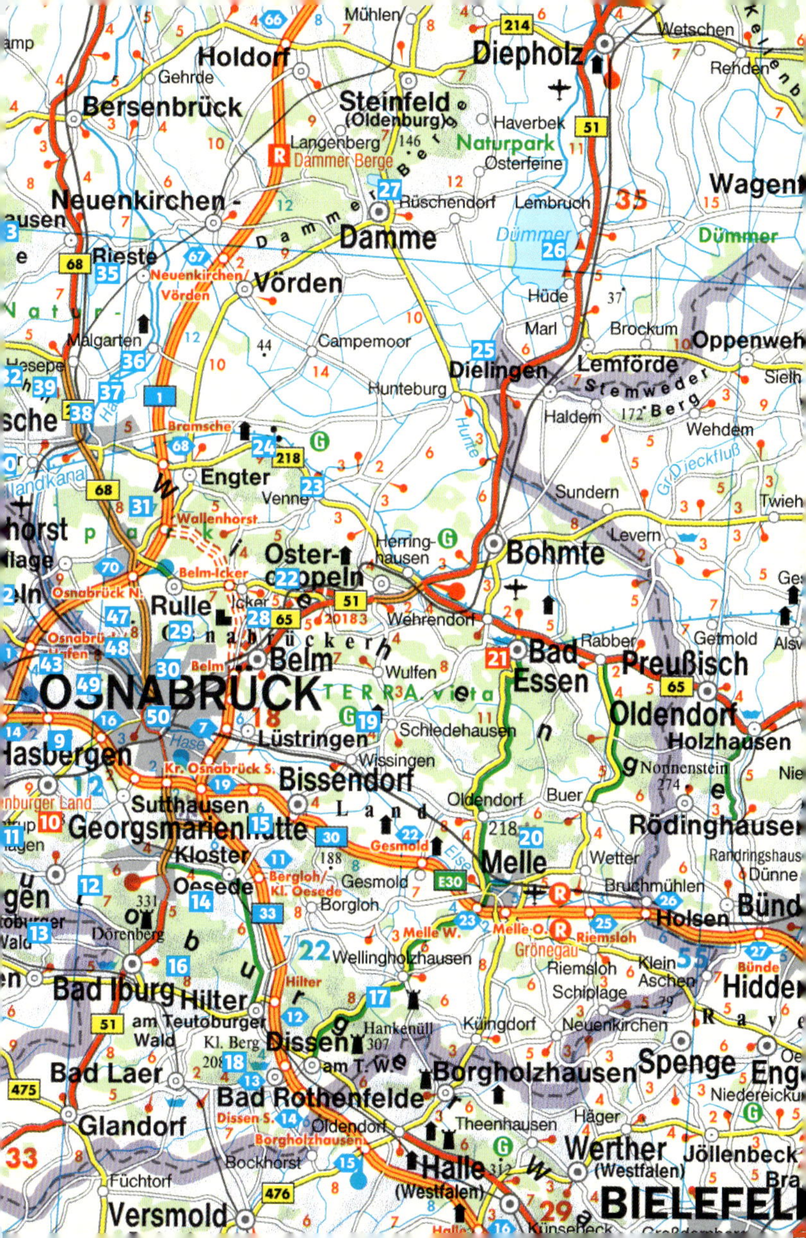

Holdorf
Diepholz
Bersenbrück
Steinfeld (Oldenburg)
Haverbek
Langenberg
Dammer Berge
Naturpark
Osterfeine
Wagenfeld
Neuenkirchen-
Rüschendorf
Lembruch
Dümmer
Damme
Rieste
Neuenkirchen/Vörden
Vörden
Hüde
Malgarten
Campemoor
Marl
Brockum
Oppenwehe
Hesepe
Hunteburg
Dielingen
Lemförde
Stemweder Berg
Haldem
Wehdem
Bramsche
Engter
Venne
Sundern
Wallenhorst
Herringhausen
Levern
Ostercappeln
Bohmte
Belm-Icker
Rulle
Icker
Osnabrück N.
Wehrendorf
Rabber
Getmold
Osnabrücker Land
Osnabrück-Hafen
Belm
Wulfen
Bad Essen
Preußisch Oldendorf
OSNABRÜCK
TERRA.vita
Schledehausen
Holzhausen
Hasbergen
Lüstringen
Wissingen
Nonnenstein
Kr. Osnabrück S.
Bissendorf
Oldendorf
Buer
Sutthausen
Georgsmarienhütte
Gesmold
Rödinghausen
Kloster Oesede
Melle
Wetter
Bergloh/Kl. Oesede
Borgloh
Bruchmühlen
Dörenberg
Holsen
Melle W.
Melle-O.
Riemsloh
Grönegau
Wellingholzhausen
Bünde
Bad Iburg
Hilter
Klein Aschen
Schiplage
Hiddenhausen
am Teutoburger Wald
Küingdorf
Neuenkirchen
Kl. Berg
Dissen am T.W.
Hankenüll
Bad Laer
Borgholzhausen
Spenge
Enger
Bad Rothenfelde
Niedereickum
Glandorf
Dissen S.
Theenhausen
Häger
Borgholzhausen
Werther (Westfalen)
Jöllenbeck
Bockhorst
Halle (Westfalen)
Füchtorf
BIELEFELD
Versmold
Künsebeck

TOP-TOUREN

Die Vielfalt der Landschaften um Osnabrück spiegelt sich in der Auswahl der Top-Touren wider, die einen guten Querschnitt aller Wanderungen bieten. Diese besonders schönen Wanderungen führen aussichtsreich über den Teutokamm mit weitem Blick über das Münsterland, genussreich entlang Kanälen oder abenteuerlich durch urige Flusstäler wie das der Nette und des Zwickenbach. Komplettiert werden die Touren von kulturellen Höhepunkten wie vorgeschichtlichen Steinzeitgräbern oder dem vermutlichen Schauplatz der Varusschlacht bei Kalkriese. Frühere Steinbrüche in und um Osnabrück bieten den Hintergrund für spannende und abwechslungsreiche Wanderungen mit tollen Ausblicken und Erinnerungen an die jüngere Industriegeschichte; besonders eindrucksvoll ist der Botanische Garten von Osnabrück, angelegt in einem ehemaligen Steinbruch.

Bevergern – Nasses Dreieck
An der Mündung des Mittellandkanals in den Dortmund-Kanals bietet diese Tour Kammwandern am Westende des Teutoburger Waldes, einen abenteuerlichen Hangweg mit schöner Aussicht und entspannt-meditatives Kanalwandern *(Tour 1, 2.45 Std.).*

Dörenther Klippen
Die Dörenther Klippen – ein Klassiker für Wanderungen im Tecklenburger Land mit steil aufragenden Felsen am Kamm des nördlichen Teutoburger Waldes. Diese Rundwanderung folgt weitgehend der gleichnamigen Teutoschleife mit Start im Bocketal bei Brochterbeck *(Tour 5, 2.45 Std.).*

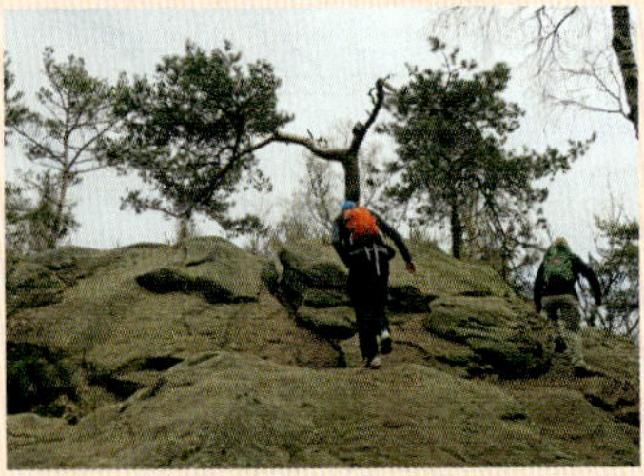

Tecklenburg – Brochterbeck
Die Bezeichnung »Bergpfad« der weitgehend identischen Teutoschleife mit Start in Tecklenburg verspricht nicht zu viel für norddeutsche Verhältnisse; es geht mehrmals auf und ab, streckenweise begleitet vom Hermannsweg *(Tour 6, 3.15 Std.).*

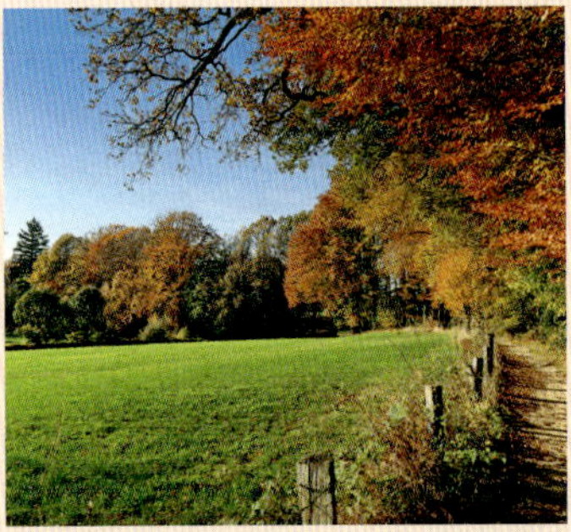

Hasbergen – Hüggel
Um den Hüggelkamm erstreckt sich eine geologisch ergiebige Landschaft, deren Steinbrüche und Schächte an den früheren Abbau von Bodenschätzen erinnern, aber auch – beim ehemaligen Arbeitserziehungslager Augustaschacht – an die Schreckensherrschaft in NS-Zeiten *(Tour 10, 3.30 Std.).*

Melle – Zwickenbachtal – Diedrichsburg
Durch die Meller Berge führt diese kurzweilige Wanderung mit dem schluchtartigen Zwickenbachtal und der neogotischen Diedrichsburg als Höhepunkte *(Tour 20, 3.00 Std.).*

Von Venne zum Kanal
Diese Wanderung unweit des Schauplatzes der Varusschlacht beeindruckt durch die Vielfalt: urwüchsige Natur beim An- und Abstieg, weites Panorama vom Aussichtsturm des Venner Bergs, entspanntes Wandern am Mittellandkanal, Geschichte bei der Venner Mühleninsel und mit Verlängerung auf einem Lehrpfad am Mühlenbach ein rekonstruiertes eisenzeitliches Haus *(Tour 23, 2.45 Std.).*

Osnabrück – Rulle
Auf der ersten Etappe führt die im Jahr 2021 nach Groningen verlängerte Fernroute Hünenweg durch das idyllische Nettetal mit mehreren Wassermühlen zur Wallfahrtskirche in Rulle als Ziel. Die Wittekindsburg ist per Abstecher erreichbar *(Tour 30, 3.45 Std.).*

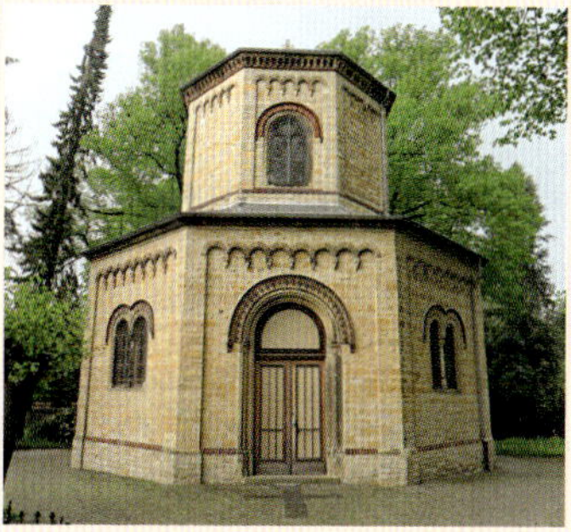

Sloopsteener Seerunde
Dieser als Teutoschleife zertifizierte Rundweg am Wersener Holz zwischen Westerkappeln und Wallenhorst wartet mit einem kurzweiligen Wegverlauf auf und berührt mehrere Sehenswürdigkeiten wie das Steinzeitgrab Sloopsteene sowie einen See mit Steil- und Sandufer *(Tour 42, 1.45 Std.).*

Piesberg
Der Osnabrücker Piesberg hat infolge des Sandsteinabbaus in den letzten Jahrzehnten sein Erscheinungsbild erheblich geändert; diese Wanderung um den Steinbruch vermittelt ein anschauliches Bild vom Bodenschatzabbau seit mehr als fünf Jahrhunderten und führt zu phänomenalen Panorama-Plattformen, darunter dem höchsten Punkt Osnabrücks *(Tour 47, 2.15 Std.).*

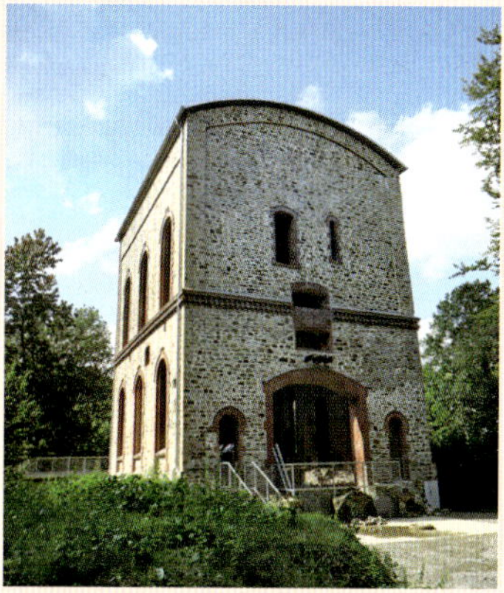

Westerberg – Rubbenbruch-See
Westlich von Osnabrück erschließt diese Wanderung sehenswerte Punkte am Stadtrand, darunter mehrere alte Steinbrüche und in einem davon den beeindruckenden Botanischen Garten. Der Westerberg bietet einen weiten Blick, der von Wald umgebene Rubbenbruch-See ist Wendepunkt dieser Rundwanderung *(Tour 49, 2.45 Std.).*

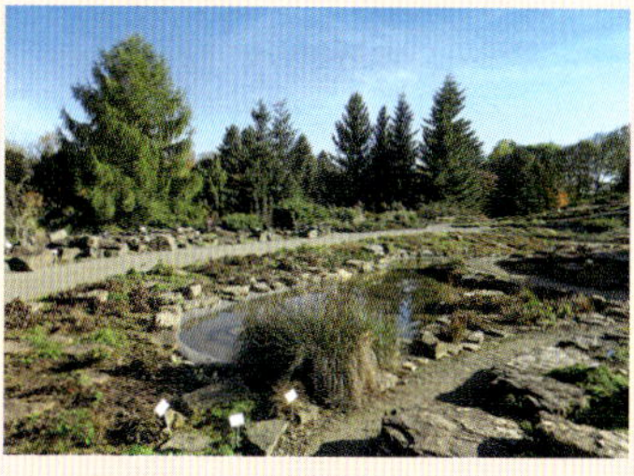

WICHTIGE HINWEISE FÜR UNTERWEGS

Schwierigkeitsbewertungen

Die Summe der Anforderungen, die eine Tour unter normalen Bedingungen stellt, drückt sich in der Farbe der Tourennummer aus; drei Stufen werden unterschieden, von denen folgende zwei im Großraum Osnabrück anzutreffen sind:

SCHWIERIGKEITSKATEGORIEN

■ = Leicht

Wanderungen auf überwiegend markierten Wegen, durch Wälder und Felder, Ortschaften und entlang von Flüssen und Kanälen, überwiegend auch für Kinder und Senioren geeignet

■ = Mittel

Touren auf Wegen und Pfaden, die wegen ihres steinigen Untergrundes schwierig zu gehen sind sowie Touren mit etwas steileren und in der Summe häufigeren – aber nicht langen – An- bzw. Abstiegen.

Anforderungen

Fast alle Wanderungen sind als leicht einzustufen; die Anstiege sind maßvoll, maximal 125 m am Stück, meistens deutlich weniger. Es überwiegen Wald- und Feldwege sowie Pfade, dazu kommen Radwege oder kleine verkehrsarme Straßen. Einige Wege sind bei und nach nassem Wetter und damit großteils im Winterhalbjahr stellenweise schlammig; entsprechende Informationen sind genauso wie weitere spezielle Anforderungen den jeweiligen Touren in der Kurzinfo vorangestellt.

Wandern mit Kindern

Die zumeist leichten und nicht allzu langen Wanderungen sind überwiegend gut geeignet für Kinder. Das bezieht sich vor allem auf die Rund- und weniger auf die Streckenwanderungen. Viele der Rundwanderungen können auch abgekürzt werden, sind großteils abwechslungsreich und bieten oft weitere Höhepunkte.

Wandern mit Hund

In Naturschutzgebieten müssen Hunde immer angeleint sein, ebenso in anderer freier Landschaft in der Brutzeit (1.4.–15.7.). Hundehalter sollten ihre Vierbeiner soweit unter Kontrolle haben, dass diese nicht streunen oder wildern. Hunde sollten immer abrufbar sein. Die Nutzung von Hundekot-Tüten, zumindest in der Nähe von Siedlungen, versteht sich von selbst. Hundebesitzer müssen bei Streckentouren die Bedingungen im öffentlichen Nahverkehr für die Mitnahme von Hunden beachten: Erfreulicherweise können Hunde in den Bussen unentgeltlich mitreisen, müssen aber

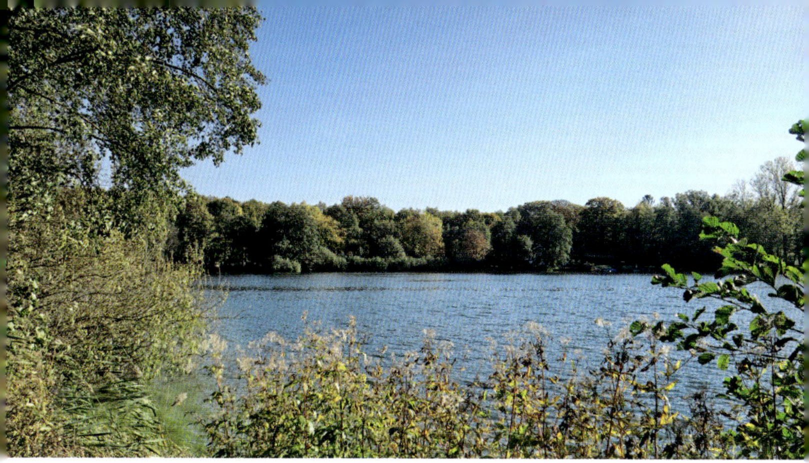

Der Rubbenbruchsee entstand zwischen 1968 und 1991 zu Erholungszwecken.

angeleint sein, im Falle aggressiven Verhaltens einen Maulkorb tragen und dürfen ausdrücklich keinen Sitzplatz belegen. Allerdings gilt für Hunde gemäß den Beförderungsbedingungen der Verkehrsgemeinschaft Osnabrück genauso wie für »Sachen« kein Beförderungsanspruch, insbesondere dann nicht, wenn andere Fahrgäste belästigt werden. Somit entscheidet das Fahrpersonal über die Mitnahme des Vierbeiners. In Bahnen muss für Hunde, die nicht in eine Box passsen, ein Kinderticket gelöst werden.

SYMBOLE

Symbole im Tourenkopf
- Mit Bahn/Bus erreichbar
- Einkehrmöglichkeit unterwegs
- für Kinder geeignet

Symbole im Höhenprofil
- Parkplatz
- Bushaltestelle
- Bahnhof
- Ort mit Einkehrmöglichkeit
- Einkehrmöglichkeit
- Hütte, Unterstand
- Abzweigung
- Brücke
- Kirche, Kapelle
- Burg, Schloss, Ruine
- archäologische Stätte
- Gipfel
- Aussichtsplatz
- Aussichtsturm
- Picknickplaatz
- Höhle
- markanter Baum
- Quelle
- Badestelle, Freibad

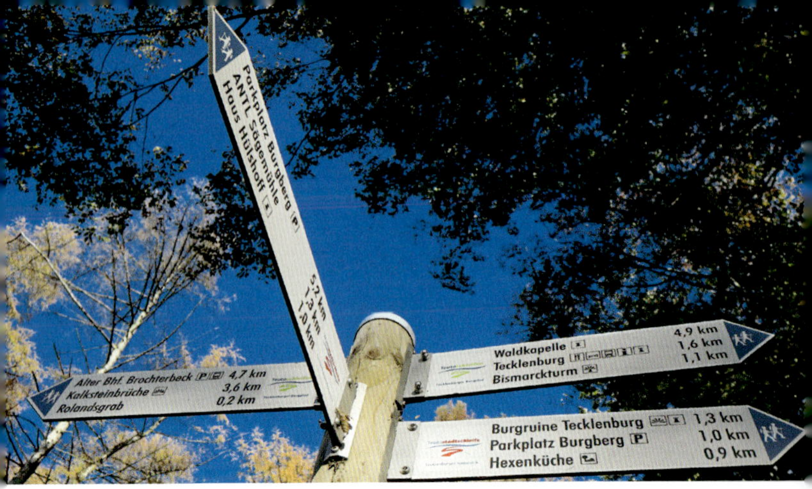

Wegweiser mit Entfernungsangaben erleichtern die Orientierung.

Wegenetz und Markierungen

Das Wegenetz rund um Osnabrück ist ordentlich, vor allem betrifft das den Wiehengebirgskamm und den Teutoburger Wald, weitere Waldbereiche und rekultivierte Flächen rund um (ehemalige) Steinbrüche. Die Markierungen sind gut und stellenweise so zahlreich, dass man gelegentlich schon mal den Überblick verlieren kann. Verantwortlich für die Markierungen sind je nach Art der Wege der Natur- und UNESCO Geopark, der Wiehengebirgsverband, Kommunen oder lokale Vereine.

Die häufigste Markierung ist ein rotes »T« für die **Terra-Tracks** (offizielle Schreibweise »TERRA.tracks«), die genauso wie Themen-Radtouren (»TERRA.trails«) vom Natur- und UNESCO Geopark vermarktet werden; mittlerweile sind es mehr als 75, www.tourenplaner-terravita.de.

Vom Wegverlauf noch spannender, weil abwechslungsreicher, sind die prämierten Rundwege namens **Teutoschleifen** im Tecklenburger Land mit ihrem grün-weißen Logo und darin einem »S«, die großteils in diesem Wanderführer beschrieben werden, teilweise auch als Variante. Acht Teutoschleifen zwischen 6 und 13 km Länge stehen zur Wahl sowie acht kürzere »Teutoschleifchen« zwischen 3 und 7 km Länge, dazu kommt eine Teutostadtschleife in Tecklenburg, www.teutoschleifen.de.

Viele der hier beschriebenen Touren folgen streckenweise den zahlreichen Fernwanderwegen in und um Osnabrück, die nebenstehend mit den wichtigsten Angaben zusammengefasst sind, um den Überblick zu behalten und häufige Markierungen einordnen zu können.

Dazu kommen einige thematische Rundwege in der Umgebung von Osnabrück:

- **DiVa-Walk:** 105 km langer Rundweg nordöstlich von Osnabrück zwischen den Spuren der Dinosaurier bei Barkhausen (Silbe »Di«) und dem Schauplatz der Varusschlacht (Silbe »Va«). Das Logo zeigt einen weißen Wanderer auf blau-orangem Grund (Touren 21–24, 28–31), www.divawalk.de.
- **Birkenweg Bramsche:** 80 km langer Rundweg östlich von Bramsche, markiert mit weißem B auf schwarzem Grund (Touren 23, 24, 31, 36–38), www.birkenweg-bramsche.de.
- **Ahornweg:** 100 km langer Rundkurs in Form einer großen Acht mit dem Mittelpunkt Bad Iburg durch das südliche Osnabrücker Land (Touren 12–14, 16–18), markiert mit einem Ahornblatt.
- **Mühlenweg:** 97 km langer Rundkurs bei Wallenhorst mit weißem M auf schwarzem Grund, (Touren 22–24, 28–31, 43).
- **Bersenbrücker-Land-Weg:** 296 km langer Fernwanderweg durch den Altkreis Bersenbrück mit vielen Schleifen nördlich von Osnabrück Richtung Quackenbrück, großteils auch radgeeignete Wege. Das Logo – weiße Welle auf rotem Grund – symbolisiert die leicht hügelige Landschaft (Touren 24, 31–35, 39).

BEKANNTE FERNWANDERWEGE IN UND UM OSNABRÜCK

Fernwanderweg	Strecke	km	Markierung	Touren im Buch
Hermannsweg	Rheine – Bad Iburg – Bielefeld – Velmerstot	154	weißes H auf schwarzem Grund	1–7, 13, 16
Hünenweg	Osnabrück – Meppen – Emmen – Groningen	325	geschwungenes blaues H auf gelbem Grund	29–34
Wittekindsweg	Osnabrück – Wiehengebirgskamm – Porta Westfalica	90	weiß-rot (und E11), früher teilweise auch X	21, 22, 29–31
Pickerweg	Bremen – Osnabrück – Meppen	120	weiß-roter Balken, weißes P auf schwarzem Grund	23, 27, 29–31
Töddenweg	Osnabrück – Rheine – Oldenzaal (– Deventer)	111 (+93)	weißes T (und E11)	43, 46, 49
Schauinslandweg	Bevergern – Bielefeld	97	X25	1, 2, 10, 14
Jakobsweg Via Baltica	Swinemünde (Usedom) – Hamburg – Bremen – Osnabrück	750	Jakobsmuschel	23, 27, 29–31
Ems-Hase-Hunte-Else-Weg	Borgholzhausen – Dümmer – Lingen	174	weißer Punkt auf schwarzem Grund	17, 21, 26, 27, 35
Arminiusweg	Bramsche – Porta Westfalica	95	römische Helmmaske auf schwarzem Grund	23

Der Umwelt zuliebe ...

Auch beim Wandern hinterlassen wir einen ökologischen Fußabdruck, aber im Einklang mit der Natur unterwegs zu sein, ist gar nicht so schwer!

VORBEREITUNG UND ANFAHRT

- Sich vorab informieren, worauf in Bezug auf Natur und Umwelt in der jeweiligen Wanderregion besonders zu achten ist.
- Soweit möglich mit Bahn und Bus anreisen, Wander- und Rufbusse nutzen.
- Ist eine Anfahrt mit dem Auto nötig, Fahrgemeinschaften bilden.
- Bei weiten Anfahrten Mehrtagestouren planen oder von einem Quartier vor Ort aus mehrere Touren absolvieren.
- Flugreisen möglichst reduzieren und durch Beiträge zu Klimaschutzprojekten kompensieren.

KLEIDUNG UND AUSRÜSTUNG

- Beim Kauf von Outdoor-Kleidung auf umweltfreundliche und faire Herstellung achten und Kleidungsstücke möglichst viele Jahre nutzen.
- Ausrüstung kann man eventuell auch gebraucht kaufen oder ausleihen.
- Reparieren statt neu kaufen.

VERPFLEGUNG

- Beim Einkauf Bio-Ware, regionale und saisonale Erzeugnisse bevorzugen.
- Hütten und Gasthäuser auswählen, die regionale Produkte verwenden.
- Auf Einwegflaschen und Plastikverpackungen verzichten, stattdessen wiederverwendbare Trinkflaschen und Brotzeitboxen benutzen.

ÜBERNACHTUNG

- Bei lokalen Anbietern buchen, damit Menschen vor Ort profitieren.
- Auf Hütten und in anderen Unterkünften Strom und Wasser sparen.

UNTERWEGS

- Wege benutzen und Abkürzer vermeiden.
- Sperrungen von Wegen und Schutzgebieten respektieren.
- Keine Blumen pflücken und keine Pflanzen entnehmen.
- Waldbrandgefahr beachten.
- Müll wieder mit nach Hause nehmen und dort entsorgen.
- Toilettengänge in freier Natur möglichst vermeiden.
- Lärm vermeiden.
- Hunde an die Leine nehmen.

ROTHER BERGVERLAG

DIE REGION

Landschaftsbild und Geologie

Das Osnabrücker Land reicht als Kulturraum mit dem Mittelpunkt Osnabrück im Norden über das Wiehengebirge bis zum Bersenbrücker Land, im Süden über den Teutoburger Wald bis hinein in das Münsterland, im Osten an Dümmer und Detmolder Regierungsbezirk und im Westen an das Tecklenburger Land, benannt nach der ehemaligen Grafschaft und heutigen Stadt Tecklenburg. Das Tecklenburger Land erstreckt sich westlich vom Osnabrücker Land zwischen Hopsten und Hörstel sowie Lienen und Lengerich.

Die von der Landesgrenze zwischen Niedersachen und NRW durchzogene Region rund um Osnabrück wird von den Mittelgebirgen Teutoburger Wald, Wiehengebirge und Osnabrücker Hügelland geprägt sowie von Ausläufern des Münsterlandes und der Norddeutschen Tiefebene mit der Ems-Hunte-Geest und Dümmer-Geestniederung. Diese ist stellenweise glazial überformt wie bei den Endmoränen der Dammer Berge oder Ankumer Höhe. Letzte, auch »Bippener Berge« genannt, bildet landschaftlich als Höhenzug – aber nicht geologisch – eine Fortsetzung des Wiehengebirges in nordwestliche Richtung.

Osnabrücker Hügelland

Zwischen den Kämmen des Teutoburger Waldes und Wiehengebirges erhebt sich das geologisch vielseitige Osnabrücker Hügelland, dessen drei höchste Hügel alle mit »H« beginnen: Hesterberg bei Melle (234 m), Holzhauser Berg (227 m) an der Hunte-Quelle und Hüggel (226 m) südlich von Osnabrück. Auch Schölerberg, Gattberg, Gehn, Meller Berge sowie die Hügel bei Mettingen, Schledehausen oder Vehrte gehören dazu. Zu den geologisch ältesten Erhebungen im Osnabrücker Hügelland zählen die drei vor 300 Millionen Jahrern entstandenen Karbonhorste: der Piesberg in Osnabrück, der Hüggel und die Ibbenbürener Bergplatte mit dem Schafberg, deren Bodenschätze jahrhundertelang gefördert wurden – unter anderen Kohle, Kalk und Erze.

Kalksteinhügel wie der Osnabrücker Westerberg bestehen aus Ablagerungen eines rund 250 Mio. Jahren alten Flachmeeres des Unteren Muschelkalks. Sie sind der geologischen Trias-Periode zuzuordnen und deutlich älter als diejenigen des Teutoburger Waldes.

Teutoburger Wald

Der vom Tecklenburger Land bei Rheine bis zum Eggegebirge bei Horn-Bad Meinberg reichende Teutoburger Wald gilt mit einer Länge von 105 km als einer der längsten Höhenzüge Norddeutschlands. Höchste Erhebung dieses Mittelgebirges ist der 446 m hohe Barnacken, die beiden größten Städte im direkten – nördlichen – Umfeld sind Osnabrück und Bielefeld.

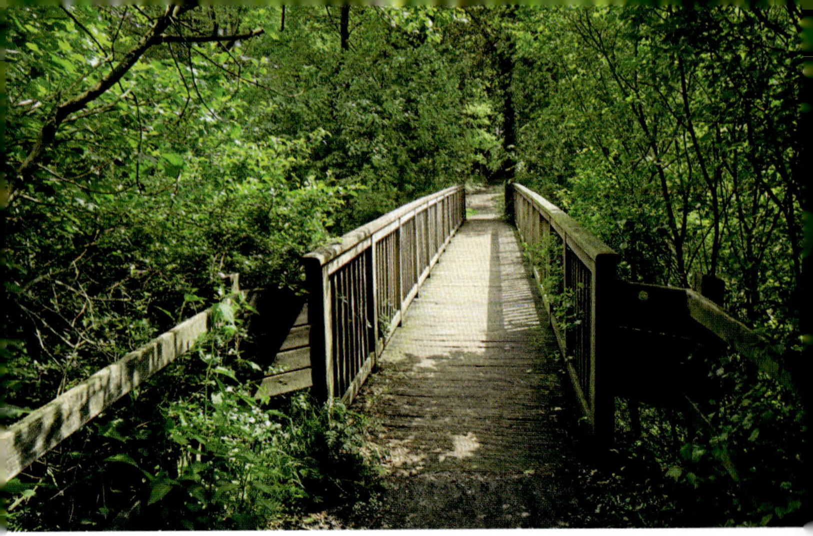

Bei Ostercappeln führt der Wittekindsweg über die Windthorstbrücke.

Entstanden ist der Teutoburger Wald vor rund 65 Mio. Jahren im Mesozoikum durch Auffaltung, als sich im damaligen Flachmeer in dem Bruch der sogenannten Osning-Spalte die nördliche Großscholle des Niedersächsischen Tektogen über die südliche Rheinische Masse schob. Aus den damaligen marinen Kalkablagerungen und der Verfestigung der Sedimente erklären sich die heute vorherrschenden Gesteinsarten: Sand- und Kalkstein, die in vielen Steinbrüchen abgebaut wurden/werden.

Der Teutoburger Wald wird klassischerweise in drei Kämme aufgeteilt: den südöstlichen aus Kalkstein, den mittleren aus kreidezeitlichem Osning-Sandstein und den nordwestlichen aus Muschelkalk – letzterer mit mehreren Touren in diesem Buch (Touren 2–8, 13, 16, 17).

Historische Bedeutung erlangte der Teutoburger Wald durch die für die Römer tragische Varusschlacht aus dem Jahr 9 n.Chr., aus welcher Arminius als Sieger hervorging, später in der deutschnationalen Bewegung als »Hermann der Cherusker« tituliert. Ihm zu Ehren wurde im 19. Jh. das Hermannsdenkmal als höchste deutsche Statue errichtet, auch der bekannte 154 km lange Kammweg trägt seinen Namen. Der genaue Schauplatz der Schlacht ist umstritten, viele Indizien – sprich: Funde, die auf römische Soldatenlager hinweisen – sprechen für die Region bei Kalkriese östlich von Bramsche (Tour 24), also streng genommen eher das Wiehengebirge. Nach neueren Erkenntnissen handelte es sich bei dieser kriegerischen Auseinandersetzung aber eher um eine größere Zahl von Scharmützeln, eines davon bei Kalkriese.

Wiehengebirge

Das Wiehengebirge erstreckt sich als eines der nördlichsten deutschen Mittelgebirge und Teil des Weserberglandes zwischen Bramsche und der Porta Westfalica und erreicht seine größte Höhe im 320 m hohen Heidbrink. Als Pendant zum Hermannsweg des Teutoburger Waldes durchzieht die Wanderroute Wittekindsweg den Kamm mit acht Aussichtstürmen auf einer Länge von 90 km. Einige westliche Etappen sind abschnittsweise hier beschrieben (Touren 21, 22, 30, 31). Die Geologie entspricht weitgehend derjenigen des Teutoburger Waldes. Es überwiegen Kalk- und Sandstein, die durch die Faltung teilweise quer gestellt wurden wie die vertikalen Fußabdrücke von Dinosauriern bei Barkhausen (Tour 21) belegen.
Der Kamm wird durch den Hunte-Durchbruch bei Barkhausen in einen östlichen und westlichen Teil gegliedert – mit unterschiedlicher Waldvegetation: den Westen mit meistens Nadel- und der Osten mit überwiegend Laubwald. Im Westen wird das Wiehengebirge landschaftlich verlängert mit den geologisch unterschiedlichen Gebieten des Gehn und der Ankumer Höhe.

Gewässer

Viele Wanderungen führen am Wasser entlang, neben Seen und Kanälen vor allem den Flüssen Hase und Hunte. Die 170 km lange **Hase** durchfließt Osnabrück und Bramsche auf ihrem Weg zur Ems und wird von mehreren Wanderungen in diesem Buch begleitet (Touren 17, 25, 31, 35, 36, 37, 38, 50), wie auch der Hase-Zufluss **Nette** (Touren 29, 30), in ihrem Oberlauf als »Ruller Flut« bezeichnet. Beide fließen dank mehrerer Renaturierungsprojekte in den letzten Jahren stellenweise zunehmend wieder in ihrem ursprünglich mäandernden Flussbett. Die **Hunte** entspringt südöstlich von Osnabrück (Tour 17), durchbricht das Wiehengebirge bei Barkhausen (Tour 21) und durchfließt auf ihrem 198 km langen Weg zur Weser kurz nach Hunteburg (Tour 25) den Dümmer (Tour 26), den zweitgrößten Binnensee Niedersachsens.
Die meisteren weiteren Seen in der Umgebung von Osnabrück sind anders als der Dümmer keine natürlichen Gewässer, sondern künstlich entstanden, etwa zur Hochwasserregulierung wie beim Alfsee (Tour 35), in einem alten Steinbruch wie beim Dammer Bergsee (Tour 27), in Sandabbaugebieten wie beim Atter- (Tour 43) oder Hasesee in Bramsche (Touren 37, 38). Wieder andere wurden bewusst zu Naherholungszwecken angelegt, wie beim Rubbenbruch-See (Touren 43, 49), benannt nach einem ursprünglich bis zu rund 300 m breiten Grabenbruch.
Landschaftsprägend sind zwei bedeutende künstliche Wasserstraßen westlich und nördlich von Osnabrück, die beide um die Jahrhundertwende 1900 geplant bzw. erbaut wurden: der 234 km lange **Dortmund-Ems-Kanal** (Touren 2, 3) sowie der ursprünglich Weser-Ems-Kanal benannte 325 km lange **Mittellandkanal** (Touren 2, 3, 23, 24, 31, 41, 45), von dem bei Bram-

sche der 15 km lange **Stichkanal Osnabrück** zum Osnabrücker Hafen abzweigt (Touren 31, 48). Der Mittellandkanal mündet beim Nassen Dreieck in Bevergern (Tour 2) in den Dortmund-Ems-Kanal.

Flora

Dank der vielen kalkhaltigen Böden und (ehemaligen) Steinbrüche haben sich um Osnabrück viele äußerst artenreiche Pflanzengemeinschaften gebildet. Kalkmagerrasen wie am Silberberg bietet seltenen Orchideen einen Lebensraum, darunter Fuchs'sches Knabenkraut, Fliegenorchis oder Grünliche Waldhyazinthe. Auch andere botanische Kostbarkeiten wie Gefranster Enzian oder Golddistel kommen hier vor. Die Buchenwälder des Teutoburger Waldes und des Wiehengebirges bieten eine ganz eigene Flora; am Waldboden blühen viele Pflanzen im frühen Frühjahr, bevor Bäume ihre Blätter bekommen, etwa Buschwindröschen, Bärlauch, Lerchensporn oder Frühlings-Schlüsselblume. Das Wiehengebirge ist Heimat der sehr seltenen Süntelbuche, einer Unterart der Rotbuche mit knorrigem verdrehtem Aussehen.

Für Botanikfreunde besonders eindrucksvoll sind folgende drei Touren: zur bekannten Orchideenwiese zwischen Hasbergen und Hagen (Tour 11), zu Lerchensporn-Wäldern am Freeden bei Bad Iburg (Tour 16), zum Hortensiengarten in Lengerich (Tour 8) – und außerdem natürlich zum beeindruckenden Botanischen Garten in Osnabrück (Tour 49). Aber je nach Jahreszeit bietet fast jede Wanderung botanische Höhepunkte.

Fauna

Großwild wie Damhirsch, Reh und Wildschwein ist im ganzen Gebiet relativ häufig. Die Gebirgszüge von Wiehengebirge und Teutoburger Wald sind außerdem wichtige Korridore für geschützte Tierarten wie Luchs, Wolf oder Wildkatze. Besondere Säugerarten im Wiehengebirge sind Hermelin und Siebenschläfer, ornithologische Besonderheiten Waldschnepfe und Uhu. Diese größte Eule Europas nimmt in der Zahl wieder zu und brütet bevorzugt in verlassenen Steinbrüchen, die rund um Osnabrück recht häufig anzutreffen sind. Im Teutoburger Wald leben noch vereinzelt Wildkatzen sowie Baummarder. Artenschutzprojekte zu seltenen Amphibien wie Kammmolch oder Laubfrosch zeigen erste positive Ergebnisse. In Buchenwäldern sind Blindschleichen anzutreffen, die sonnenexponierten Hänge der Steinbrüche sind wiederum bei Mauer- und Zauneidechsen beliebt.

Naturschutz

Ein großer Teil des Osnabrücker Lands gehört zum 1500 km² Natur- und UNESCO Geopark TERRA.vita, dem früheren Naturpark Nördlicher Teutoburger Wald-Wiehengebirge und ersten deutschen Geopark, der allerdings neben dem Schutz und Erhalt der Natur vor allem Erholungszwecken dient und daher eine entsprechend gute Wanderinfrastruktur bietet

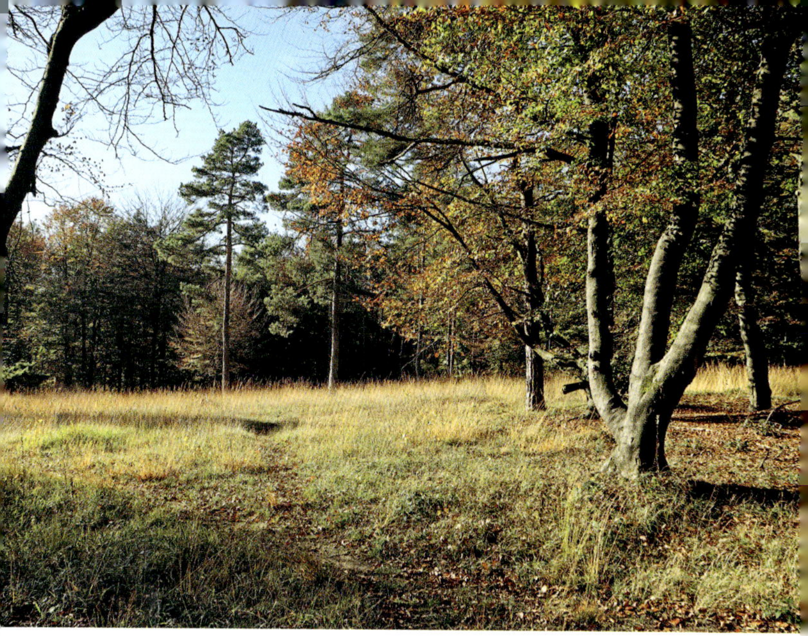

Die Kalkmagerrasen am Natruper Silberberg sind ein botanisches Eldorado.

(→ Wegenetz). Ausschließlich dem Schutz der Natur verpflichtet sind die Naturschutzgebiete, manchmal auch als FFH- oder Natura2000-Gebiete eingestuft, von denen viele auch im Gebiet des Naturparks liegen, darunter mehr als 40 Natura2000-Gebiete. Der Landkreis Osnabrück zählt alleine 33 Naturschutzgebiete, dazu kommen weitere im Tecklenburger Land.

Eine Auswahl der Schutzgebiete:

- **Dörenther Klippen:** Das 59 ha großes Gebiet ist vor allem für die vielen Flechten und Moose rund um die Felsformationen bekannt – mehr als 150 Arten (Touren 3, 5).
- **Steinbruch im Kleefeld:** Das 68 ha umfassende Areal mit Felsbiotop wurde 1990 rund um einen alten Steinbruch ausgewiesen, dessen Hänge heute von Ziegen begrast werden (Tour 8).
- **Silberberg:** Das 40 ha große Gebiet Silberberg am Hüggelkamm steht schon seit 1937 unter Schutz. Die ehemaligen Steingruben und Schächte bieten vielfältige Lebensräume, etwa für Fledermäuse. Bekannt sind die Kalkmagerrasen mit ihren Orchideen (Tour 11).
- **Freeden:** 224 ha großes Waldschutzgebiet bei Bad Iburg mit alten Steinbrüchen, bekannt für Lerchensporn-Blüte Tour 16).

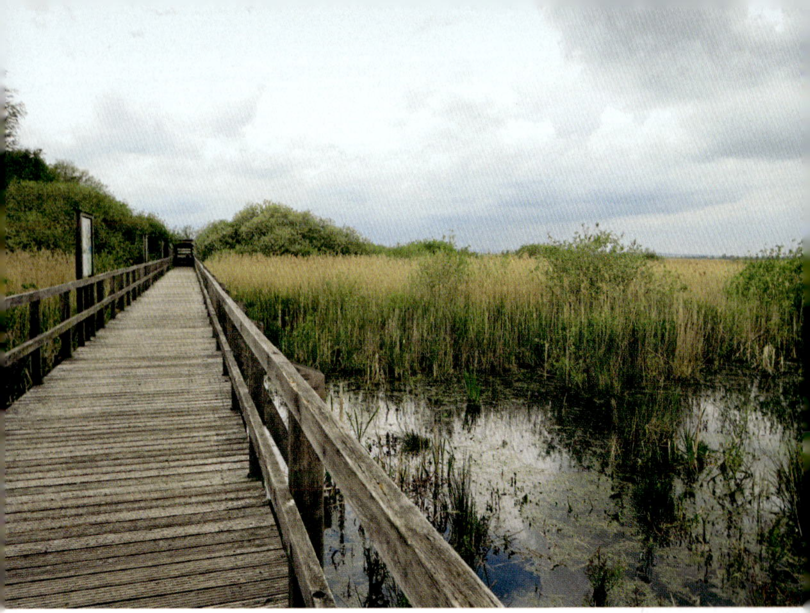

Dieser Holzsteg erschließt eine Schilfzone am östlichen Dümmerufer.

- **Dümmer, Hohe Sieben, Ochsenmoor:** Das 1820 ha große Gebiet rund um den zweitgrößten Binnensee Niedersachsens mit bedeutender Unterwasser-, Schwimmblatt- und Röhrichtvegetation ist Bestandteil des noch größeren EU-Vogeschutzgebietes (4760 ha) als wichtiges Brut- und Überwinterungsgebiet mit mehr als 270 Arten (Tour 26).
- **Steinernes Meer:** Das 13 ha große Gebiet am Gattberg mit seinen als Naturdenkmal ausgewiesenen Findlingen ist das zweitälteste niedersächsische Naturschutzgebiet (Tour 28).
- **Maiburg:** Ein von Kerbtälern durchzogener Wald, ursprünglicherweise bodensaurer Buchenwald, bildet mit seinen Bächen ein 181 ha großes Schutzgebiet südlich von Bippen (Tour 34).
- **Grasmoor:** 33 ha großes abwechslungsreiches Gebiet mit Stillgewässern, Dünentälern und Mooren (Tour 40).
- **Düsterdieker Niederung:** Das 1983 unter Schutz gestellte 1131 ha große Gebiet mit den Wiesen am Schachsel ist das größte Naturschutzgebiet im Kreis Steinfurt (Touren 41, 43).
- **Sloopsteene:** 1,47 ha kleines Gebiet bei Westerkappeln mit dem gleichnamigen Großsteingrab (Touren 42, 43).
- **Heiliges Meer:** 260 ha großes Gebiet in einer Senkungszone zu Füßen des Schafbergs mit dem größten natürlichen See (11 ha) Westfalens (Tour 46).

INFORMATIONEN UND ADRESSEN

ÖPNV

Das öffentliche Verkehrsnetz ist in Osnabrück mit Vororten ausgesprochen gut mit meistens mehrmals stündlichen Verbindungen. Auf Hauptstrecken im Umland werden zwischen größeren Städten meistens zumindest werktags Verbindungen im Stundentakt angeboten, auf dem Land dagegen manchmal nur zu Schulzeiten.

Infostelle zum öffentlichen Personennahverkehr in Osnabrück: Mobilitätszentrum der Stadtwerke Osnabrück AG, Am Neumarkt, 49074 Osnabrück, Telefon: +49 541 20022211.

Der öffentliche Personennahverkehr wird – grob entlang der Landesgrenze zwischen Niedersachsen und NRW mit fließenden Grenzen – in zwei Verbünde aufgeteilt:

- Osnabrück und Umland: Verkehrsgemeinschaft Osnabrück, www.vos.info.
- Tecklenburger Land: Vekehrsverbund Regionalverkehr Münsterland GmbH, www.rvm-online.de.

Fast alle hier beschriebenen Wanderungen sind mit öffentlichen Verkehrsmitteln erreichbar, manche mit kurzen Zuwegen. Dabei wurde auf möglichst gute Anbindungen, idealerweise per Bahn geachtet. Das öffentliche

Die Bahntrasse bei Brochterbeck dient heute nur noch dem Güterverkehr und einer Museumsbahn.

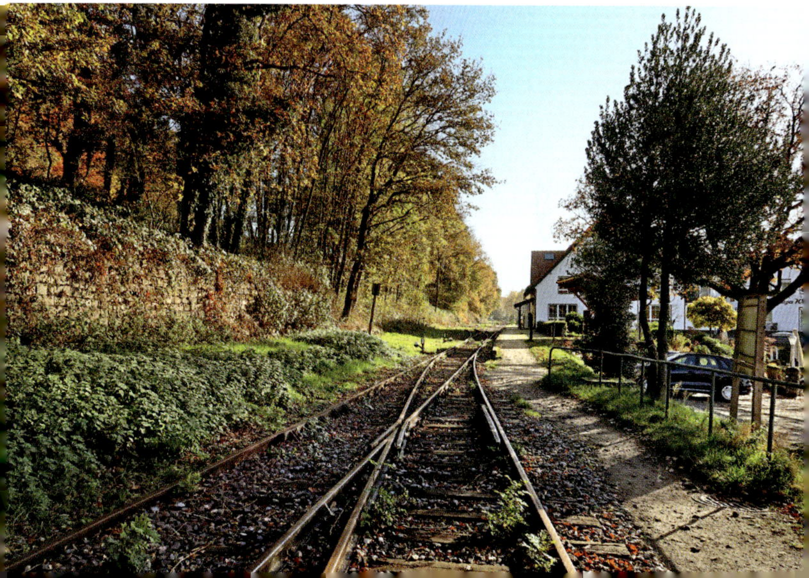

Verkehrsnetz ist sonntags stark ausgedünnt, dafür verkehrt in der Sommersaison (Anfang Juni bis Anfang Oktober) sonntags ein Freizeitbus mit Radanhänger von Osnabrück in beliebte Naherholungsgebiete mit entfernungsabhängigen Tarifen (max. 10 € für eine Tageskarte) als Angebot der Verkehrsgemeinschaft Osnabrück in Zusammenarbeit mit Touristinfos.
Die **Freizeitbus-Linien** in 4 Regionen, www.freizeitbus.com:

- Dümmer-See (Linie 200): Osnabrück – Belm – Ostercappeln – Dümmer (3 × täglich, Tour 22)
- VarusRegion (Linie 202): Osnabrück – Schledehausen – Bad Essen (4 × täglich, Touren 19, 21)
- Teuto-Region (Linie 400): Osnabrück – Bad Iburg – Bad Laer – Bad Rothenfelde (5 × täglich, Touren 16, 18)
- Tecklenburg (Linie 401): Osnabrück – Hasbergen – Leeden – Tecklenburg (4 × täglich, Touren 10, 11, 18)

Parken

Das Parken in großen Innenstädten wie dem Zentrum von Osnabrück und in Touristenorten wie Tecklenburg ist oft kostenpflichtig. Die zahlreichen Wanderparkplätze im Umland sind insbesondere bei gutem Wetter und an Wochenenden sehr beliebt und dann oft schon frühzeitig überbelegt. Bei den Touren sind in der Kurzinfo unter »Ausgangspunkt« neben einer Parkgelegenheit nahe dem Startpunkt meistens noch weitere entlang der Route angegeben.

TOURISTISCHE INFORMATIONEN

Osnabrücker Land
Tourismusgesellschaft Osnabrücker Land mbH
Herrenteichsstr. 17/18, 49074 Osnabrück, Tel. +49 541 3232202, www.osnabruecker-land.de

Osnabrück
Tourist Information Osnabrück
Bierstraße 22–23, 49074 Osnabrück, Tel. +49 541 3232202, www.osnabrueck.de/tourismus/tourist-information

Tecklenburger Land
Tecklenburger Land Tourismus e. V.
Markt 7, 49545 Tecklenburg, Tel. +49 5482 929182, www.tecklenburger-land-tourismus.de

Naturpark (zuständig u. a. für Terra-Tracks)
Natur- und UNESCO Geopark TERRA.vita, Am Schölerberg 1, 49082 Osnabrück, Tel. +49 541 5014217, www.geopark-terravita.de

Wiehengebirgsverband (zuständig u.a. für viele Fernwanderwege)
Wiehengebirgsverband Weser-Ems e. V., Rolandsmauer 23a, 49074 Osnabrück, Tel. +49 541 29771, www.wiehengebirgsverband-weser-ems.de

Information im Internet

- www.geolife.de, Tourenportal des Landesamtes für Geoinformation
- www.tourenplaner-terravita.de, Tourenplaner des Natur- und Geoparks mit u.a. den Terra-Tracks
- www.teutoschleifen.de, die jeweils acht Teutoschleif(ch)en im Tecklenburger Land
- www.vos.info und www.rvm-online.de, Nahverkehr rund um Osnabrück

Gedruckte Wanderkarten

Es gibt keine Wanderkarte, die den gesamten Bereich abdeckt. Man muss sich mit Teilstücken begnügen, wobei die erstgenannte Karte die meisten Touren abdeckt. Zur Übersicht bieten auch Radwanderkarten kleineren Maßstabs gute Dienste.

- Kompass: Wanderkarte 750 Osnabrücker Land 4in1 Wanderkarte 1:50.000, ISBN 978-3990449196, 11,99 €. Gesamter Bereich außer Tecklenburger Land und Norden (Touren 8–24, 28–31, 38, 47–50).
- KV-Plan: KVplan Lengerich mit Freizeitkarte 1:25.000. Teutoburger Wald zwischen Dörenther Klippen im Westen bis Bad Iburg, ISBN 978-3896416483, 4,99 € (Touren 1–12).
- Altengerger Höhen – GeoMap: Lengerich – Greven Wanderkarte 1:35.000. Mit u.a. Tecklenburger Land, ISBN 978-3936184983, 7,95 € (Touren 1–12).

Digitale Karten

Für digitalen Gebrauch sei auf die OSM-Karten (OpenStreetMap) verwiesen, die in verschiedener Form bzw. für zahlreiche Zielgruppen auf vielen Internetseiten und Apps angeboten werden für unterschiedlichste digitale Anwendungen – in Apps wie z.B. Komoot, Alltrails, bergfex, für PC-Programme wie Basecamp oder GPS-Outdoor-Empfängern wie denen von Garmin.

GPS-TRACKS UND KOORDINATEN DER AUSGANGSPUNKTE

Zu diesem Wanderführer stehen auf www.rother.de GPS-Tracks und Koordinaten der Ausgangspunkte zum kostenlosen Download bereit.
1. Auflage, Passwort: **459801wLx**
Sämtliche GPS-Daten wurden vom Autor im Gelände erfasst und auf einer digitalen Karte nachbearbeitet. Verlag und Autor haben die Tracks und Wegpunkte nach bestem Wissen und Gewissen überprüft. Dennoch können wir Fehler oder Abweichungen nicht ausschließen, außerdem können sich die Gegebenheiten vor Ort zwischenzeitlich verändert haben. GPS-Daten sind zwar eine hervorragende Planungs- und Navigationshilfe, erfordern aber nach wie vor sorgfältige Vorbereitung, eigene Orientierungsfähigkeit sowie Sachverstand in der Beurteilung der jeweiligen (Gelände-)Situation. Man sollte sich für die Orientierung auch niemals ausschließlich auf GPS-Gerät und -Daten verlassen.

WEITERE SPORT- UND FREIZEITANGEBOTE

Radfahren

Das Osnabrücker Land wirbt mit 2800 km ausgeschilderten Radrouten, und auch das Tecklenburger Land positioniert sich mit sechs Themenradrouten als Radparadies. Manche Routen folgen stellenweise Wanderwegen, so gilt der Hermannsweg mit seinem Wechsel aus Forstwegen und Wurzeltrails als eine der schönsten Mountainbike-Routen Norddeutschlands. Den Naturpark Nördlicher Teutoburger Wald Terra.vita erschließen die zum Teil recht anspruchsvollen Terra-Trails.

Trotz des dichten Wegenetzes gibt es in der Region oft keine getrennten Wege für Radfahrer bzw. Mountainbiker, Reiter oder Wanderer. Das führt insbesondere auf schmaleren Wegen an gut besuchten Tagen wie sonnigen Wochenenden regelmäßig zu Konflikten und erfordert gegenseitige Rücksichtnahme.

Klettern

Der Teutoburger Wald bietet im Tecklenburger Land einige »echte« Klettermöglichkeiten, vor allem die Sandsteinfelsen an den Dörenther Klippen – dem größten Klettergebiet des Teutoburger Waldes und einem der größten Nordrhein-Westfalens. Das Klettern in dem dortigen Naturschutzgebiet ist aber an bestimmte Auflagen gebunden und daher nur Mitgliedern anliegender DAV-Sektionen sowie der Bergfreunde Ibbenbüren vorbehalten, www.bergfreunde-ibb.de.

Ansonsten gibt es einige kommerzielle Klettermöglichkeiten mit Zugang gegen Entgelt statt eines Mitgliedsausweises:

Die Felsen bei den Dörenther Klippen sind nur Kletterfreunden in Vereinen zugänglich.

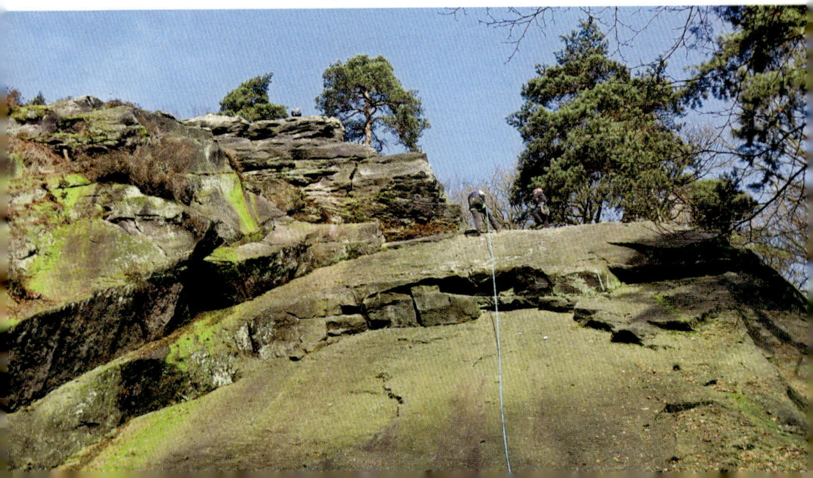

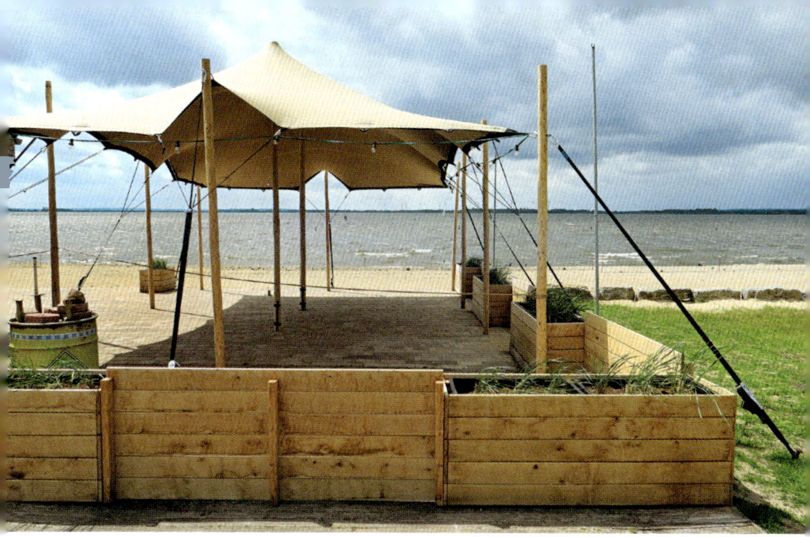

Der Dümmer ist nicht nur ein Paradies für Vögel, sondern auch für Badefreunde.

- **Kletterwald Ibbenbüren:** Die 2007 gegründete Anlage gilt als einer der ersten und besten Kletterwälder Deutschlands mit 14 Parcours und 145 Kletterelementen auf einer Fläche von 30.000 m^2. www.kletterwald-ibbenbueren.de
- **Kletterwald Osnabrück:** Klettern an der Nette südlich von Rulle in bis zu 12 m Höhe auf fünf Parcours unterschiedlicher Schwierigkeitsgrade. www.teamotion.de/kletterwald-osnabrueck.html
- **Zenit Boulderhalle Osnabrück:** Kletterwände auf einer Fläche von 2000 m^2 drinnen und draußen nahe des Osnabrücker Hauptbahnhofs. www.zenit-klettern.de
- **Osnabloc Boulderhalle:** Bis zu 4,5 m hohe Kletterwände auf einer Fläche von 1300 m^2 im Osnabrücker Stadtteil Fledder. www.osnabloc.de

Baden

Eine Auswahl von Bademöglichkeiten, die sich gut mit den beschriebenen Wanderungen kombinieren lassen:

- **Dümmer-Strand** (Tour 26): Strände bei Lembruch, Marissa-Ferienpark und Hüde, wo auch Boote vermietet werden www.duemmer.de → Wasser (Sport) → Baden
- **StrandArena Alfsee** (Tour 35): Strandbad neben dem Alfsee. www.strand-arena.de
- **Nettebad** im Stadtteil Haste (Touren 29, 30): Frei- und Hallenbad an der Nette. www.nettebad.de

- **Waldfreibad Tecklenburg** (Tour 7): Freibad im Tal unterhalb von Tecklenburg, www.bwg-baeder.de
- **Hallenfreibad Lienen** (Tour 13): Bad am Wald- und Ortsrand von Lienen, www.bwg-baeder.de
- **Waldbad Georgsmarienhütte** (Tour 12): Kleines Naturbad am Waldrand. www.georgsmarienhuette.de → Stadt → Sport → Waldbad
- **Waldbad Schledehausen** (Tour 19): Kleines solarbeheiztes Freibad bei Schledehausen. www.bissendorf.de → Freizeit & Tourismus → Waldbad

Museen

- **Kulturgeschichtliches Museum Osnabrück** (Touren 49, 50): Vier Museen dokumentieren Kultur und Geschichte am Westrand der Osnabrücker Altstadt; Kulturgeschichtliches Museum, Villa Schlicker, Akzisehaus sowie Felix-Nussbaum-Haus des Architekten Libeskind. www.museumsquartier-osnabrueck.de
- **Kunsthalle Osnabrück**: Die Kunsthalle zeigt in der ehemaligen Klosterkirche des 1803 aufgelösten Dominikanerklosters raumbezogene Objekte der zeitgenössichen Kunst – auch die eigenwillige Website ist Gegenwartskunst. www.kunsthalle.osnabrueck.de
- **Museum Industriekultur Osnabrück**, kurz »MIK« (Tour 47): Geschichte der Industrialisierung in den Gebäuden einer alten Steinkohlenzeche am Piesberg; mit einem gläsernen Fahrstuhl geht es 30 m tief in einen alten Bergwerksstollen. www.mik-osnabrueck.de
- **Museumspark Varusschlacht** am Kalkrieser Berg bei Bramsche (Tour 24): Der Museumspark beleuchtet interaktiv die gegen die Römer siegreiche Schlacht im Teutoburger Wald vor 2000 Jahren. www.kalkriese-varusschlacht.de.

Schloss Surenburg geht auf eine Wasserburganlage aus dem 15. Jahrhundert zurück.

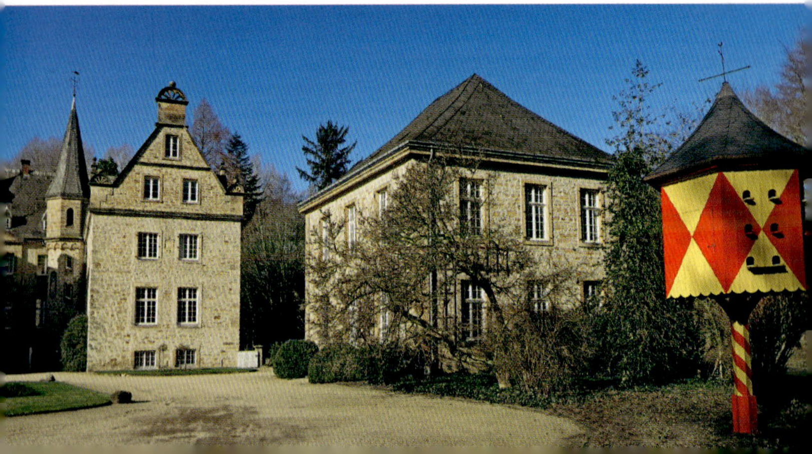

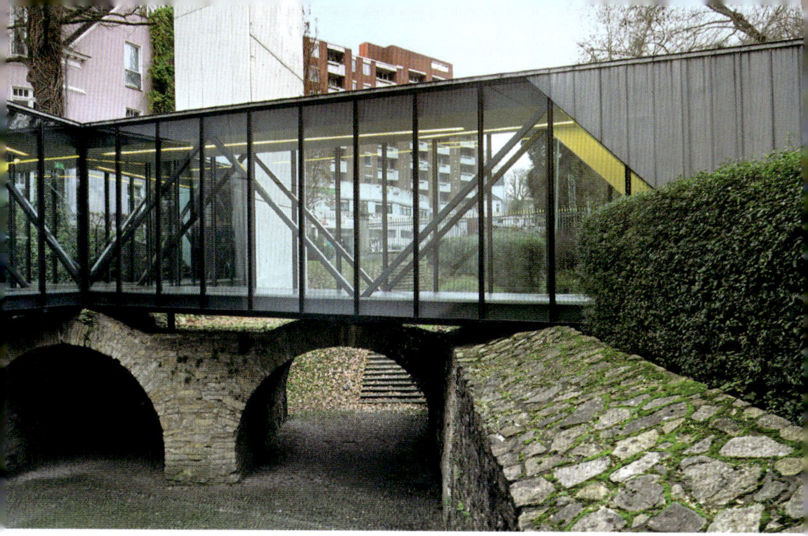

Das Museumsquartier Osnabrück verbindet eindrucksvoll moderne Architektur mit der alten Stadtbefestigung.

- **Museum am Schölerberg – Natur und Umwelt**: Ab Frühjahr 2023 soll in dem dann neu gestalteten Museum nahe dem Zoo auf fünf Ebenen Naturgeschichte von der Geburt der Galaxie bis zu nachhaltigen Konzepten in urbanen Gebieten gezeigt werden. Sonderausstellungen und das Planetarium sind bis dahin zugänglich. www.museum-am-schoelerberg.de

Attraktionen in/mit der Natur

- **Zoo Osnabrück:** Der Zoo Osnabrück gilt mit seinen rund 2200 Tieren in fast 300 Tierarten und seiner Lage auf dem bewaldeten Schölerberg und seinen Themenlandschaften mit verschiedenen Arten in einem Gehege als einer der schönsten Deutschlands. www.zoo-osnabrueck.de
- **Botanischer Garten Osnabrück** (Tour 49): 1984 in einem ehemaligen Muschelkalksteinbruch angelegte grüne Oase mit rund 8000 Pflanzenarten und Regenwaldhaus sowie Alpinum als Höhepunkte. Sieben Stein-Stationen im Garten vermitteln einen Querschnitt durch die Geologie des Osnabrücker Hügellandes. www.bogos.uni-osnabrueck.de
- **Baumwipfelpfad Bad Iburg** (Tour 16): 600 m langer Waldlehrpfad in bis zu 30 m Höhe zwischen 250 Jahre alten Bäumen mit Blick auf das Schloss, den Kneippkurort Bad Iburg sowie dessen Umland. www.baumwipfelpfad-badiburg.de

Folgende Doppelseite: Kiefern beim Abstecher zum Erdfallsee (Tour 46).

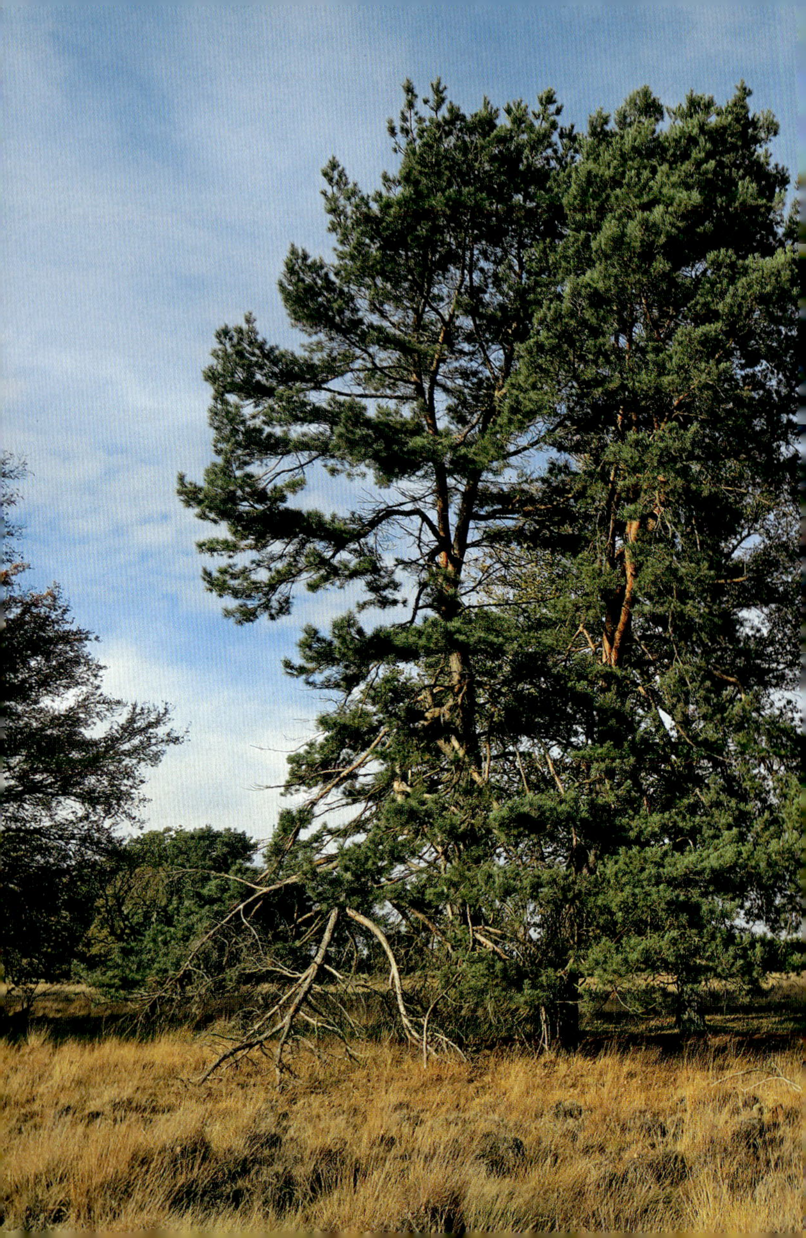

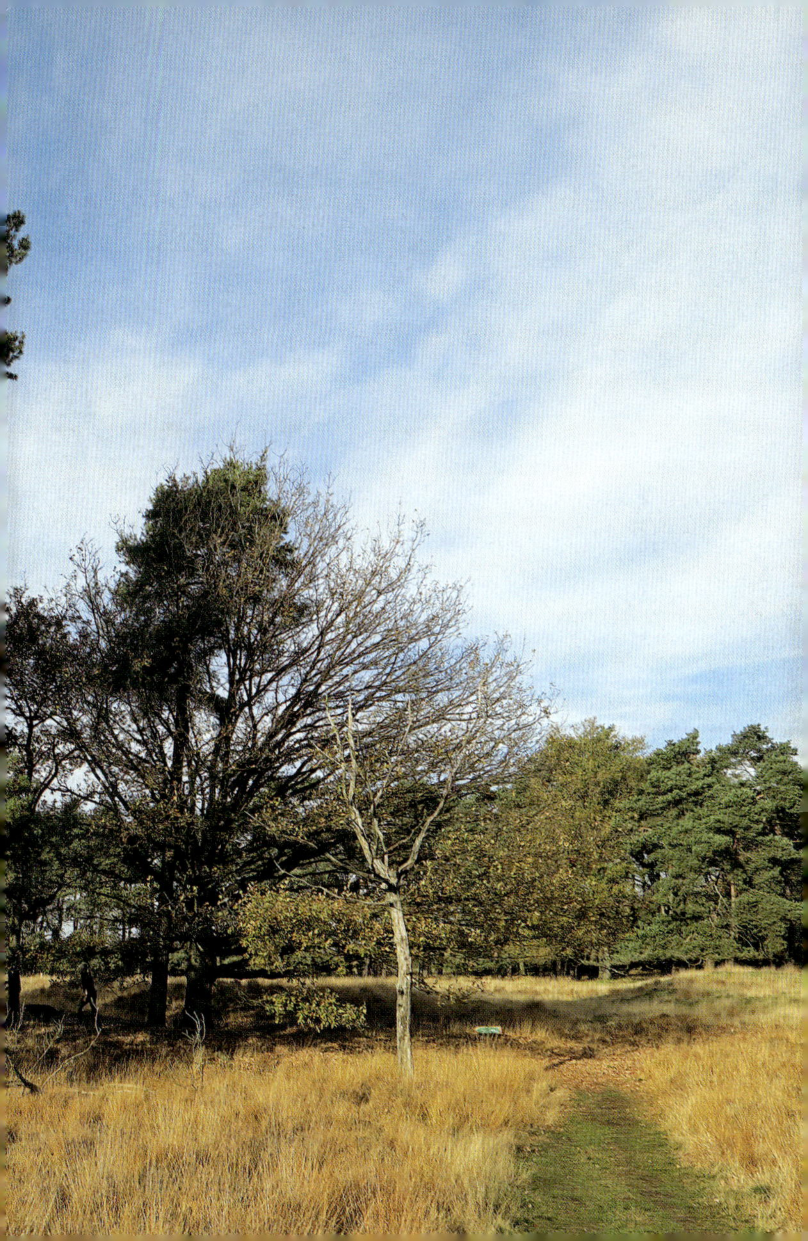

↗ 60 m | ↘ 60 m | 10,5 km

2.45 h

1 Bevergern – Surenburger Schloss

Rundwanderung durch Wald und am Hemeter Bach

Diese Rundwanderung führt großteils entlang Bächen und Gräben, die die einst sumpfige Landschaft um Bevergern entwässern. Die Sümpfe waren früher beliebte Lebensräume für Biber, an die der Ortsname erinnert; auch taucht ein Biber im Stadtwappen von Bevergern auf. Die Tour folgt zunächst dem Hermannsweg Richtung Rheine und anschließend dem Wald des Wilden Weddenfels, einer ehemaligen eiszeitlich entstandenen Wanderdüne. Wendepunkt dieser Wanderung ist das Surenburger Schloss, eine typische westfälische Wasserburg.

Ausgangspunkt: Burgplatz in Bevergern nahe der Marienkirche, 45 m, mit Parkplatz (Navi: Burgplatz, 48477 Hörstel-Bevergern).
ÖPNV: Bushaltestellen Bevergern-Althelmig westlich und Bevergern-Apotheke östlich der Marienkirche mit Buslinien R93 Bevergern – Rheine und R63 Bevergern – Ibbenbüren (beide Mo. – Sa. jeweils stündlich), www.rvm-online.de. Für Busfahrer ist es am Ende der Tour kürzer (0,5 km), bei 5 der Sendstraße durch das Wohnviertel direkt zu Haltestelle Bevergern-Apotheke zu folgen.
Anforderungen: Leichte Wanderung über Wald- und Feldwege sowie kleine verkehrsarme Straßen.
Markierung: Anfangs Hermannsweg (H), später X13 und X7, beim Schloss Surenburg Hörsteler Holskenpatt (Klompenschuh).
Einkehr: Am Schloss Surenburg eher gehobenes Hotel-Restaurant, sonst nur am Start und Ziel.
Varianten: Abkürzungsmöglichkeiten:
1. Surenberger Damm statt Waldweg (1,6 km kürzer), also bei der Kreuzung vor 3 geradeaus statt rechts.
2. Statt Schlossumrundung bei der Brücke vor dem Schloss scharf links gehen (0,8 km kürzer) oder halb links (0,6 km kürzer).
Kombi-Tipp: Tour 2 zum Nassen Dreieck.
Tipps: Kunsthaus Kloster Gravenhorst nordwestlich von Bevergern mit wechselnden Ausstellungen und Café in altem Kloster (Di. – Sa. 14 – 18, So. 11 – 18 Uhr), www.da-kunsthaus.de.

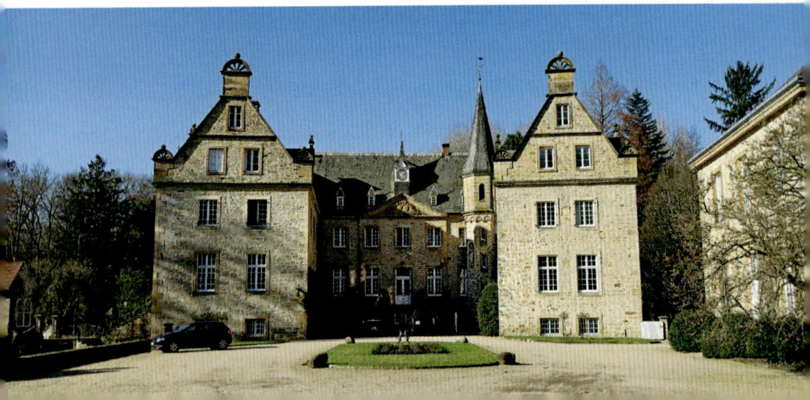

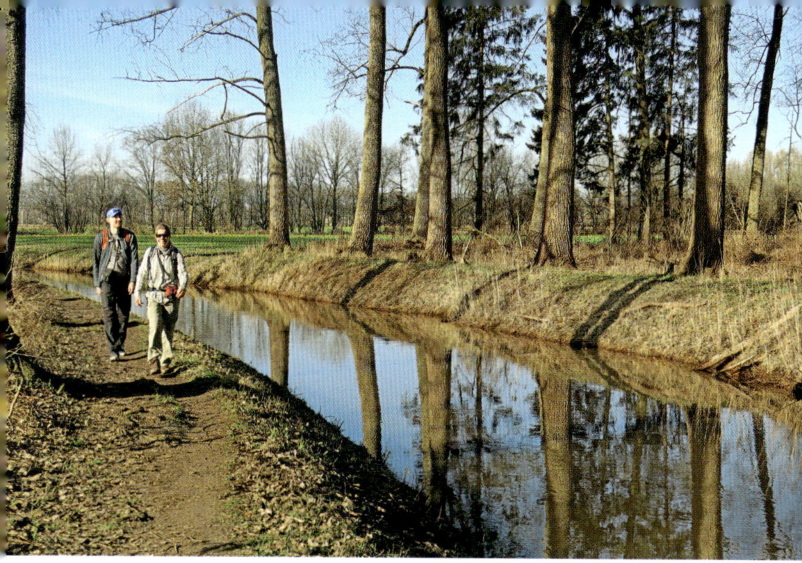

Oben: Wandern entlang dem bei Rheine in die Ems mündenden Hemelter Bach.
Links: Das in Privatbesitz befindliche Schloss Surenburg ist leider nicht öffentlich zugänglich.

Am **Burgplatz Bevergern** ❶ beginnt die Tour westwärts (Am Markt). Vor der Marienkirche gehen wir nach links, links an ihr vorbei und verlassen den Ort auf gepflasterter Gasse rechts neben der Mauer. Nach der Fußgängerholzbrücke folgen wir dem Hermannsweg (H) nach rechts, links neben dem Hemelter Bach, der später zweimal gequert wird. Bei einer Kreuzung mit Bank vor der vierten **Brücke** ❷ zweigt H links auf einen unbefestigten Fahrweg und bei der folgenden Kreuzung links in die Straße Surenburger Damm, den wir nach 1 km bei einer Kreuzung rechts auf einem unbefestigten Fahrweg (H) verlassen.
In einer Rechtskurve des Fahrwegs mit einer Bank mit Infotafel sowie einem Waldweg dahinter verabschiedet sich der Hermannsweg nach rechts, während wir dem **Waldweg** ❸ links folgen (X7) auf einer längeren eher meditativen Passage geradeaus durch Nordausläufer der bewaldeten Bin-

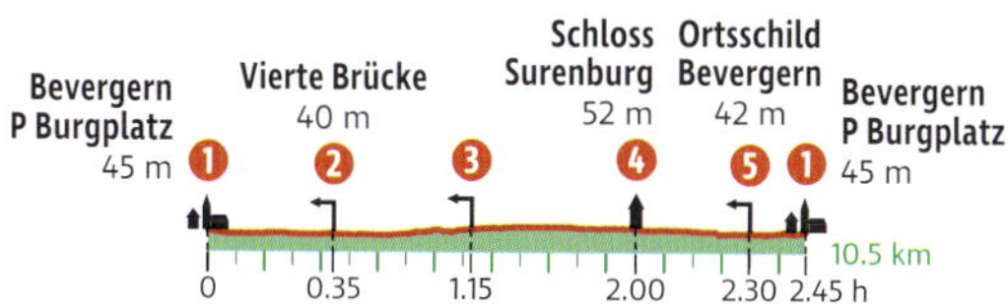

Die Bervergerner Pfarrkirche St. Marien geht auf das 15. Jahrhundert zurück.

nendüne des Wilden Weddenfelds. Nach 2 km erreichen wir wieder den bekannten Surenberger Damm und folgen ihm rechts.

Nach einer Brücke ignorieren wir die linke Abzweigung vor dem Schlossgelände (Abkürzungsmöglichkeiten) und gehen geradeaus und bei der nächsten Kreuzung vor dem Parkhotel links zum **Schloss Surenburg** ❹. Die erstmals im 15. Jh. urkundlich erwähnte westfälische Wasserburg wurde im 18. Jh. von der aus dem niederländischen Roermond stammenden Adelsfamilie Heereman von Zuydtwyck erworben, die die Anlage nach erheblichen Umgestaltungen bis heute besitzt und bewohnt. Constantin Heereman von Zuydtwyck war langjähriger Präsident des Deutschen Bauernverbandes (von 1969 bis 1997).

Vor dem Schloss halten wir uns rechts und umgehen die Anlage hälftig entgegen dem Uhrzeigersinn. Auf der Nordwestseite mit einem kleinen weißen Tor biegen wir rechts in den alleeartigen Waldweg, nach 200 m begleitet von dem links einströmenden Hemeter Bach, dessen Seite bei der nächsten Brücke gewechselt wird. Der mit X13 markierte Uferweg neben dem Bach mündet nach 5 Gehminuten in die kleine Straße Sendwall und folgt ihr geradeaus nach Bevergern. Am Ortsrand schwenken wir nach dem **Ortsschild Bevergern** ❺ und Bänken vor einer Brücke links auf den Uferweg ein, folgen wieder dem Hemeter Bach und bei der bekannten Holzbrücke dem Weg rechts Richtung Altstadt zurück zur Marienkirche und rechts davon dem **Burgplatz Bevergern** ❶.

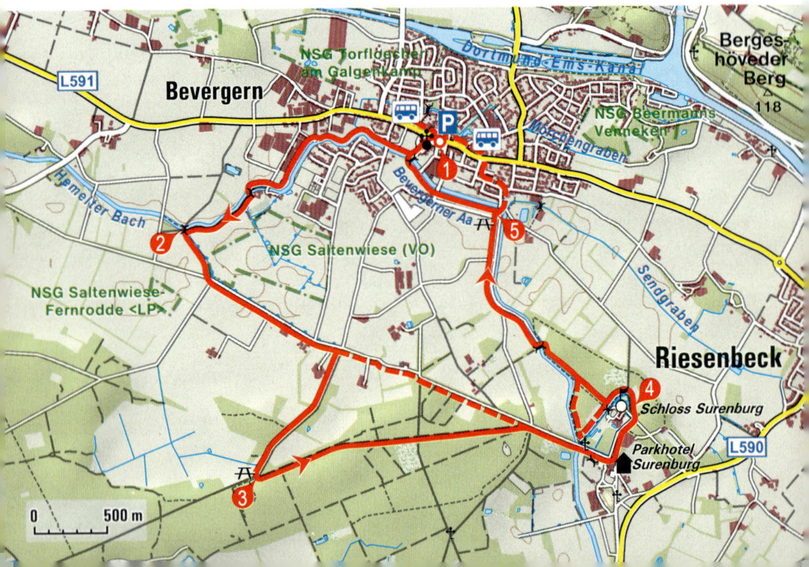

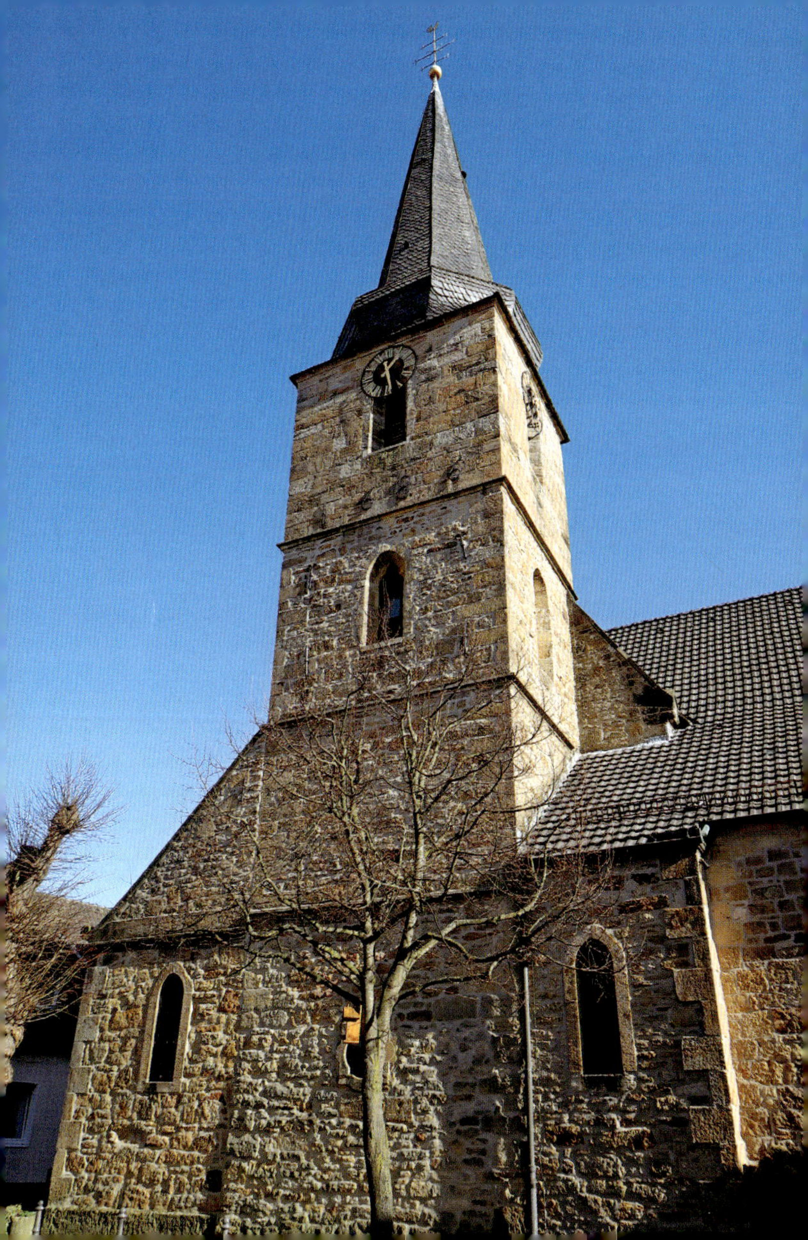

TOP

↗ 170 m | ↘ 170 m | 10,6 km

2 Bevergern – Nasses Dreieck

2.45 h

Auf der Teutoschleife Bevergerner Pättken und Hermannsweg

Bei Bevergern mündet der Mittellandkanal in den Dortmund-Ems-Kanal; der Begriff »Nasses Dreieck« kennzeichnet in Analogie zu einem Autobahndreieck das so entstandene Dreieck dieser künstlichen Wasserstraßen, das diese Wanderung erschließt. Am Anfang und Ende folgen wir der Teutoschleife Bevergerner Pättken, westfälisch für »Pfad«, und wandern im Mittelteil Richtung Riesenbeck, hin am Kamm des Teutoburger Waldes, zurück entlang dem Dortmund-Ems-Kanal.

Ausgangspunkt: Burgplatz in Bevergern nahe der Marienkirche, 45 m, mit Parkplatz (Navi: Burgplatz, 48477 Hörstel-Bevergern), alternativ Parkplatz bei der Schleuse ❷, kurz dahinter bei der Westfalenstraße am Kamm oder Wanderparkplatz Nasses Dreieck nach ❸.
ÖPNV: Bushaltestelle Bevergern-Apotheke 200 m östlich der Marienkirche mit Buslinien R93 Bevergern – Rhein, R63 Bevergern – Ibbenbüren (beide Mo. – Sa. jeweils stündlich), letztere hält auch in Riesenbeck beim Abstecher, www.rvm-online.de.
Anforderungen: Leichte Wanderung über Wald- und Feldwege sowie kleine verkehrsarme Straßen.
Markierung: Am Anfang und Ende Teutoschleife Bevergerner Pättken sowie stellenweise Hermannsweg (H) und Schauinslandweg (X25).
Einkehr: Zur Schleuse (täglich außer Mi. ab 16.30 Uhr), Am Nassen Dreieck (nur So.), sonst am Start bzw. Ziel.
Varianten: 1. Abkürzung vor dem Mittellandkanal ❹ rechts auf Teutoschleife Bevergerner Pättken entlang dem Kanal direkt zum Nassen Dreieck und auf der Brücke über den Dortmund-Ems-Kanal (3,7 km kürzer).
2. Abstecher kurz nach ❻ entlang dem Dortmund-Ems-Kanal nach Riesenbeck und bei der nächsten Kanalbrücke rechts in die Ortsmitte (1,5 km einfach).
Kombi-Tipp: Tour 1 zum Surenburger Schloss, Tour 4 als Verlängerung auf dem Hermannsweg nach Tecklenburg.
Tipps: Klassizistische Kalixtuskirche in Riesenbeck mit Reinhildis-Reliefgrabstein, Kunsthaus Kloster Gravenhorst mit wechselnden Ausstellungen und Café in ehemaliger Zisterzienserinnenabtei bei Hörstel nördlich der A30 (Di. – Sa. 14 – 18, So. 11 – 18 Uhr), www.da-kunsthaus.de.

Vom **Bevergerner Burgplatz** ❶ führt die Burgstraße nordwärts zur Ortsmitte; dort queren wir die Lange Straße, gehen geradeaus und gleich darauf nach der Sparkasse nach rechts. Der Fußgängerweg quert einen Entwässerungsgraben über eine Brücke mit der Aufschrift »Nonnenpättken«,

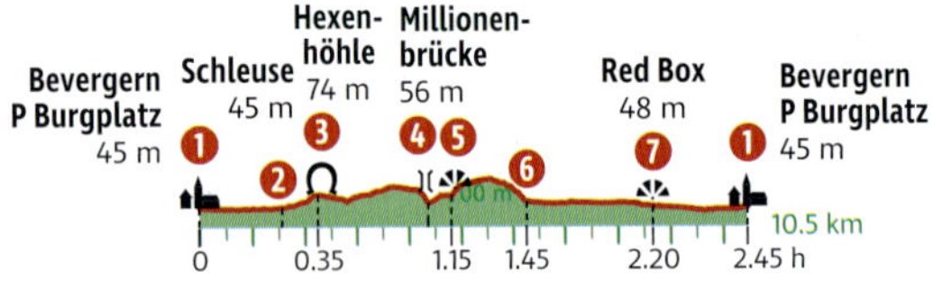

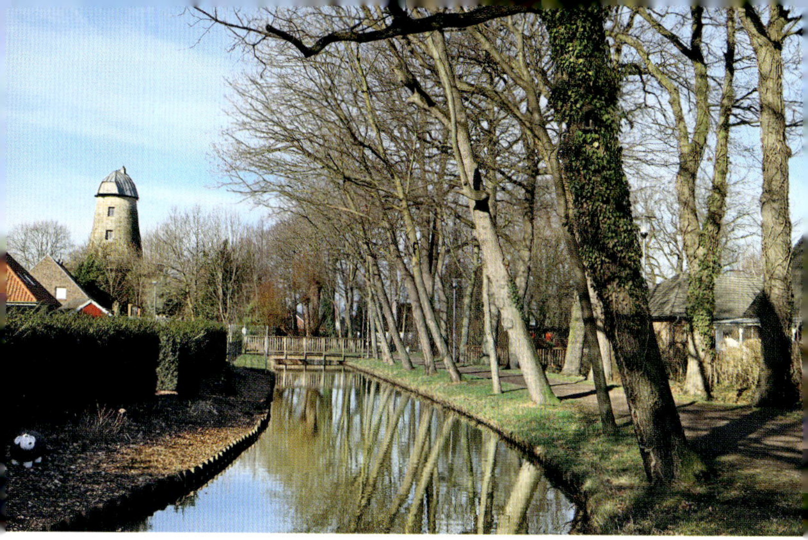

Die Bevergerner Levedagsmühle betrieb bis 1923 ein Walkwerk mit Windkraft.

benannt nach dem früheren Fluchtweg der Nonnen des Klosters Gravenhorst zum Klosterhof der seinerzeit befestigten Stadt Bevergern.
Nach der Brücke zusammen mit der Teutoschleife (TS) links auf den alleeartigen eichenbestandenen Fußweg zwischen Gräben (Nasses Dreieck 5,3 km), bei der Levedags Mühle, einer ehemaligen Öl- und Walkmühle rechts und kurz danach am Kanal rechts. Der Kanalweg führt zur **Schleuse** 2, an der mehr als 40 Güterschiffe täglich den Höhenunterschied von rund 10 m überwinden.
Bei der Schleuse queren wir links den 1899 eröffneten Dortmund-Ems-Kanal und steigen an dessen Nordseite die Treppe abwärts zum Altarm des Kanals mit einer überraschend vielfältigen Unterwasserwelt, die mit per Mini-U-Boot aufgenommenen Filmen eindrucksvoll bei Youtube hinterlegt ist (Suche »Altarm Bevergern«). Am alten Kanal nach 100 m links (»Nasses Dreieck 2,6 km«), über die Straße, bei einem LSG-Schild links am Waldrand entlang und kurz darauf aufwärts in Serpentinen auf den bewaldeten Kamm.
Bei einer Bank mit gelbem Pfahl biegen wir zusammen mit dem Hermannsweg nach rechts (»Nasses Dreieck 2 km«) auf den Kamm des Huckbergs. Mit einem kurzen Abstecher errreichen wir dort rechts die 27 m lange sogenannte **Hexenhöhle** 3 im Sandsteinfels. Diese durchgängig begehbare Höhle geht zurück auf eine Sage mit einer dort beschriebenen Walpurgisnacht. Wir verlassen den 95 m hohen Huckberg nach einer Schutzhütte in einem Linksbogen. Nach einer scharfen Rechtskurve der Teutoschleife er-

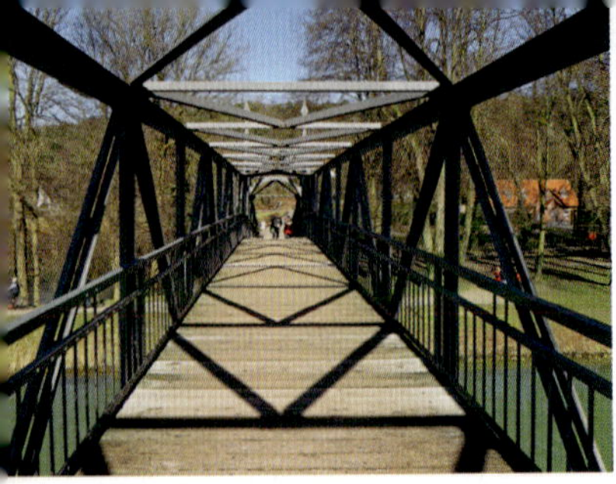

Beim Nassen Dreieck quert diese Fußgängerbrücke den Dortmund-Ems-Kanal.

reichen wir die **Millionenbrücke** ❹ am Mittellandkanal. Die 92 m lange Brücke ist die Nachfolgerin der im Zweiten Weltkrieg gesprengten Brücke dieses Namens, die eigentlich Kaiser-Wilhelm-Brücke heißen sollte, aber im Volksmund wegen der damals enormen Baukosten von einer Million Reichsmark (umgerechnet etwa 5 Mio. €) »Millionenbrücke« genannt wurde.

Die Teutoschleife verabschiedet sich vor der Brücke nach rechts Richtung Nasses Dreieck (Variante 1), während wir nach der Querung der Brücke dem Hermannsweg vorbei an einer selten frequentierten Bushaltestelle und dem Wanderparkplatz folgen, ihn aber 100 m nach dem Parkplatz in einer Linkskurve der Asphaltstraße rechts verlassen Richtung Hochkreuz und nach 50 m bei einer Gabelung geradeaus aufwärtsgehen zum **Rastplatz Hochkreuz** ❺ mit Unterstand und Blick auf das Nasse Dreieck. Weiter halb links aufwärts (roter Pfeil für Zuweg Hermannshöhen) und sich kurz rechts hal-

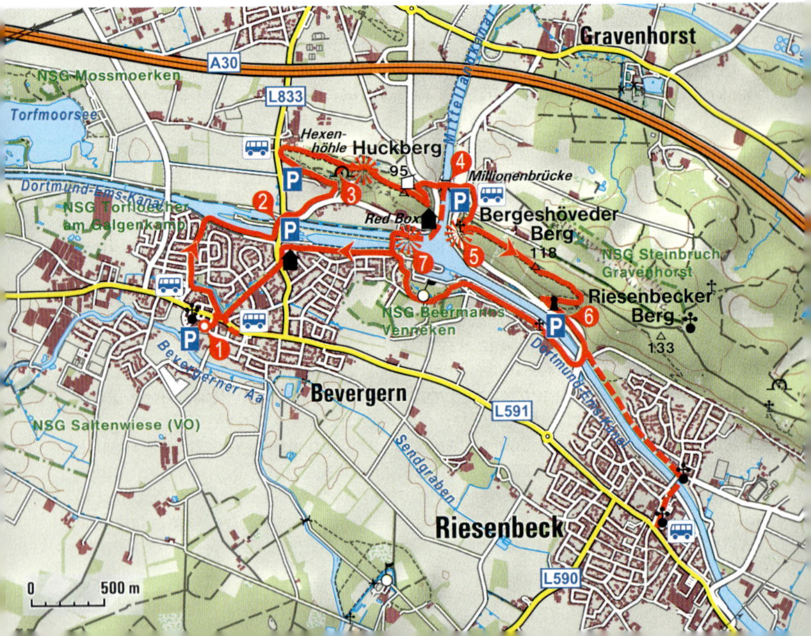

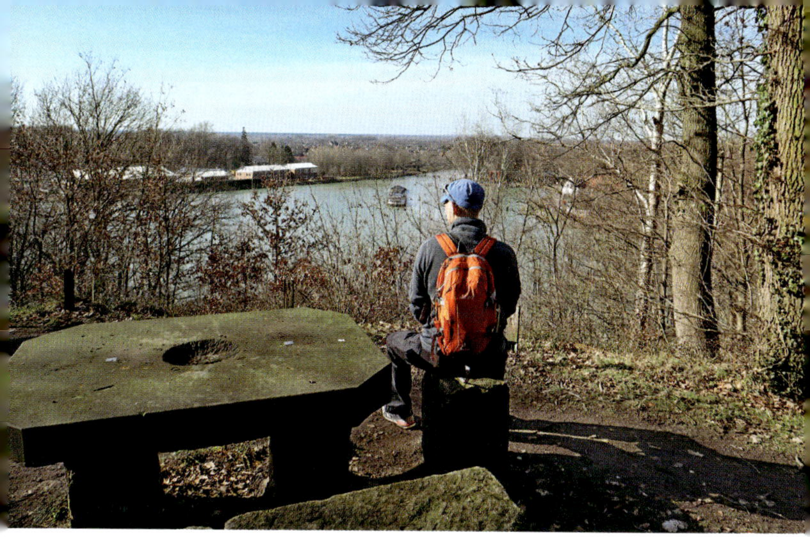

Panorama Hochkreuz mit Blick auf die Mündung des Mittellands- in den Dortmund-Ems-Kanal.

tend auf bewaldetem Hangweg des Kammes mit dem Bergeshöveder Berg. 1 km nach Hochkreuz folgen wir dem rechts hinabführenden Pfad, queren vor dem Kanal die Straße, folgen dem kanalseitigen Radweg nach links und passieren nach 100 m das **Möllers-Brückendenkmal** ❻, das an den 1933 erbauten und 2001 abgerissenen stählernen Vorläufer der heutigen Straßenbrücke erinnert. Nach dem Denkmal folgen wir rechts der Straße Am Teutohang zum Kanal, der bei der nächsten Brücke rechts gequert wird. Nach der Brücke rechts, über die Kanalstraße und links am Kanal entlang (X25). Der Schauinslandweg (X25) verabschiedet sich bei den Brückenfundamenten der alten Möllers-Brücke nach links, während wir weiter dem Kanalweg folgen. Bis zu einem Sackgassenschild, an dem wir links in eine Straße und nach 20 m rechts in den Schotterweg einbiegen, um das Hafenbecken im Uhrzeigersinn zu umgehen, nach einem Reitplatz links, vor der Straße rechts in den Waldweg (X25) und bei der Zufahrt zum Hafenbecken geradeaus zum Kanal. Dort lohnt sich dessen Querung über die Stahlfachwerk-Fußgängerbrücke von 1914 zum **Infopavillon »Red Box«** ❼ mit Aussichtsplattform am Nassen Dreieck, ehe wir dem Kanalweg am südlichen Kanalufer zur **Schleuse** ❷ folgen und dort links in die Westfalenstraße abbiegen. Hinter dem Gasthof Zur Schleuse führt uns der baumbestande asphaltierte Fußweg mit mehreren Wanderwegmarkierungen (u. a. TS, H, X25) zurück zur Ortsmitte von Bevergern mit dem **Bevergerner Burgplatz** ❶.

↗ 490 m | ↘ 360 m | 21,4 km

3 Bevergern – Brochterbeck – Tecklenburg

5.30 h

Streckenwanderung auf dem Hermannsweg

Der Hermannsweg ist einer der Klassiker unter den deutschen Fernwanderwegen und ein sogenannter »Top Trail«. Eine besonders schöne Etappe ist der Abschnitt auf dem Kamm des westlichen Teutoburger Waldes zwischen Bevergern und Tecklenburg mit den Dörenther Klippen als landschaftlichem Höhepunkt. Beide Orte sind einfach durch den öffentlichen Nahverkehr erschlossen, alternativ gibt es mehrere Abkürzungsmöglichkeiten – daher eine ideale Streckenwanderung. Der Weg kombiniert außerdem mehrere Teutoschleifen-Premiumwege miteinander.

Ausgangspunkt: Bushaltestelle Bevergern-Apotheke, 45 m. 150 m westlich davon Parkplatz Richtung Kirche (Navi: Burgplatz, 48477 Hörstel-Bevergern).
Endpunkt: Bushaltestelle Tecklenburg-Stadt, 175 m. Mehrere (gebührenpflichtige) Parkplätze am Rand des Zentrums, etwa aussichtsreich P4 Münsterlandblick nahe des Bismarckturms am Westrand von Tecklenburg (Navi: Am Weingarten, 49545 Tecklenburg).
ÖPNV: Bushaltestellen am Anfang und Ende sowie in Brochterbeck. Zwischen Bevergern-Apotheke ❶ und Tecklenburg-Stadt ❾ gibt es stündliche Verbindungen mit den Linien R63 und R45 mit Umstieg in Ibbenbüren-Werthmühle (Mo.–Sa.), www.rvm-online.de. Entlang der Strecke liegen die Haltestellen Dörenther Berg bei ❺ mit R63 und Brochterbeck-Bahnhof bei ❼ mit R45 sowie als Abstecher Riesenbeck-Mitte (R63).
Anforderungen: Mittelschwere Wanderung über gut ausgebaute Waldwege, stellenweise auch Pfade sowie in Orten kleine Straßen.
Markierung: Durchgehend Hermannsweg (weißes H auf scharzem Grund).
Einkehr: Bevergern, mit Abstecher Riesenbeck, Dörenther Klippen, Alter Bahnhof Brochterbeck, Tecklenburg.
Varianten: 1. Schönere (und 0,6 km längere) Variante anfangs über Teutoschleife Bevergerner Pättken statt Straße: nach der Schleuse nicht geradeaus auf Straße, sondern wie bei Tour 2 beschrieben in großem Bogen auf Teutoschleife zum Anfang am Kamm.
2. Panoramavariante über Hochkreuz-Aussicht auf Nasses Dreieck (0,2 km länger): nach Millionenbrücke wie bei Tour 2 beschrieben zur Hochkreuz-Aussicht, weiter auf Hangweg und an dessen Ende nicht rechts abwärts wie bei Tour 2, sondern links hinauf zum Hermannsweg.
3. 1,2 km langer Abstecher nach Riesenbeck mit Bushaltestelle bei ❸: Treppen abwärts, geradeaus Teutostraße und über Mittellandkanal, 100 m nach der Brücke links in Sünte-Rendel-Straße zum Zentrum.

Von der **Bushaltestelle Bevergern-Apotheke** ❶ sind es nur wenige Schritte westwärts zur rechts vor dem Eiscafé abzweigenden Von-Gaalen-Straße, wo wir zusammen mit dem Hermannsweg (H) gleich wieder links abbiegen. Bei der Brücke vor der Nonnenbrücke wendet sich H nach rechts und führt entlang dem alleeartigen Fußweg (westfälisch »Pättken«) in Richtung Nordosten und mündet vor der Schleuse beim gleichnamigen Gasthaus in

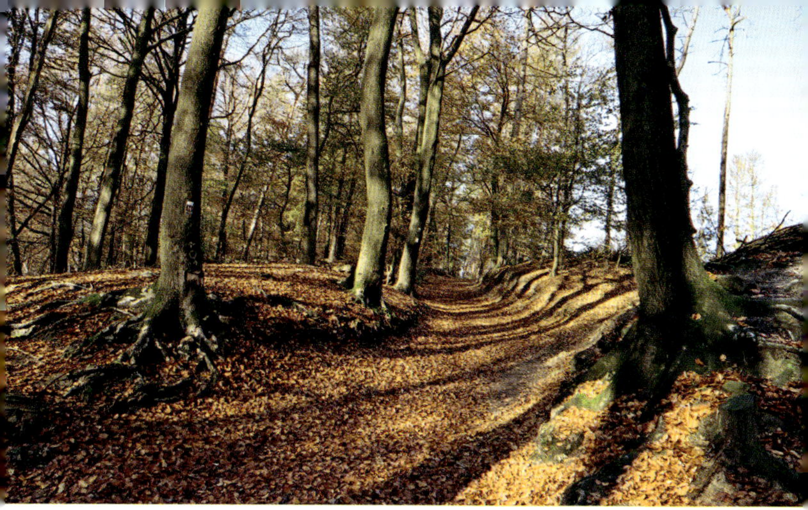

Gut markiert führt der Hermannsweg über den Kamm zwischen Tecklenburg und Brochterbeck.

die Landstraße ein, der wir links in nördliche Richtung folgen und dabei den 1899 angelegten Dortmund-Ems-Kanal queren.
Der Hermannsweg begleitet die Landstraße noch 500 m nach der Schleuse leicht ansteigend und wendet sich dann nach rechts. Bei einem gelben Pfeil mündet die Teutoschleife Bevergerner Pättken von rechts ein. Beide Routen führen im Gleichlauf auf den 95 m hohen Huckberg mit rechts der Felsformation Hexenhöhle und schwingen mit einem Linksbogen abwärts, um danach scharf rechts zur Millionenbrücke (→Tour 2) hinabzuführen. Der Hermannsweg quert über diese Brücke den **Mittellandkanal** ❷ und wendet sich weiter nach rechts vorbei an einem Wanderparkplatz und nach einer Linkskurve halb rechts aufwärts auf den Kamm mit Bergeshöveder Berg, 118 m, und später Riesenbecker Berg, 133 m, als höchste Erhebung. Bei einem Bildstock schwenkt H nach rechts und kurz darauf leicht rechts abwärts zur **Schönen Aussicht** ❸ oberhalb von Riesenbeck – erreichbar

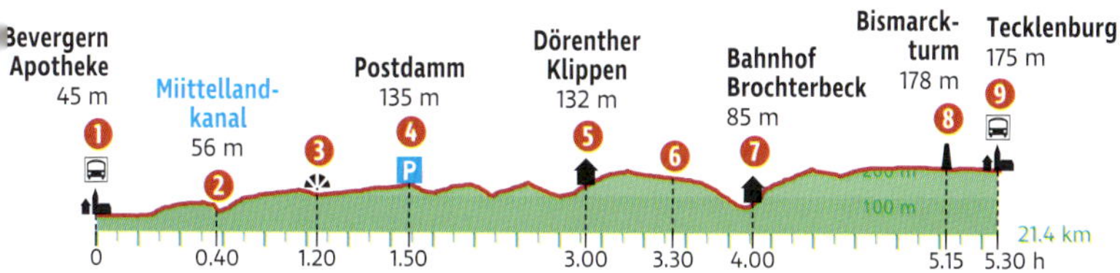

über einen Stufenweg. H steigt links wieder an und setzt sich oben rechts fort als Kammweg, vorbei am bewaldeten Picknickplatz Wilhelmsruh und der Schinkensteinhütte am Lagerberg, 128 m. Nach der Querung des **Postdamms** mit **Wanderparkplatz** 4 führt H im Wald abwärts und wendet sich nach 5 Gehminuten oberhalb von Teichen nach links. Durch Laubwald am Südhang des Kammes nähert sich H dem Brumleytal, wo er bei einem Kriegsgräberfriedhof nach links schwenkt. Bei einer Wegspinne mit Schutzhütte gehen wir geradeaus und abwärts zur B 219, dort kurz links und weiter rechts auf dem Hermannsweg entlang

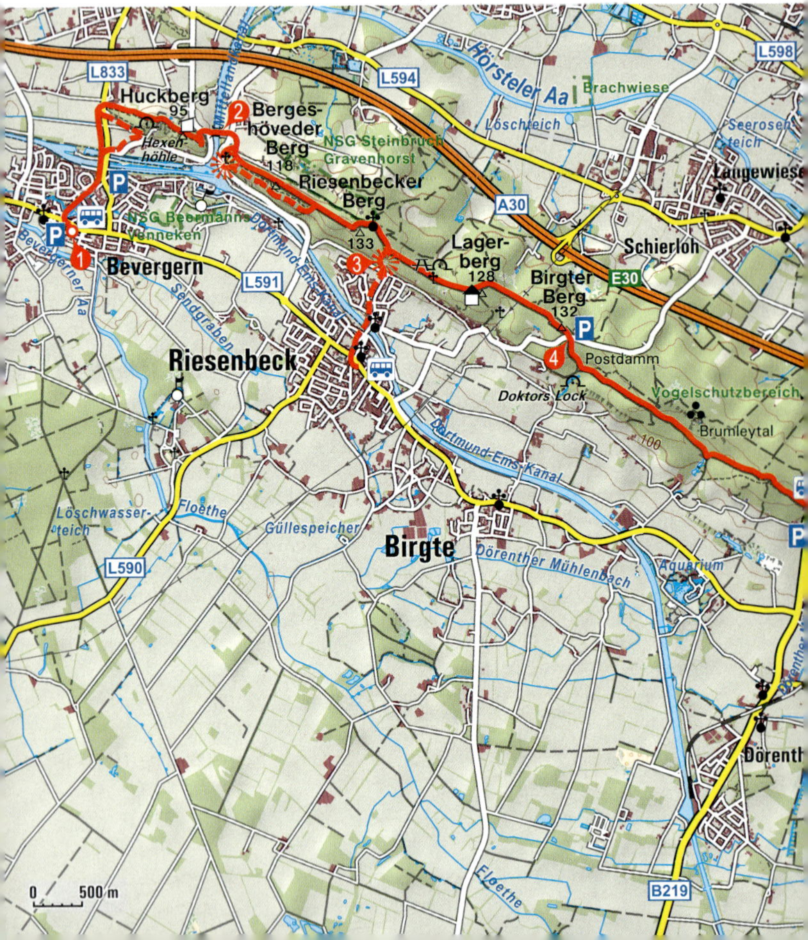

dem Zufahrtsweg zum Campingplatz an den Dörenther Klippen. Am Eingang des Platzes schwenkt H nach links und verlässt nach 200 m das Seitental halb rechts aufwärts Richtung Almhütte und Hockendes Weib als markantem Felsen der **Dörenther Klippen** ❺, einer 4 km langen und bis zu 159 m hohen Felsformation aus Sandstein.
Oberhalb vom Plisseetal mit bekannten Kletterfelsen leitet H bei einem Kriegsgräberdenkmal nach rechts, bei einer **Wegspinne** mit **Wetterpilz** ❻, 150 m, halb links aufwärts Richtung Dreikaiserstuhl (0,1 km) und kurz darauf leicht links zur bekannten und aussichtsreichen Felsformation Drei-

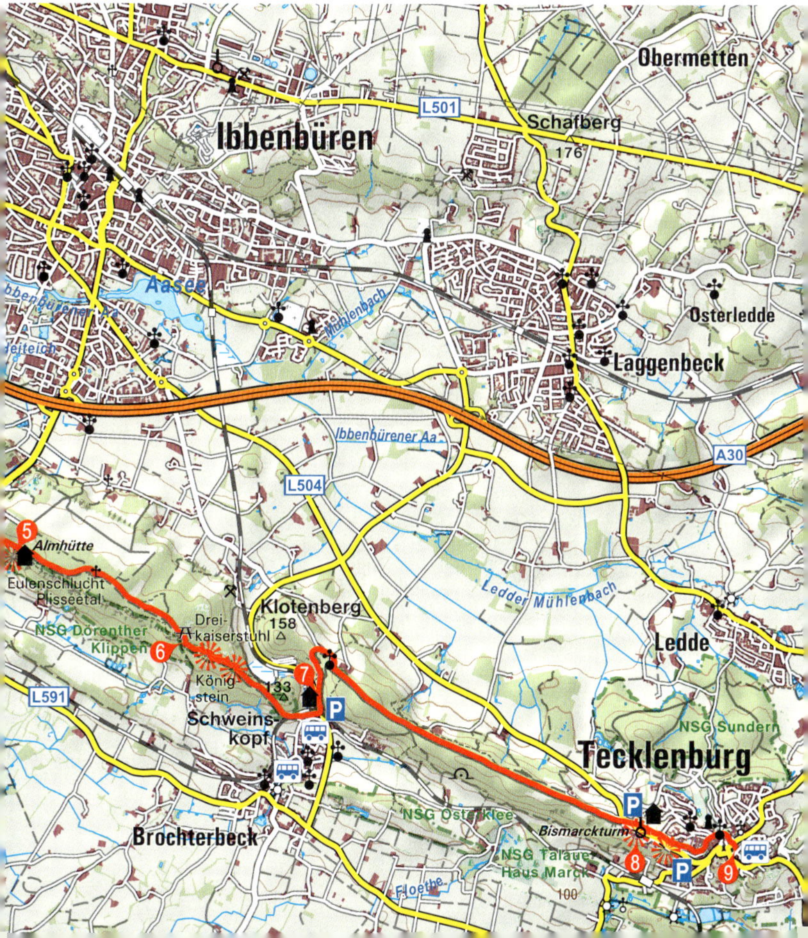

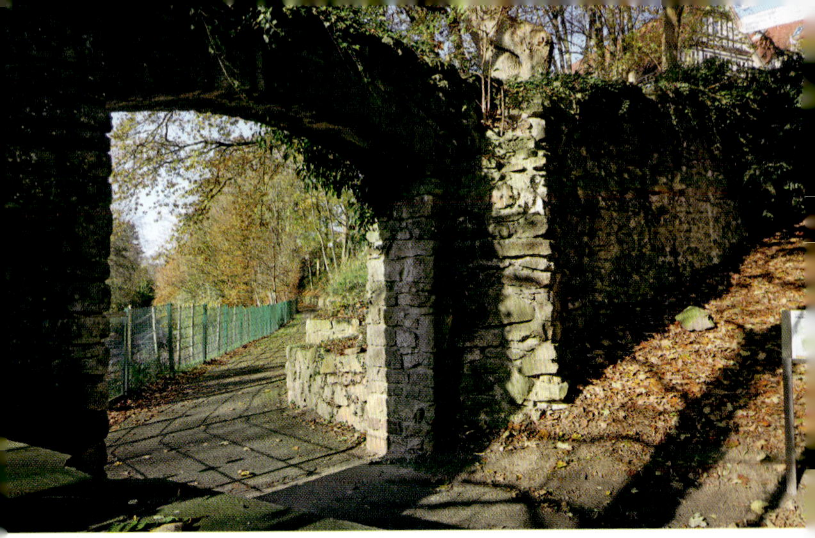

Der Hermannsweg führt durch die alte Stadtmauer nach Tecklenburg.

kaiserstuhl, gefolgt von den Siamesischen Zwillingen und dem Königstein. Nach diesen bekannten Felsen senkt sich H nach Brochterbeck, quert nach einer Streuobstwiese Bahngleise und schwenkt nach 180 m am Ortsanfang von Brochterbeck nach links (»Zu den Klippen«). Der Hermannsweg quert die Kreisstraße und beim alten **Bahnhof Brochterbeck** 7 erneut die Bahngleise, um zusammen mit der Teutoschleife Bergpfad in einer großen Rechtskurve wieder auf den Kamm zu leiten.

Bei einem Wetterpilz zweigt der Bergpfad nach links ab, wir aber folgen dem Hermannsweg geradeaus entlang dem Kamm und erreichen nach 2 km die Anfänge von Tecklenburg und folgen dort der Hauptstraße (Am Weingarten) geradeaus vorbei am 1909 eröffneten **Bismarckturm** 8 (Schlüssel für 0,50 € p. P. beim benachbarten Hotel Bismarckhöhe). Beim Parkplatz Münsterlandblick mit weitem Panorama quert H die Straße, setzt sich links fort und zweigt nach 50 m ab in einen Fußweg oberhalb des 1987 reaktivierten früheren gräflichen Weingartens. Nach dem Mauerdurchgang rechts abwärts und auf breitem Weg rechts neben der Mauer zum Zentrum. Zuletzt geht es links durch den Meesenhof zum Marktplatz. Hier verlassen wir den Hermannsweg, der auf seiner nächsten Etappen rechts abwärts führt. Wir folgen vom Marktplatz der Fußgängerzone geradeaus rechts vorbei an der Kirche und nach einer Rechtskurve zum Kreishaus, queren die Straße leicht links und gehen links neben dem Blumenladen Burggarten entlang dem Fußweg zur eher unscheinbaren Bushaltestelle **Tecklenburg-Stadt** 9.

↗ 180 m | ↘ 180 m | 6,1 km

1.45 h

Teutoschleife Waldauenweg

4

Rundwanderung bei Riesenbeck

Nördlich von Riesenbeck führt diese prämierte Rundwanderung über den nördlichen Kamm des Teutoburger Waldes. Der Weg ist abwechslungsreich und bietet schöne Aussichtspunkte mit Blick über das Münsterland. Ansonsten dominieren Wald und Wiesen, Auenlandschaft ist trotz des Namens eher eine Seltenheit.

Ausgangspunkt: Wanderparkplatz Schöne Aussicht, 80 m, am Nordrand von Riesenbeck (Navi: Am Teutohang 139).
ÖPNV: Die Bushaltestelle am Ausgangspunkt wird nur selten von einem lokalen Schulbus bedient (Linie 281). Besser angebunden ist die Bushaltestelle Riesenbeck-Mitte südlich der Kirche mit Linie R63 Ibbenbüren – Bevergern (Mo. – Sa. jeweils stündlich), etwa 0,5 km vom Ausgangspunkt. Von der Haltestelle nordwärts auf Sünte-Rendel-Straße und Oberdorf über Kanal, weiter nordwärts über Teutostraße zum Ausgangspunkt, www.rvm-online.de.
Anforderungen: Leichte Wanderung über Waldwege und -pfade.
Markierung: Durchgehend Teutoschleife.
Einkehr: Nur am Start bzw. Ziel.
Varianten: Mehrere Abkürzungsmöglichkeiten, etwa von Wilhelmsruh geradeaus auf Hermannsweg zur Schinkensteinhütte (0,7 km kürzer) oder nach 6 direkt links zur Schönen Aussicht und weiter abwärts zum Ausgangspunkt (0,3 km kürzer).
Kombi-Tipp: Touren 2 oder 3, letztere bietet sich ab 3 als Streckentour bis Tecklenburg an (ab Schinkensteinhütte 14 km). Tour 2 lässt sich mit einer 0,6 km langen Verbindung auf dem Hermannsweg kurz nach 6 erreichen.
Tipp: Klassizistische Kalixtuskirche in Riesenbeck mit Reinhildis-Reliefgrabstein.

Ruhebänke dieses Typs säumen zahlreiche Teutoschleifen, hier die Schöne Aussicht.

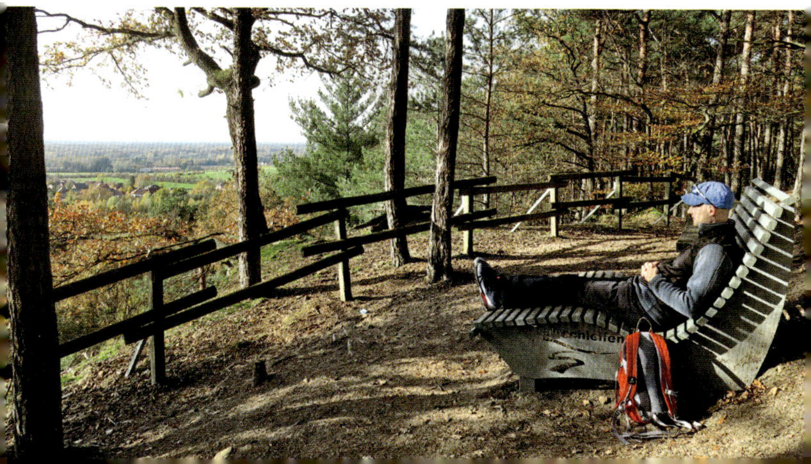

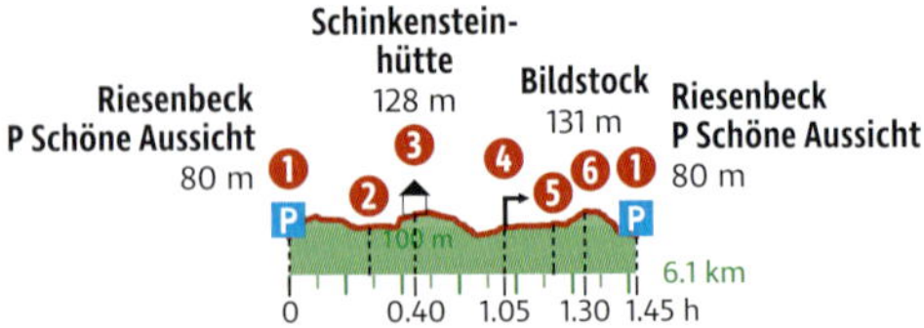

Vom kleinen **Wanderparkplatz** am nördlichen Ortsrand von **Riesenbeck** ❶ führen 256 Stufen der sogenannten »Himmelsleiter« hinauf auf den Kamm des Teutoburger Waldes, vorbei am Panoramapunkt **Schöne Aussicht**. Von dort weiter links aufwärts. Bei einer Bank biegen wir scharf rechts in den entlang dem bewaldeten Kamm verlaufenden Hermannsweg und verlassen ihn nach 5 Minuten nach dem Rastplatz Wilhelmsruh rechts auf dem abwärtsführenden Hohlweg Richtung Schinkensteinhütte (1,3 km). In einer Rechtskurve des Hohlweges gehen wir links aufwärts und nach 20 m rechts abwärts. Der Waldauenweg führt am bewaldeten Südhang oberhalb von Riesenbeck vorbei an **Felsen** ❷ und bei einer Bank am Ortsrand links auf-

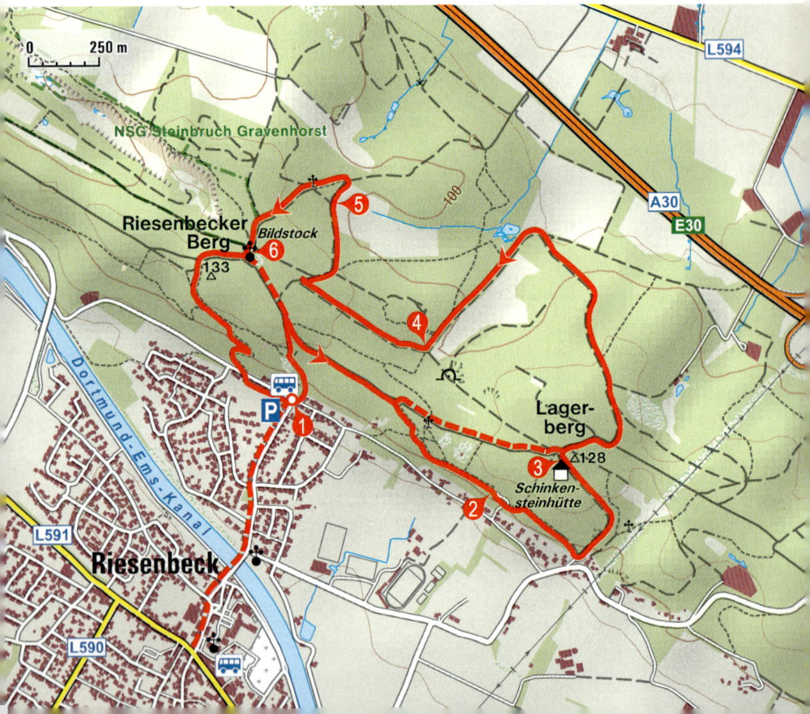

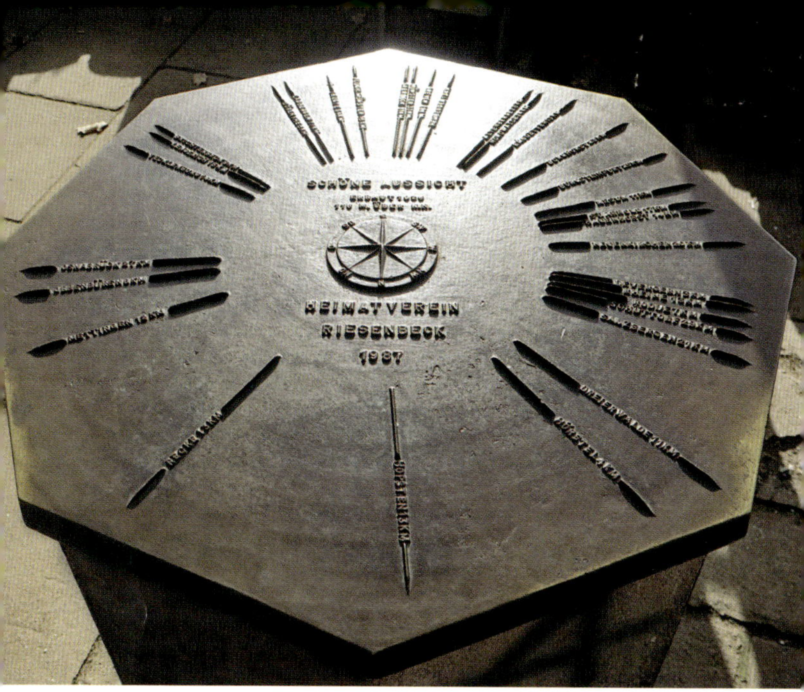

Diese Tafel zeigt von der Schönen Aussicht erkennbare markante Punkte.

wärts. Bei der **Schinkensteinhütte** ❸ mit drei Bänken und einem Mühlrad als Tisch erreichen wir wieder den Hermannsweg und folgen ihm 150 m nach rechts, ehe uns die Teutoschleife nach links führt (»Schöne Aussicht 3,9 km«). Sich links haltend geht es abwärts. Der Wald lichtet sich in einer Linkskurve mit einer Bank an der linken Seite. Danach tauchen wir wieder in lichten Jungwald ein mit Buchen, Birken und links in der Niederung des Seitentals einigen Weiden. Bei der T-Kreuzung mit der **Notfall-Standort-Nr. 44** ❹ halten wir uns rechts und folgen dem Waldauenweg über den bewaldeten Nordhang des Teutokammes im leichten Zickzack, ehe eine geschwungene **Ruhebank** ❺ rechts wieder einen netten Wiesenblick bietet. 100 m danach gehen wir scharf links und folgen der Teutoschleife aufwärts zu einer Kreuzung mit Infotafel und **Bildstock** ❻ als letzte Station eines Kreuzweges. Der Waldauenweg schlängelt sich rechts an der Kapelle vorbei in den Wald und nach einer lang gezogenen Linkskurve um den Riesenbecker Berg, 132 m, wieder zur Südseite des Kammes, an der es vorbei an einem schönen Aussichtspunkt mit Ruhebank abwärtsgeht zum Ausgangspunkt am Rand von **Riesenbeck** ❶.

TOP

5 Dörenther Klippen

↗ 260 m | ↘ 260 m | 9,5 km

2.45 h

Teutoschleife mit zahlreichen Felsformationen

Beeindruckende Felsformationen aus Sandstein säumen diese Rundwanderung am bewaldeten Westkamm des Teutoburger Waldes mit weiten Blicken über das Münsterland. Die Felsen tragen bildhafte Namen wie Hockendes Weib, Dreikaiserstuhl, Königstein oder Siamesische Zwillinge.

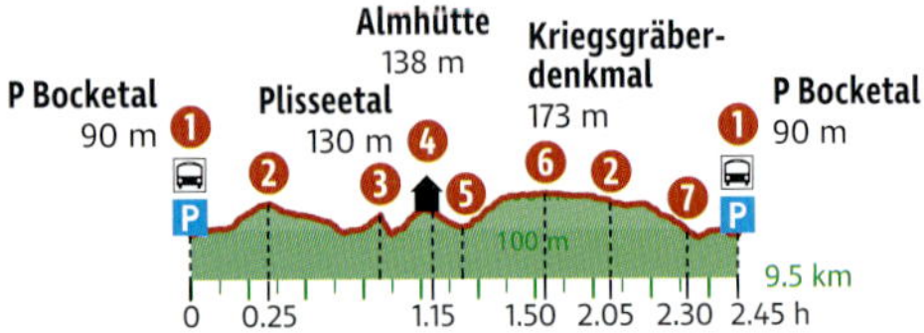

Ausgangspunkt: Wanderparkplatz Bocketal, 90 m (Navi: Im Bocketal 12, 49545 Tecklenburger Land), alternativ (mit kurzem Zuweg) Dorfparkplatz in Brochterbeck (Variante 3) nahe der Kirche (Navi: Dorfstraße 29, 49545 Tecklenburger Land) oder (oft überfüllter) Wanderparkplatz Dörenther Klippen nahe ❺ an der B 219 von Ibbenbüren Richtung Greven (Navi: Münsterstraße 419, 49479 Ibbenbüren). Von letzterem auf 0,3 km langem Zubringer links vorbei am Campingplatz zum Gasthof »Dörenther Klippen« und dort geradeaus durchs Tal.
ÖPNV: Bushaltestelle Brochterbeck Campingplatz nahe ❶, alternativ mit Zuweg Brochterbeck-Bahnhof oder -Kirche mit R45 Ibbenbüren – Lengerich (Mo. – Sa. stündlich, So. zweistündlich). Oder Haltestelle Ibbenbüren Dörenther Berg nahe ❺ mit Linien S50 Ibbenbüren – Münster und R63 Ibbenbüren – Bevergern (Mo. – Sa. jeweils stündlich, So. nur S50, alle 2 Stunden), www.rvm-online.de.
Anforderungen: Leichte Wanderung überwiegend über Waldwege und -pfade am bewaldeten Kamm, stellenweise Baumwurzeln und Felsen.
Markierung: Durchgehend Logo Teutoschleife (TS) Dörenther Klippen.
Einkehr: Almhütte (Mo. und Di. Ruhetage), mit kurzem Abstecher (70 m) Gasthof Dörenther Klippen (ab 18 Uhr, So. ab 11.30 Uhr).
Varianten: 1. Die Tour besteht aus zwei Schleifen, die jeweils auch als einzelne Tour möglich sind; die östliche ab Brochterbeck ist als 3,6 km langes »Teutoschleifchen Dreikaiserstuhl« ausgewiesen.
2. Verlängerung möglich ab Brochterbeck auf 5 km langem »Teutoschleifchen Brochterbecker Landpartie« östlich von Brochterbeck kurz nach ❼.
3. Abstecher nach Brochterbeck (0,6 km) möglich kurz nach Streuobstwiese ❼ bei Kreuzung geradeaus bzw. leicht links versetzt entlang der Haselnussgasse links neben einem Bach in das Dorf.
Kombi-Tipp: Ergänzung mit Tour 6 ab Brochterbeck oder Verlängerung auf dem Hermannsweg als Streckentour; ab ❼ nach Tecklenburg (6 km) oder ab ❺ nach Riesenbeck (7 km) oder Bevergern (11 km).

Stellenweise bilden Kiefern den dominierenden Baumbestand bei den Dörenther Klippen.

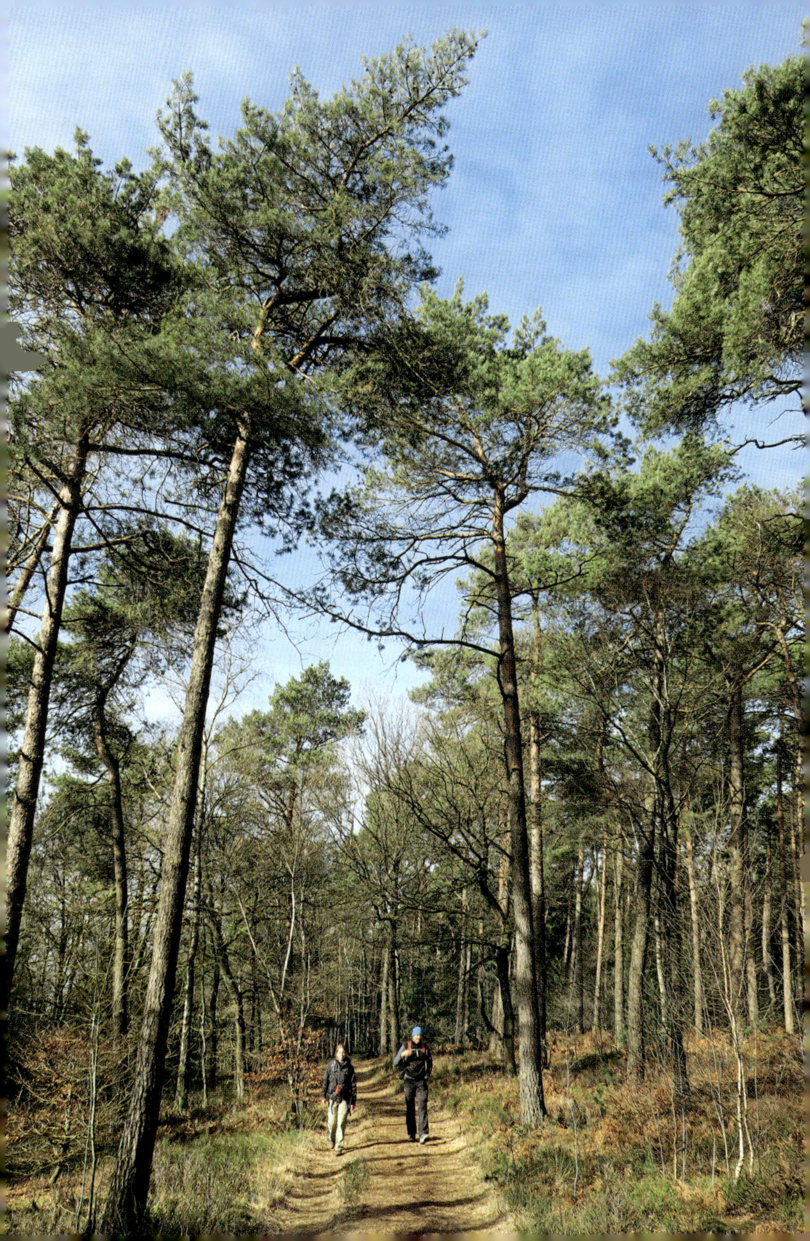

Am **Wanderparkplatz Bocketal** ❶ starten wir aufwärts, halten uns rechts und nach 10 Minuten bei einer Gabelung am Waldrand links. Neben der Teutoschleife begleitet uns anfangs ein Trimmpfad. Vor einer Reckstange schlängelt sich die Teutoschleife (TS) durch eine Linkskurve und durch das Tal leicht aufwärts. 50 m nach Trimmringen wieder links. In der bewaldeten Linkskurve flankieren Steinmännchen den Weg.
Bei einer **Kreuzung** mit **Wetterpilz** ❷ und Bänken zweigt TS nach links und nach 200 m bei der Kennzeichnung »Hof Struck« nach rechts (»Dörenther Klippen 3,5 km«). Der Weg führt zunächst leicht abwärts und folgt dem Waldrand, wo die TS-Markierungen gut sichtbar den Weg weisen. 100 m nach der Rechtsabzweigung bei einem Haus informiert bei einer Bank eine Tafel über die Tier- und Pflanzenwelt, ehe eine nördliche Schleife am Hang durch das **Plisseetal** ❸ führt unterhalb von einer bis zu 24 m hohen Kletterwand, genannt »Kruers Steinkuhle«. Anschließend halten wir uns mehrmals rechts und wandern durch Wald aufwärts, um oben am Kamm dem Hermannsweg links zu folgen zur **Almhütte** ❹. Dort leitet die Teutoschleife leicht links vorbei an spektakulären Felsen wie dem Felsen »Hockendes Weib«. Nach dem Abstieg von Felsgruppen im Tal scharf rechts auf **Hermannsweg** ❺– geradeaus führt der Zubringer zum **Wanderparkplatz Dörenther Klippen** (0,3 km) und der Bushaltestelle Dörenther Berg, vorbei am **Gasthof Dörenther Klippen** (70 m).

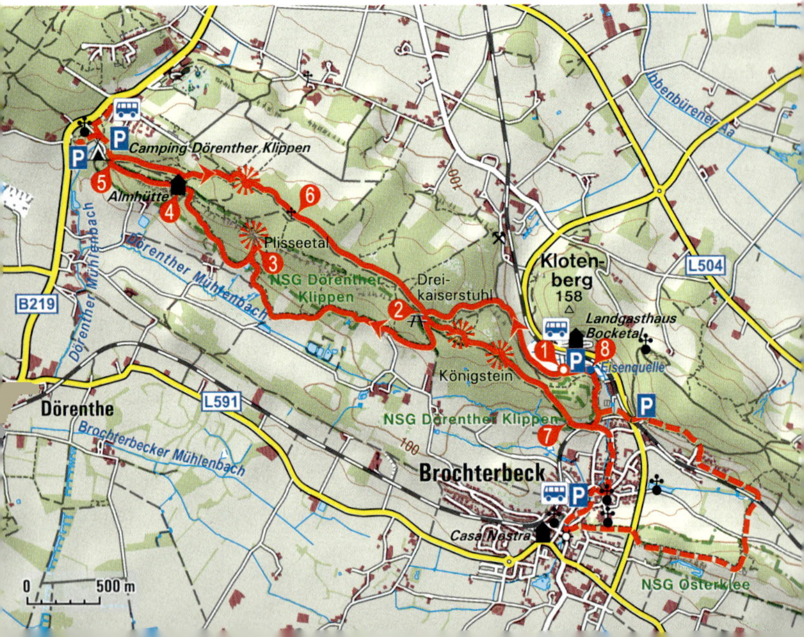

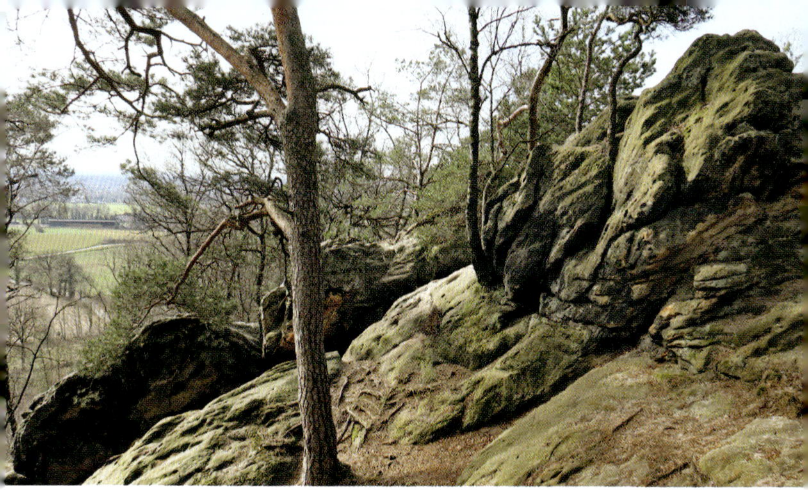

Von den Sandsteinfelsen Dörenther Klippen blickt man weit über das Münsterland.

TS folgt dem Hermannsweg leicht aufwärts im bewaldeten Tal und nach 120 m bei der Gabelung nach einer Bank rechts. Bei der folgenden Gabelung nach 150 m verlassen wir den halb rechts weiterführenden Hermannsweg und gehen geradeaus (u. a. »Ibbenbüren-Blick 0,9 km«) auf der nach 250 m ansteigenden TS. Bei einer T-Kreuzung links und vor einem Feld rechts. Am Ende des Feldes bietet links die »Teutoschleifenbank« einen weiten Blick auf Ibbenbüren mit dem 2021 stillgelegten Steinkohlekraftwerk. TS führt geradeaus weiter durch Wald. Nach 5 Minuten mündet bei einer **Kriegsgräberstätte** 6 von rechts der Hermannsweg ein, dem wir zum bekannten **Wetterpilz** 2 folgen. Dort als Abkürzung entweder auf bekanntem Weg links abwärts zurück zum Ausgangspunkt oder auf schöner Schleife mit weiteren Felsen vorbei an Brochterbeck: Dazu geradeaus auf Hermannsweg und TS entlang dem Kamm mit Felsen wie **Dreikaiserstuhl** und **Königstein**, danach abwärts. Nach einer **Streuobstwiese** 7 mit Infotafeln erreichen wir den Ortsrand von **Brochterbeck**. TS führt links weiter entlang dem Pfad und quert die alte Bahntrasse der Teutoburger Wald-Eisenbahn, die zuletzt für Güterverkehr und die Museumsbahn Teuto-Express genutzt wurde. Seit 2020 ist eine Machbarkeitsstudie zur Reaktivierung des Schienenpersonennahverkehrs im Abschnitt Ibbenbüren – Lengerich geplant.
Die rechte Abzweigung dahinter Richtung Parkplatz Alter Bahnhof und Traumschleifchen Brochterbecker Landpartie ignorieren wir und gehen geradeaus am Waldrand nordwärts. Bei erodiertem Hang mit freigelegten Baumwurzeln schwenkt TS nach links, zweigt bei einer Gabelung nach rechts und führt vorbei an der rötlich gefärbten **Eisenquelle** 8 zum **Wanderparkplatz Bocketal** 1.

TOP

6 Tecklenburg – Brochterbeck

↗ 250 m | ↘ 250 m | 10,6 km

3.15 h

Teutoschleife mit vielen Natur- und Aussichtshöhepunkten

Die Teutoschleife Tecklenburger Bergpfad erschließt Buchenwälder, Magerrasen und einen Waldlehrpfad mit teilweise exotischen Bäumen – kombiniert mit weiten Aussichten oberhalb von Steinbrüchen und am Kamm des Teutoburger Waldes, unterbrochen von kleinen Wiesentälern.

Ausgangspunkt: Wanderparkplatz am alten Bahnhof von Brochterbeck, 85 m, beim Hotel Teutoburger Wald (Navi: Im Bocketal 2, 49545 Tecklenburg), alternativ (mit kurzem Zuweg) Dorfparkplatz in Brochterbeck nahe der Kirche (Navi: Dorfstraße 29, 49545 Tecklenburger Land). Gebührenpflichtige Parkplätze in Tecklenburg, etwa P5 am Bismarckturm (Navi: Am Weingarten 48, 49545 Tecklenburg).
ÖPNV: Bushaltestelle Brochterbeck-Bahnhof nahe ❶ mit Linie R45 Ibbenbüren – Lengerich (Mo. – Sa. stündlich, So. zweistündlich), www.rvm-online.de. R45 hält auch in Tecklenburg an der Haltestelle Stadt, erreichbar über einen 1,1 km langen Zuweg großteils entlang dem Hermannsweg und weiter am Marktplatz zum Rathaus mit kurz dahinter der Haltestelle.
Anforderungen: Leichte bis mittelschwere Wanderung über gut befestigte, aber bei Nässe abschnittsweise etwas schlammige Pfade, sowie Forst- und Feldwege, einige Abschnitte über kleine wenig befahrene Straßen.
Markierung: Teutoschleife Tecklenburger Bergpfad sowie anfangs stellenweise Hermannsweg (H).
Einkehr: Hotel/Restaurant beim Bismarckturm, in Tecklenburg (mit Abstecher), ansonsten am Start/Ziel.
Varianten: 1. Schleife mit Abstecher nach Brochterbeck (1,3 km länger) mit Dorfparkplatz und Bushaltestelle entlang dem Teutoschleifchen Brochterbecker Landpartie zwischen ❶ und Unterführung vor ❷.
2. Abkürzung vor Tecklenburg (2,5 km kürzer): bei ❹ links vorbei am Heidentempel auf Hexenpfad aufwärts zum Hermannsweg; dort links.
3. Teutoschleife bei Tecklenburg mit Burg (4,5 km länger): 200 m nach ❺ rechts abwärts auf Teutostadtschleife Tecklenburger Romantik und mit großer Schleife vorbei an Teichanlage Königssee nach Tecklenburg mit Marktplatz, Kurpark und Burg; nach der Burg rechts auf Hermannsweg aus dem Ort heraus und vorbei am Münsterlandblick zur Route bei ❻.
4. Abkürzung auf dem Rückweg geradeaus am Kamm auf dem schneller begehbaren Hermannsweg (0,1 km kürzer).
Kombi-Tipps: Verlängerbar mit Touren 5 (gesamt 21,5 km) oder 7 (gesamt 15,6 km).
Tipp: Bergdorf Tecklenburg mit Burg.

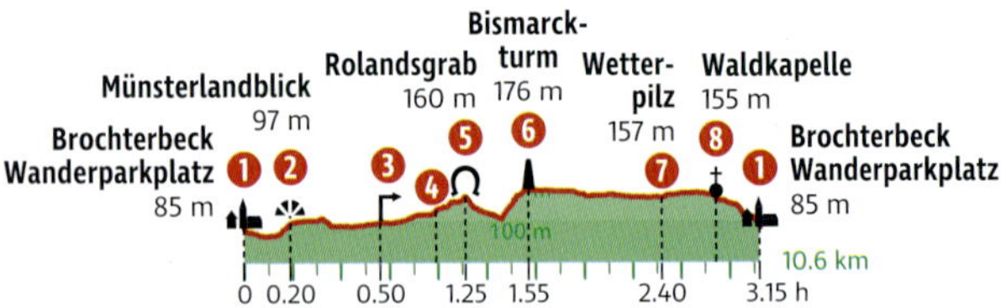

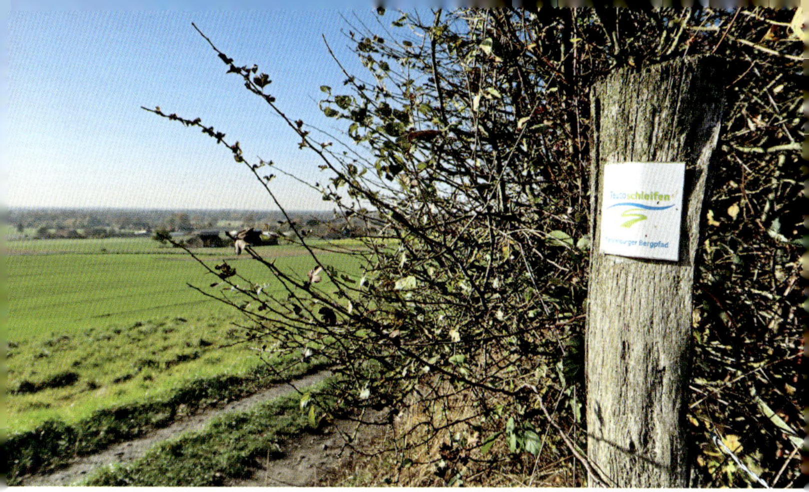

Das allgegenwärtige Teutoschleifen-Logo lässt keine Orientierungsprobleme aufkommen.

Vom **Wanderparkplatz Alter Bahnhof, Brochterbeck** ❶ folgen wir der Straße Im Bocketal südwärts und wandern am Ende des Hotelparkplatzes nach der Straßenquerung rechts in die Dorfstraße. Hinter der Backsteinkapelle leitet die Teutoschleife nach links (Wanderweg Wallen – Lienen) über einen Fußweg neben der Straße am Ortsrand von Brochterbeck. Bei einer Gabelung treffen wir auf das rechts von Brochterbeck kommende Teutoschleifchen Brochterbecker Landpartie und folgen diesem zusammen mit dem Bergpfad links durch die Unterführung Richtung Tecklenburg (TS) und dahinter aufwärts Richtung Münsterlandblick. Vom **Münsterlandblick** ❷ leitet der aussichtsreiche Kammweg weiter zwischen Weißdornhecken. Rechts unten liegt ein ehemaliger Kalksteinbruch, heute Teil des 38 ha großen Naturschutzgebietes »Osterklee« mit Trespen-Schwingel-Kalktrockenrasen. Bei der Kreuzung vor einem Modellflugplatz zweigt das Teutoschleifchen nach links ab; wir folgen rechts der Teutoschleife Bergpfad entlang der geteerten Straße hinunter Richtung Tecklenburg (4,8 km).
Unten hinter der Schranke auf Feldweg nach links Richtung Tecklenburg, einem Panoramaweg am Feldrand. Der Feldweg führt später nach links über den Kamm und auf einen Fachwerkhof zu. Vor diesem folgen wir der Teutoschleife bei einer **Kreuzung** ❸ rechts über einen gepflasterten Weg. Vor Häusern an einem überdachten Klavier links in den Wald Richtung Tecklenburg (3,4 km) vorbei an einem Golfplatz, vor einer Weide links aufwärts über die Bahnlinie und nach 100 m im Wald bei einer Kreuzung rechts am Zaun entlang mit schönem Landschaftsblick. Nach etwa 5 Gehminuten ragt links der **Heidentempel** ❹ auf, erreichbar in wenigen Minuten auf dem als Abkürzung möglichen Hexenpfad. Die 6 m hohen

Klippen mit Nischen und Vertiefungen gelten als angebliche Opferstätte der vorchristlichen Zeit. Dazu schrieb Alex Schotte 1964 in einem Wanderführer: »Blutrinnen, Opferbecken, Nischen zur Aufnahme von Opfergerät und Lampen oder dergleichen fand man in den Felsen gehauen, bis sich herausstellte, daß ein übereifriger Lokalpatriot die natürlichen, etwas grotesken Risse und Auswaschungen des Gesteins mit Hammer und Meißel nachgearbeitet und so die Natur korrigiert hatte.«

Die Teutoschleife leitet geradeaus weiter, nach 100 m vor dem Hof links in einen Hohlweg aufwärts und nach kurzem Anstieg bei einer Gabelung nach rechts Richtung Tecklenburg (2,2 km) am bewaldeten Südhang. In einer Rechtskurve liegt links oberhalb das **Rolandsgrab** 5, eine eher unscheinbare Höhle im Fels. Der Name geht zurück auf den Belgier Bonaventura Roelants, der als Eigner des Gutes Hülshoff in den Brochterbecker Bergen diese Felsengruft als letzte Ruhestätte im 19. Jh. anlegen ließ, die aber 1920 verwüstet wurde.

Nach wenigen Minuten mündet von rechts die Teutostadtschleife Tecklenburger Romantik ein und begleitet uns bis zum Beginn des Anstiegs auf den Kamm vor Tecklenburg. Kurz nach der Passage über einen Privatweg wendet sich die Teutoschleife bei einer T-Kreuzung zusammen mit dem Hexenpfad nach links und führt anschließend steil aufwärts, während sich die Teutostadtschleife nach rechts verabschiedet. Oben leitet der Pfad rechts an einem Holzzaun vorbei und führt anschließend auf asphaltier-

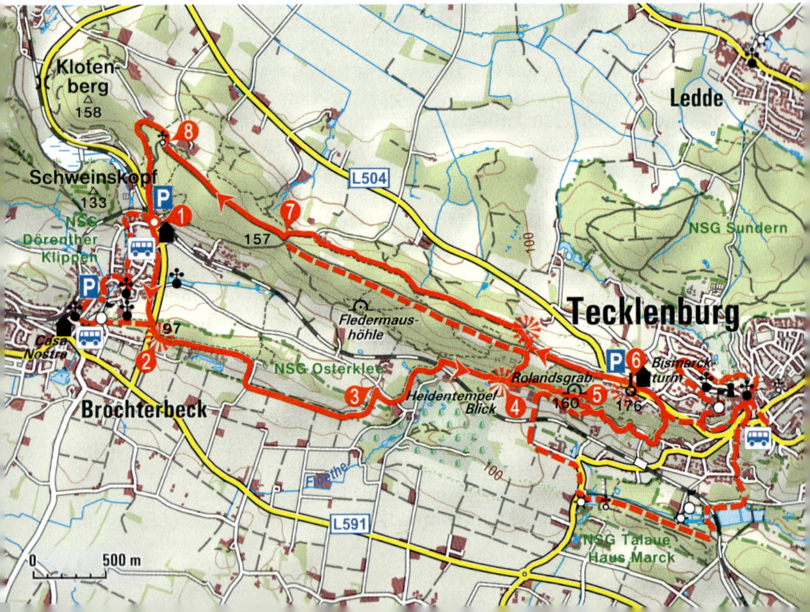

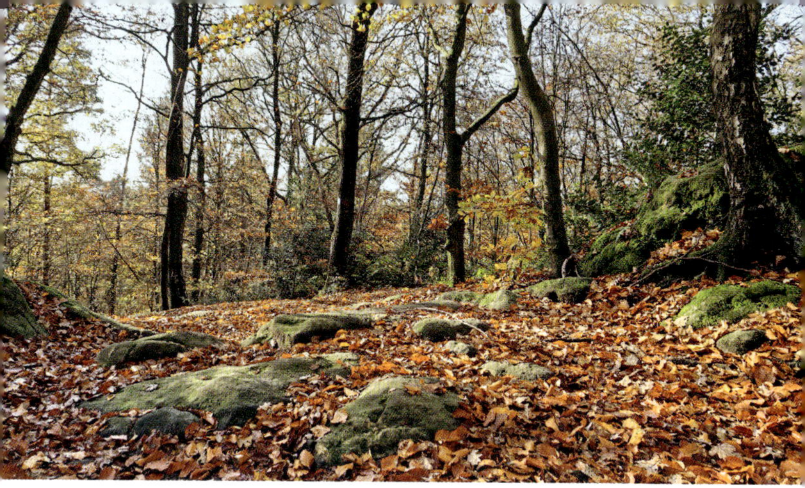

Der Herbst bietet bunte Laubfarben und weite Blicke durch lichten Wald.

tem Weg zur Landstraße (Am Weingarten) und dieser zusammen mit dem Hermannsweg links folgend vorbei am **Bismarckturm** 6, einem 1909 eröffneten 18 m hohen Aussichtsturm mit 53 Stufen (Schlüssel für 0,50 € p. P. beim benachbarten Hotel Bismarckhöhe).

Hinter dem Bismarckturm halb links in die Sackgasse (Tannenweg) zusammen mit Hermannsweg und Hexenpfad und aus dem Ort heraus in den Wald auf dem Kammweg, wo vor mehr als hundert Jahren eine 400 m lange Rodelbahn Scharen von Wintersportfreunden der ganzen Region anlockte. Nach 10 Minuten folgen wir bei einer Kreuzung am Kamm rechts der Teutoschleife abwärts Richtung Waldkapelle (3,0 km) und verlassen damit den Hermannsweg (geradeaus) und den Hexenpfad (links abwärts). Unten halten wir uns vor dem Fachwerkhof Nr. 32 links; die Teutoschleife leitet zusammen mit einem Waldlehrpfad mit nicht immer fehlerfreier lateinischer Beschriftung über eine forstwirtschaftliche Versuchsfläche und vorbei an rund 60 Jahre alten Exoten wie Mammutbäumen, Riesenlebensbäumen und Küstentannen. Der später durch Laubwald führende Pfad bietet schöne Aussichten vom Nordhang. Hinter einem Hof halten wir uns bei einer Kreuzung mit kleinem Schrein halb links und erreichen auf dem Kamm eine **5er-Kreuzung** mit **Wetterpilz** 7. Dort leitet uns die Teutoschleife rechts zusammen mit dem Hermannsweg entlang dem Kammweg durch Buchenwald. Bei der **Waldkapelle** 8 schwenken die Teutoschleife und der Hermannsweg zu einer panoramareichen Schleife nach rechts mit mehreren Bänken und nach 200 m beim Scheitelpunkt am Hof links Richtung Alter Bahnhof Brochterbeck durch Buchenwald über einen Hangweg zurück zum **Alten Bahnhof Brochterbeck** 1.

↗ 200 m | ↘ 200 m | 5,7 km

7 Rundwanderung Tecklenburg

1.30 h

Mittelalter, Modersohn und Musicals

Im Norden des Teutoburer Waldes ist Tecklenburg eine touristische Top-Attraktion mit mittelalterlicher Burg, Fachwerkhäusern, kopfsteingepflasterten Gassen, Kunst und Kurpark mit Kneippbecken und Kräutergarten. Einer der bekanntesten deutschen Landschaftsmaler, Otto Modersohn, ließ sich hier in seiner frühen westfälischen Episode inspirieren, ehe er später als Mitbegründer der Künstlerkolonie Worpswede bekannter wurde. Nach dem Maler ist eine Teutoschleifchen-Rundwanderung benannt, dem diese Wanderung folgt, verlängert mit Teilen der Teutoschleife Tecklenburger Romantik sowie Hermannsweg und Hexenpfad. Letzterer verdankt seinen Namen dem aus Brabant stammenden Tecklenburger Arzt Johannes Weyer, der im 16. Jh. als Erster auf deutschem Boden öffentlich Hexenverfolgungen anprangerte und damit indirekt auch seine Förderin schützte, die mit Wissen um Heilkräuter bewanderte Gräfin Anna von Tecklenburg-Schwerin.

Ausgangspunkt: Aussichtsreicher (gebührenpflichtiger) Parkplatz P4 Münsterlandblick, 170 m, nahe des Bismarckturms am Westrand von Tecklenburg (Navi: Am Weingarten, 49545 Tecklenburg). Alternativ freies Parken (P6) unten am Waldfreibad (Navi: Handal 55, 49545 Tecklenburg).
ÖPNV: Bushaltestelle Tecklenburg-Stadt nahe dem Rathaus südöstlich vom Zentrum mit Linie R45 Ibbenbüren – Lengerich (Mo. – Sa. stündlich, So. zweistündlich), www.rvm-online.de. 250 m langer Zuweg: Von der Haltestelle auf Fußweg nordwestlich zum Rathaus, dort geradeaus in Fußgängerstraße Richtung Marktplatz und nach Linkskurve unterhalb der Kirche nahe ❸ scharf rechts aufwärts auf Treppenweg mit Teutoschleifchen.
Anforderungen: Leichte Wanderung über Wege und Pfade im Park und Wald, außerdem kleine Straßen und Treppengänge in Tecklenburg. Der Abstieg vor ❺ erfordert besondere Aufmerksamkeit wegen möglicherweise rutschiger Baumwurzeln.
Markierung: Großteils Teutoschleifchen Modersohns Spuren, außerdem stellenweise Teutostadtschleife Teutoburger Romantik und Hexenpfad.
Einkehr: Ortsmitte von Tecklenburg.
Varianten: 1. Verlängerung westwärts auf Hexenpfad (2,5 km länger) zum Bismarckturm, Heidentempel, Rolandsgrab (→ Tour 6): ab ❶ Hexenpfad entlang Hermannsweg und 10 Minuten nach dem Bismarckturm links abwärts (A4); unten links entlang Teutoschleife Bergpfad.
2. Verlängerung entlang Teutostadtschleife Tecklenburger Romantik über Wasserschloss und Teichanlage Königssee (3,3 km länger): nach dem Abstieg zwischen ❶ und ❷ rechts und der Beschilderung folgen am Hang entlang und später links in das Tal, dort nach großer Linkskurve mit Haus Hülshoff, dem Wechter Mühlenbach, Wasserschloss Haus Marck und Mühlenteichen wieder aufwärts nach Tecklenburg zum Marktplatz bei ❸.
3. Mehrere Abkürzungsmöglichkeiten, etwa am Kurpark-Anfang (Treppe abwärts, 2,7 km kürzer) und -Ende, bei letzterem geradeaus Richtung Waldfreibad statt rechts aufwärts (1 km kürzer).

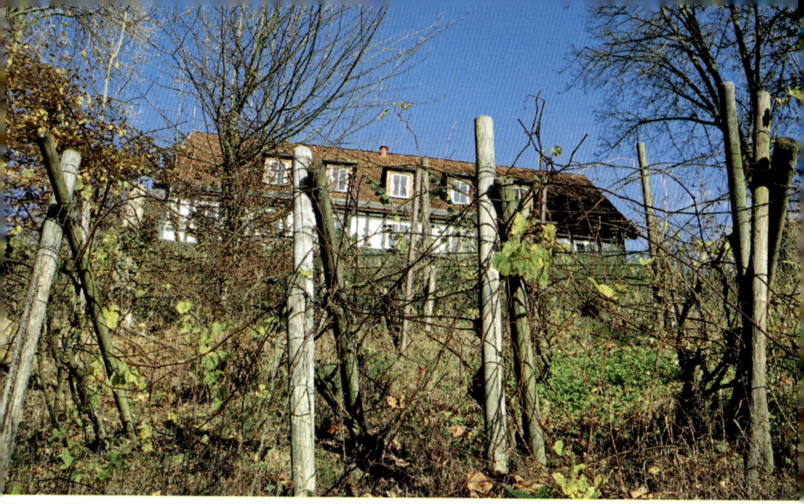

In Tecklenburg liegt einer der nördlichsten Weinhänge des Landes.

Tipps: Otto Modersohn Museum am Markt (Mi. – Fr. 14 – 18, Sa./So. 11 – 18 Uhr), www.ommt.de; Waldfreibad (Mai bis September). Schlüssel für Wierturm bei Tecklenburg Touristik, Am Markt 7, Mo.– Fr. 9 – 14, Sa./So. 11 – 16 Uhr.

Der **Parkplatz Münsterlandblick** ❶ macht seinem Namen alle Ehre mit weitem Blick südwärts über das Münsterland. Von dort gehen wir links entlang der Landstraße (Am Weingarten) mit Tecklenburg im Rücken, biegen zusammen mit dem Hexenpfad und der Teutoschleife Bergpfad nach 200 m kurz nacheinander zweimal nach links ab und verlassen nach 100 m bei einem hohen Holzzaun den besiedelten Bereich. Nach kurzem Abstieg auf dem Waldpfad stoßen wir unten auf die Teutostadtschleife Tecklenburger Romantik und folgen ihr nach links, kurz darauf im Zickzack mit Stufen. Die Wegweiser der Tecklenburger Romantik leiten aufwärts, 50 m nach einem Tisch mit Bänken links aufwärts und weiter geradeaus. Links oberhalb ragen die Felsformationen der sogenannten **Hexenküche** ❷ auf. Alten Sagen nach sollen hier Hexen in Höhlen ihre Zaubertränke gebraut und ausgelassen gefeiert haben.

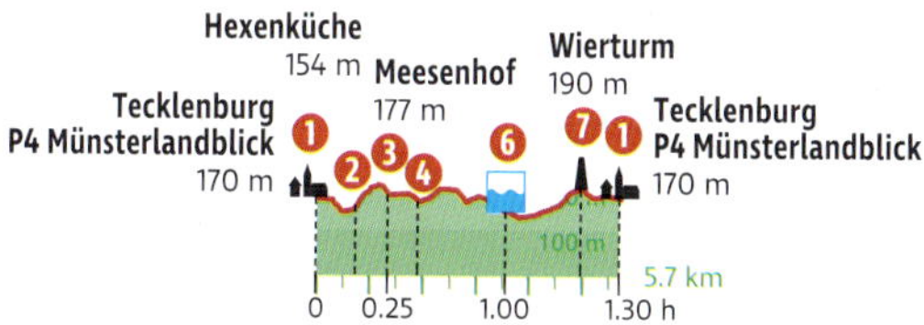

Bei der Landstraße wenden wir uns nach links und biegen kurz darauf rechts in den Parkplatz (P3 Burgberg) ab. Links oberhalb ranken Weinpflanzen; der Tecklenburger Weinbau hat eine auf das 14. Jh. zurückreichende Tradition in Tecklenburg und wurde nach 400-jähriger Unterbrechung 1987 wieder aufgenommen. Am Ende des Parkplatzes folgen wir dem breiten Weg unterhalb der Mauer Richtung Ortsmitte. Hexenpfad, Hermannsweg und Teutoschleife schlängeln sich schließlich links durch den **Meesenhof** ❸, benannt nach dem sogenannten Tecklenburger »Kaffeekönig«, dem Kaufmann und Kommerzienrat Diedrich Wilhelm Meese, der in idesem Gebäude aus dem 16. Jh. nach dessen Erwerb 1826 Kaffee und andere Waren lagerte. Kurz darauf wird hinter dem Schiefen Haus, der ehemaligen Wohnung und Werkstatt eines Leinenwebers im 17. Jh., der Marktplatz erreicht. Geradeaus entlang dem Teutoschleifchen und nach 50 m halb links auf Treppe aufwärts zur Kirche und links an dieser vorbei. Der 98 m hohe Turm wurde im 18. Jh. aus Platzgründen in das Kirchenschiff hineingebaut.
Der Kirchpfad führt geradeaus weiter zu einer kleinen Straße (Sonnenweg), dort zweimal links und auf Treppe abwärts. Nach einer Straßenlampe zweigt die Teutoschleife nach rechts ab und nach der Einmündung in einen größeren Weg und einer Bank nach links hinunter zu einer Wassertretanlage. Davor scharf links abwärts zum **Kräutergarten** ❹, dort und bei der

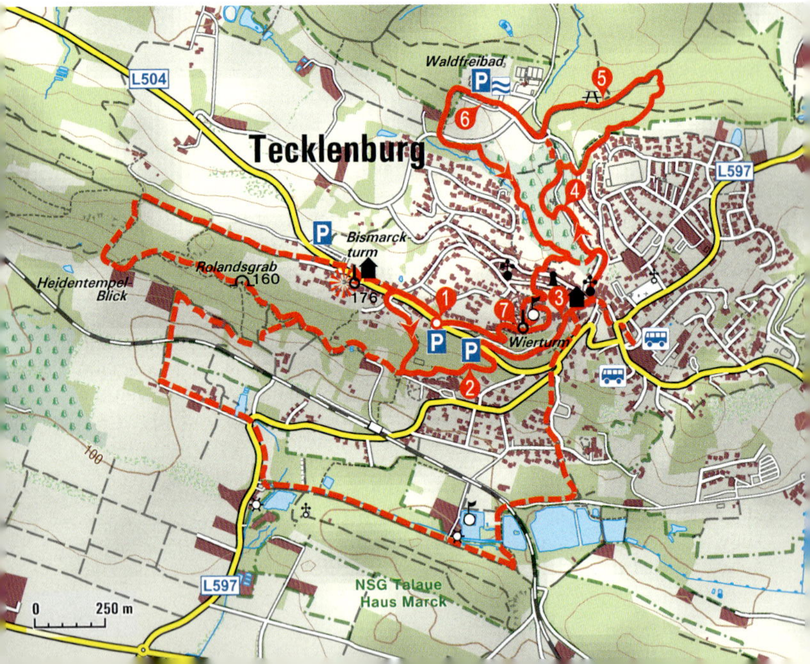

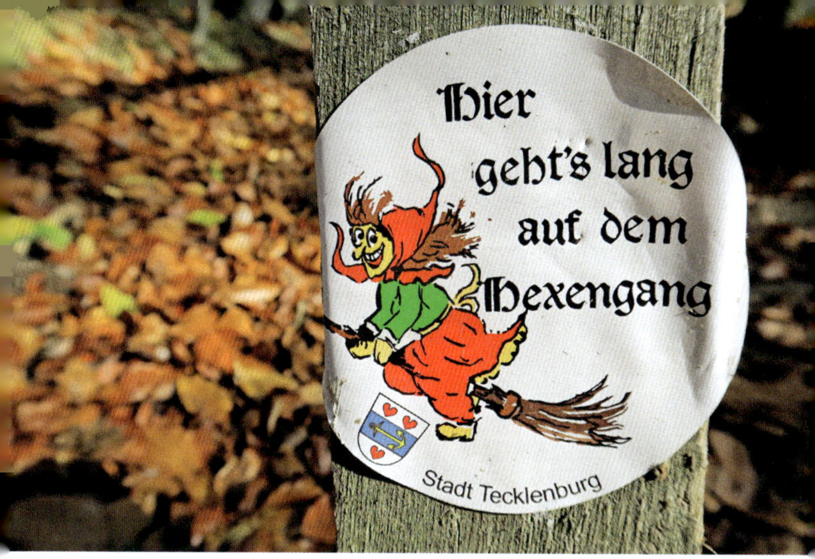

Der Hexenpfad gedenkt des Tecklenburger Widerstands gegen Hexenverbrennungen im 16. Jahrhundert.

folgenden Abzweigung rechts. Bei der folgenden Kreuzung steigt das Teutoschleifchen rechts steil an – geradeaus wäre eine Abkürzung möglich direkt zum **Waldfreibad** 6.

Nach den Stufen zweigen wir oben nach rechts und nach 70 m scharf links ab in den Fliederweg, einen aussichtsreichen Pfad. Bei einer Treppe zur Rechten steigen wir links über einen Pfad abwärts durch Wald – Vorsicht bei Nässe wegen der möglicherweise rutschigen Baumwurzeln! Bei einer Gabelung mit breitem Weg (Orientierungspunkt Stadtwald) gehen wir links, passieren einen **Rastplatz** 5 mit Steintisch und -bänken und wandern bei einer Kreuzung vor dem alten Gasthaus »Am Kurpark«geradeaus links an dem Gebäude vorbei. Die Steinstraße führt zum Parkplatz des Waldfreibads. Wir folgen der Teutoschleife geradeaus zwischen Parkplatz und **Waldfreibad** 6 und biegen hinter einer Infotafel zum Maler Modersohn beim Eintritt in den Wald nach links (Teutoschleifchen, A3). Der Weg am Waldrand führt abwärts zu einer kleinen Straße; dort links und 20 m nach dem Ortsendeschild von Tecklenburg rechts abwärts in den Wald und immer geradeaus. 100 m nach einem Weiher mit Infotafel zu heimischen Lurchen erreichen wir den unteren Weg des Kurparks und folgen ihm bis zu einer Kreuzung vor einer Treppe. Dort rechts aufwärts auf gepflastertem Fußweg, nach dem Tor am Parkende auf Straße rechts und nach 20 m links aufwärts auf Treppenweg zur Burganlage auf dem Kammplateau. Vor der

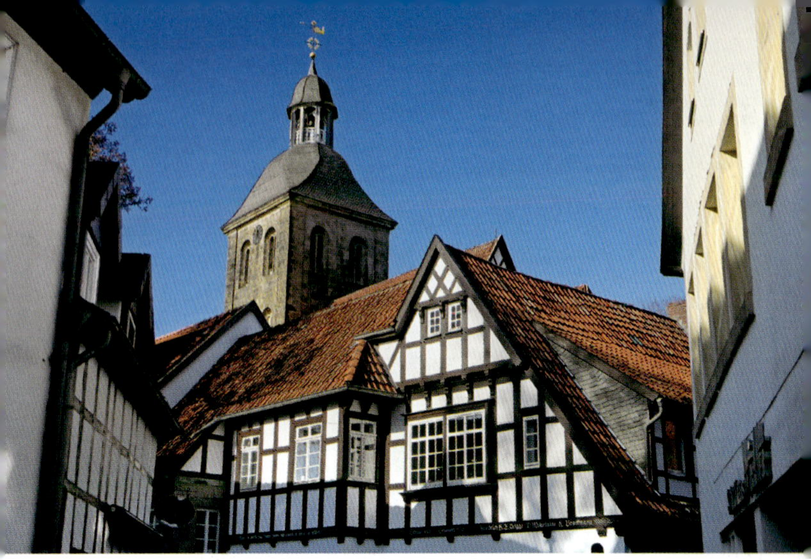

Der im 18. Jh. erbaute barocke Kirchturm überragt das Ortsbild von Tecklenburg.

Burgmauer rechts, links durch den Mauerdurchgang und nach 20 m rechts aufwärts über Stufen. Oben auf dem panoramareichen Plateau wandern wir links zum **Wierturm** 7, errichtet 1884 im Gedenken an Johannes Weyer (richtiger niederländischer Name: Jan Wier) für seinen Einsatz gegen Hexenverfolgungen. Die Burg selbst wurde im Mittelalter an strategisch günstiger Lage zum Kassieren von Wegezöllen am Handelsweg Lübeck–Köln errichtet und im 16. Jh. anfangs militärisch und später als Residenzschloss der Grafenfamilie Tecklenburg ausgebaut. Unter Preußen wurde die Burg im 18. Jh. geschleift und zum Steinbruch freigegeben, dem der aufkommende Denkmalschutz zum Ende des 19. Jh.s Einhalt gebot. Seit 1927 ist die Burg Schauspielstätte. Die Freilichtspiele Tecklenburg bieten seit den 1990er-Jahren nur noch Musicals – auch für Kinder – und gelten mit 2300 Plätzen als größtes Freilichtmusiktheater Deutschlands.

Vom Wierturm geht es zurück, nach 50 m scharf rechts abwärts und über das Plateau zur aufragenden Turmruine namens »Krönchen«, gekennzeichnet mit »S1« als einer von fünf Stationen des Hexenpfades. Wir folgen dem Teutoschleifchen links am »Krönchen« vorbei und nach einer Rechtskurve entlang der südlichen Mauer der Burganlage. Vor der Jugendherberge links abwärts in den Park und dort rechts auf dem Hermannsweg und Hexenpfad durch das Tor. Wir gehen links am Weingarten entlang, ehe uns kurz darauf eine kleine Straße zur Landstraße (Am Weingarten) und dem dahinterliegenden **Parkplatz Münsterlandblick** 1 führt.

↗ 130 m | ↘ 130 m | 5,7 km

1.30 h

Lengerich – Münsterland-Blick 8

Teutoschleifchen Canyon Tour

In einem ehemaligen Kalksteinbruch bei Lengerich erstreckt sich heute ein lang gestreckter See, der bei entsprechender Sonneneinstrahlung türkisfarben schimmert. Die Kalksteinhänge mit ihren Magerrasen sind ein Naturparadies, das stellenweise von Schafen und Ziegen beweidet wird. Rund um diesen sogenannten Canyon führt ein Teutoschleifchen mit mehreren Aussichtsplattformen, anfangs durch Wälder und Wiesen bei Lengerich, auf dem Rückweg über den Kamm des Kleebergs mit weiten Blicken Richtung Canyon und Münsterland. Eine Verlängerung nordwärts macht die Teutoschleife Canyon Blick möglich.

Ausgangspunkt: Parkplatz am Skulpturenpark nördlich von Lengerich, 100 m (Navi: Am Kleeberg 10, 49525 Lengerich), alternativ Parkplatz Lengerich-Feuerwehrhaus mit 1 km langem Zuweg (→ ÖPNV).
ÖPNV: Bushaltestelle Lengerich Feuerwehrhaus 1,1 km vom Ausgangspunkt u. a. mit Linie R45 Richtung Lengerich-Bahnhof und Ibbenbüren (Mo. – Sa. stündlich, So. zweistündlich), www.rvm-online.de. Von der Haltestelle rechts am Feuerwehrgebäude vorbei, dahinter schräg links über Parkplatz und links neben den Bahngleisen den Zuweg-Schildern Richtung Canyon Tour und Canyon Blick folgen.
Anforderungen: Leichte Wanderung großteils über kleine Pfade, ansonsten Feld- und Waldwege. Der lehmige Untergrund ist bei/nach nassem Wetter sowie im Winter stellenweise sehr schlammig, daher gutes Schuhwerk nutzen!
Markierung: Durchgehend Logo Teutoschleifchen Canyon Tour.
Einkehr: Nur bei Variante Teutoschleife Canyon Blick; dort Restaurant Stiftschänke am Wendepunkt in Leeden.
Varianten: 1. Verlängerungsmöglichkeit (zzgl. 8 km) nordwärts entlang Teutoschleife Canyon Blick aussichtsreich durch Wiesen und Wälder vorbei an Gut Stapenhorst Richtung Leeden.
2. Abkürzung um 3 km entlang Teutoschleife Canyon Blick: bei Kreuzung vor 2 rechts und in 200 m aufwärts auf den Kleeberg zum Teutoschleifchen kurz hinter 4.

Vom **Parkplatz** am **Skulpturenpark** 1 folgen wir der Straße (Am Kleeberg) rechts Richtung Nordosten vorbei am Skulpturenpark und biegen nach 200 m bei einem kleinen Parkplatz mit Infotafeln nach links ab. Teutoschleifchen und -schleife führen über den alten Friedhof, den

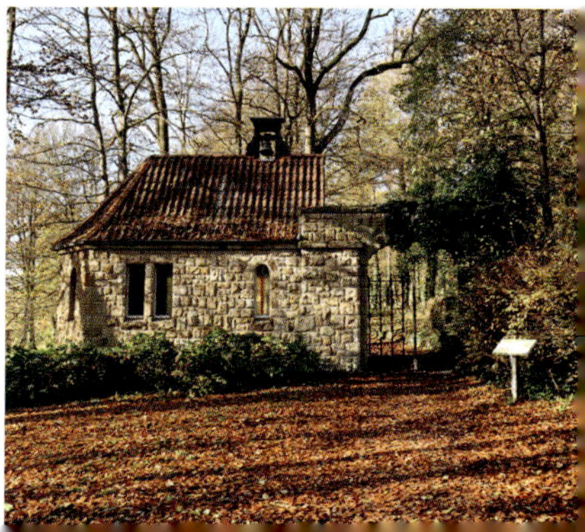

Eine alte restaurierte Kapelle bildet den Eingang zum Hortensienpark auf dem alten Friedhof.

aus mehr als 300 Arten bestehenden Hortensienpark mit altem Baumbestand. Vor einer Wiese und dem zu einem Skulpturenpark zählenden Kunstwerk »Vanitas Vanitatis« folgen wir dem Teutoschleifchen nach rechts, kurz darauf nach links entlang dem Waldrand und bei einer Kreuzung geradeaus Richtung zum **Aussichtspunkt Canyon** ❷. Das Teutoschleifchen schlängelt sich durch Wald zu einem größeren Weg. Dort rechts und am Ortsrand von Lengerich vor den Bahngleisen rechts. Die Bahnstrecke spielte früher eine wichtige Rolle beim Abbau von Kalkstein im 1977 stillgelegten Steinbruch und dem Betrieb des damit verbundenen Zementwerks.

Das Teutoschleifchen taucht bei einem Haus in den Wald ein. Bei Abzweigungen halten Sie sich links, ehe das Teutoschleifchen kurz nach einer Infotafel über Bentheimer Landschafe erst scharf nach rechts aufwärts und nach 100 m scharf nach links führt. Nach einer Rechtskurve leitet die Route rechts neben der Tecklenburger Straße nordwärts und wendet sich bei der linken Einmündung des Hermannsweges aus Tecklenburg nach rechts über Stufen aufwärts. Oben erwarten uns fantastische Ausblicke, vor allem beim **Aussichtspunkt Kleeberg** ❸ mit Ruhebank und nach 5 Gehminuten beim **Aussichtspunkt Ziegenhütte** ❹, 170 m – kurz nach dem Stall für rund 50

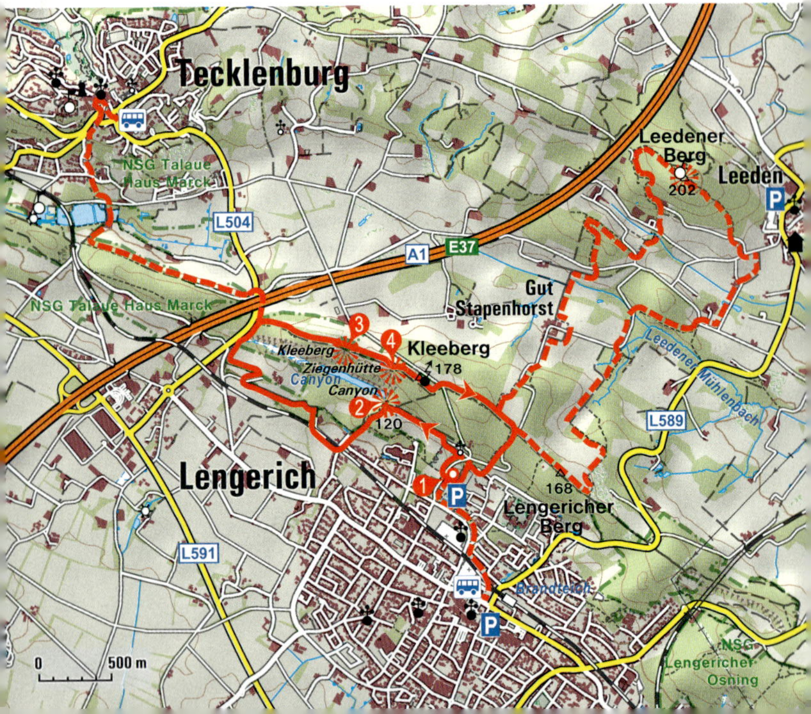

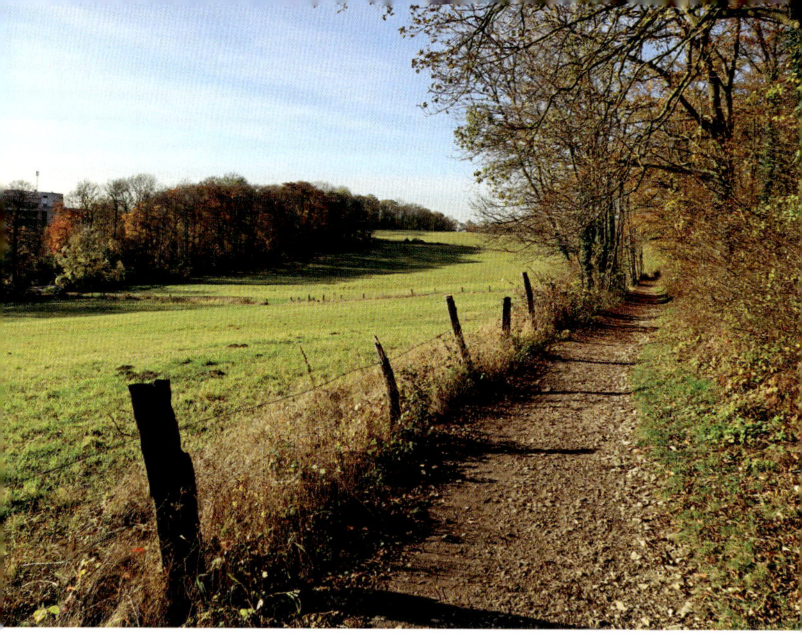

Am Waldrand nähert sich das Teutoschleifchen dem Canyon im alten Steinbruch.

Ziegen, die die Magerrasen am südexponierten Steilhang des Canyon frei von hoher Vegetation halten.

Wir erreichen bei einer T-Kreuzung wieder die Teutoschleife Canyon Blick, der wir 50 m nach links folgen, bis sie dann wieder links Richtung Gut Stapenhorst abzweigt. Teutoschleifchen und Hermannsweg leiten geradeaus weiter. Nach 200 m folgen wir dem Teutoschleifchen – und wieder der Teutoschleife – rechts abwärts durch Wald und bei einer Kreuzung geradeaus. Vor dem Gelände der LWL-Klinik für psychische Erkrankungen schwenken wir nach rechts und vor der Straße beim bekannten Eingang zum Hortensiengarten nach links auf den Waldweg ein, der zur Rückseite vom **Parkplatz** am **Skulpturenpark** ❶ führt.

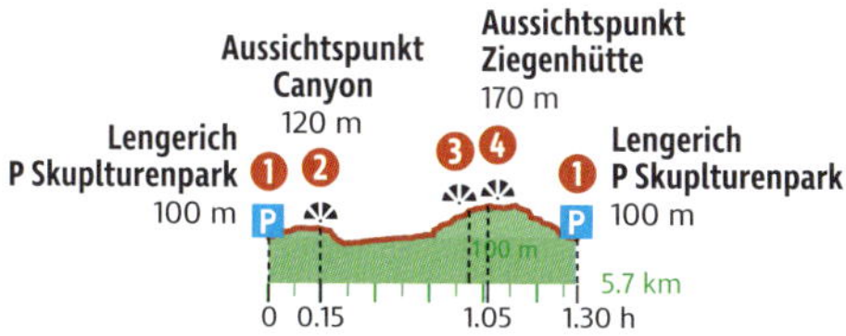

↗ 40 m | ↘ 40 m | 7,2 km

9 Hellern – Gaste

1.45 h

Durch Wiesenlandschaft bei Hellern

Südwestlich von Osnabrück führt diese kurze Rundwanderung durch eine großteils von Wiesen geprägte Landschaft, aufgelockert mit Bächen und kleinen Waldstücken, stellenweise begleitet vom Westfälischen Jakobsweg auf seiner 263 Kilometer langen Strecke von Osnabrück nach Köln.

Ausgangspunkt: Bushaltestelle Alte Kasse in Hellern, 90 m, mit Parkgelegenheiten in Seitenstraßen sowie südlich vom Ausgangspunkt Parkbuchten (Navi: Große Schulstraße, 49078 Osnabrück-Hellern), alternativ Parkplatz in Gaste (Navi: Breslauer Straße, 49205 Hasbergen).

ÖPNV: Bushaltestelle Alte Kasse am Ausgangspunkt sowie in Gaste Haltestelle Gaste-Schule, beide u.a. mit Linie 491 nach Osnabrück und Hasbergen (Mo.–Sa. stündlich, So. selten), www.vos.info. Von Gaste 5 Gehminuten über Breslauer Straße und bei Kreuzung links Jahnstraße zur Route bei ❹. Alternativ Regionalbahnhof Hasbergen mit 1,3 km langem Zubringer: Vom Bahnhof nordwärts Martin-Luther-Straße, an deren Ende kurz rechts, dann links in Gustav-Adolf-Straße, dort in zweiter Linkskurve auf Pfad in den Wald, nach 30 m bei Kreuzung rechts und weiter geradeaus zur Route.

Anforderungen: Leichte Wanderung über kleine Straßen, Radwege und Pfade.

Markierung: Stellenweise Westfälischer Jakobsweg (Jakobsmuschel).

Einkehr: Keine.

Variante: Bei Start ab Gaste bietet sich eine Verkürzung auf 4 km kurze Rundwanderung an ohne die Strecke zwischen ❶ und ❸.

Kurz vor Gaste schlängelt sich der Tecklenburger Fußweg über diesen Bach.

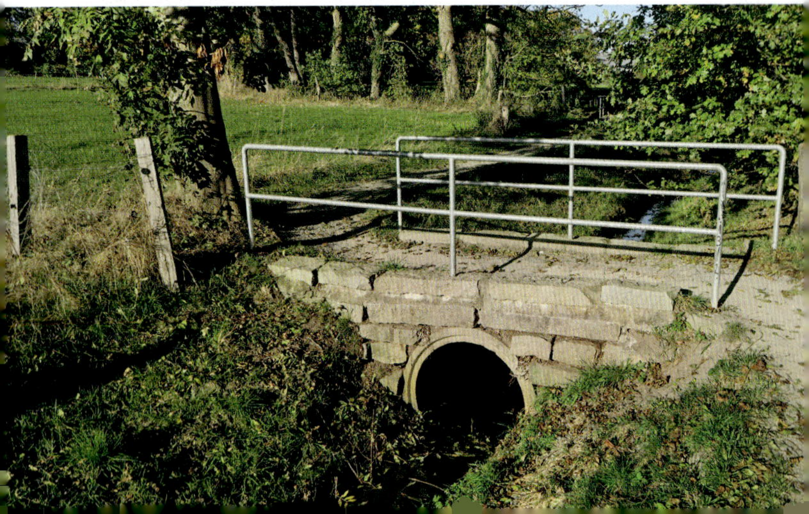

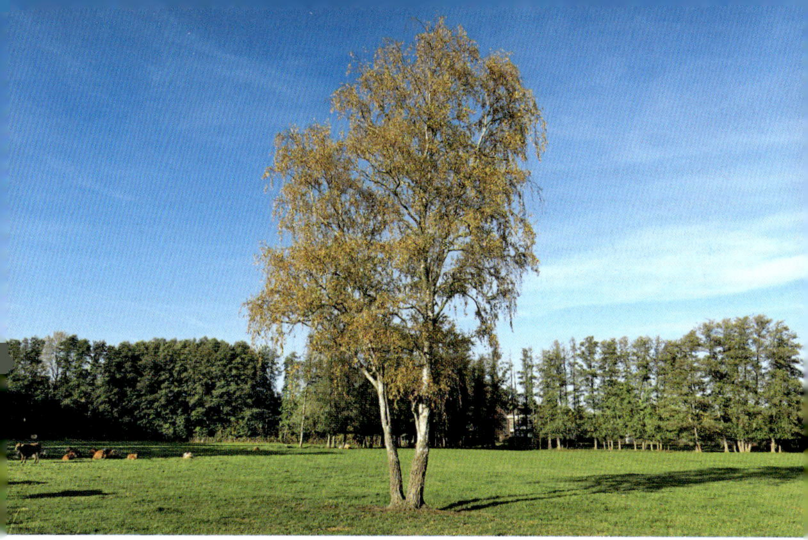

Zweistämmige Birke auf einer Kuhweide bei Gaste.

Von der Bushaltestelle Alte Kasse im Osnabrücker Stadtteil **Hellern** 1 gehen wir die Große Schulstraße kurz südwärts und biegen nach dem Zebrastreifen rechts in den gepflasterten, mit Bäumen und Büschen bestandenen Fußgänger-/Radweg und folgen ihm geradeaus durch das Wohnviertel. Nach einem Spielplatz leicht rechts und bei Kreuzungen mit kleinen Straßen geradeaus. Nach 5 Minuten vor einem Wasserreservoir leicht links und gleich darauf rechts. Nach 50 m geht es links über die **Düte-Brücke** 2 und weiter auf schmalem Weg, der nach einer Kläranlage die kleine Straße Heller Esch erreicht. Dort rechts, nach 150 m links (Strootriede) und nach 250 m rechts in den einladenden **Tecklenburger Fußweg** 3 neben einem Bach (Pilgermuschel, X). Der Pfad quert bald den Bach und mündet schließlich in eine kleine Straße ein, der wir rechts folgen, ehe wir links in die kleine Straße biegen, die links an dem Gewerbegelände eines Elektrogroßhandels entlangführt. Nach 5 Gehminuten halten wir uns in einer Linkskurve links (Erlenweg) und verlassen diese kleine Straße nach 150 m bei einem Gatter links auf einem kleinen Grasweg (Pilgerweg, X) zwischen Feldern und Weiden.

Am Ortsrand von Gaste geradeaus leicht rechts versetzt (Jahnstraße, Pilgerweg, X) und bei einem Trafokasten am **Sportplatz Gaste** 4 links (Jahnstraße 15) auf einen unbefestigten Fahrweg, später Pfad. 150 m

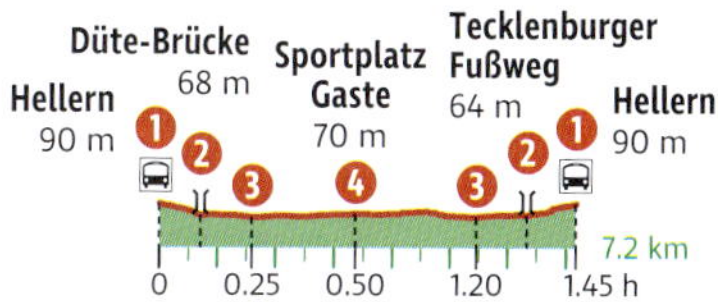

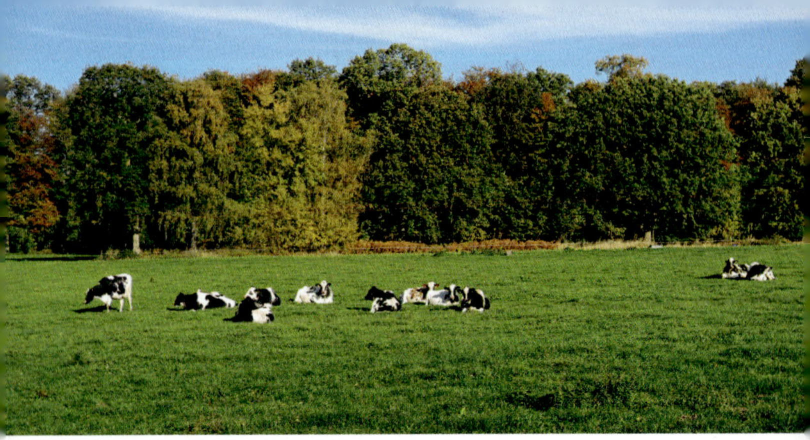

Kühe beim herbstlichen Sonnenbad.

nach einer Brücke mündet der Pfad bei einer Bank in eine kleine Straße, der wir nach links folgen. Bei den folgenden Abzweigungen halten wir uns links, biegen nach 1 km vor einem Hof nach rechts und gleich darauf nach links. Nach wenigen Minuten passieren wir wieder die Abzweigung des **Tecklenburger Fußwegs** ❸ und gehen auf bekanntem Weg rechts vorbei an der Kläranlage zurück zur **Düte-Brücke** ❷. Anders als auf dem Hinweg wandern wir nach der Brücke zunächst geradeaus links neben der Düte, schwenken vor einem Metallzaun auf dem Grasweg nach rechts und gehen bei der Kreuzung mit der Straße Hofbreede im Hellener Wohnviertel leicht links versetzt auf dem Rad-/Fußweg. Nach 100 m erreichen wir wieder den Rad-/Fußweg des Hinwegs und folgen ihm rechts zur Bushaltestelle Alte Kasse in **Hellern** ❶.

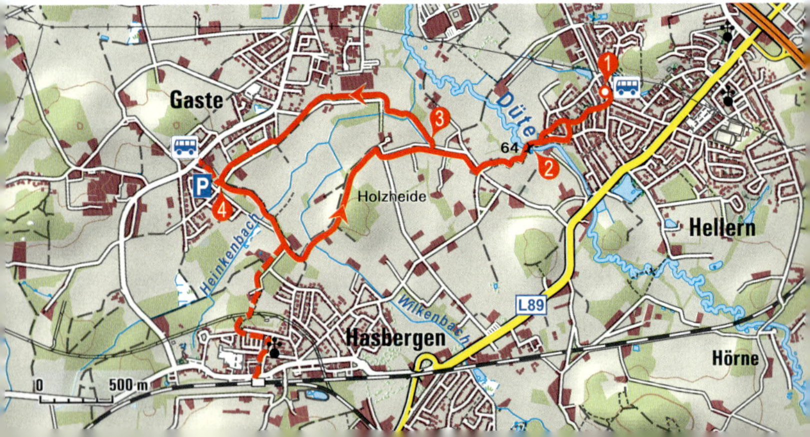

↗ 340 m | ↘ 340 m | 11,8 km

3.30 h

Hasbergen – Hüggel

TOP **10**

Geologisch interessante Rundwanderung durch altes Bergbaugebiet

Zwischen Hasbergen und Holzhausen bilden der Hüggel und der Heidhornberg die höchsten Punkte dieser Rundtour, die geprägt ist von geologischen Besonderheiten und Spuren des früheren Abbaus von Bodenschätzen: Kalkstein, Kohle und Eisenerz. Der Silbersee-Stollen erinnert genauso an die Geschichte des Bergbaus wie verfüllte Schächte unterwegs. Wanderer erwartet eine abwechslungsreiche kleinräumige Landschaft mit Weiden, Wäldern und Höfen, dazwischen bieten sich schöne Ausblicke, etwa von der Hütte Schauinsland oder dem Kamm des Hüggels. Der Rückweg verläuft teilweise über schöne Hohlwege mit der Möglichkeit eines Abstechers zur Töpferei Niehenke.

Die alte Pumpstation des Augustaschachts diente im Zweiten Weltkrieg als »Arbeitserziehungslager«.

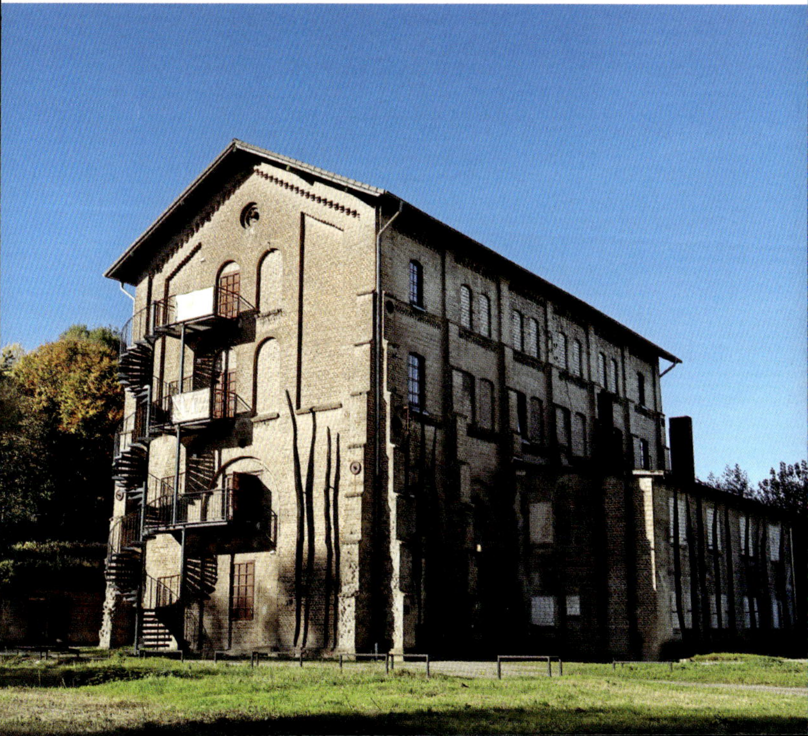

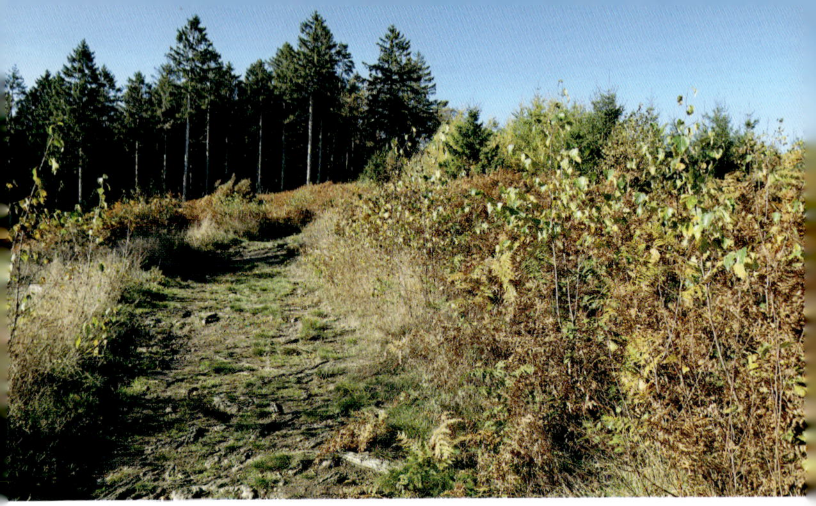

Dieser Weg führt über den großteils bewaldeten Hüggelkamm.

Ausgangspunkt: Wanderparkplatz Roter Berg, 120 m (Navi: Roter Berg, 49205 Hasbergen), alternativ nahe 8 (Navi: Zum Jägerberg 40, 49170 Hagen am Teutoburger Wald) oder Parkplatz bei Gedenkstätte Augustaschacht (Navi: Zur Hüggelschlucht 4, 49205 Hasbergen).
ÖPNV: Bushaltestelle Hasbergen-Schierke 200 m nördlich von 1 mit Linie X493 (Mo.–Sa. stündlich, So. alle 2 Stunden) von/nach Osnabrück (im Sommerhalbjahr auch Freizeitbus 402), www.vos.info. Alternativ Haltestelle Holzhausen-Hüggelhof 400 m von der Hofzufahrt bei 7 mit u.a. Linie M3 (Mo.–Sa. mind. halbstündlich, So. stündlich) von/nach Osnabrück; von der Haltestelle Sutthauser Straße 100 m nordwärts, dann links in 5 Minuten entlang der Straße Zur Hüggelschlucht zur Route.
Anforderungen: Leichte bis mittelschwere Wanderung über Pfade, am Kamm steinig und etwas felsig, sowie Forst- und Waldwege, kürzere Abschnitte über kleine Straßen.
Markierung: Diese Wanderung kombiniert die schönsten Abschnitte mehrerer gut beschilderter Rundwege; den TerraTrack (»T«) Geologischer Lehrpfad, Hüggelzwerge, Erzsteig und Hüggelrundweg. Ein kurzer Abschnitt ist nicht markiert.
Einkehr: Gasthaus Jägerberg (Sa. ab 14, So. ab 11.30 Uhr), ansonsten Hasbergen.
Varianten: 1. Diese Tour kann gut in

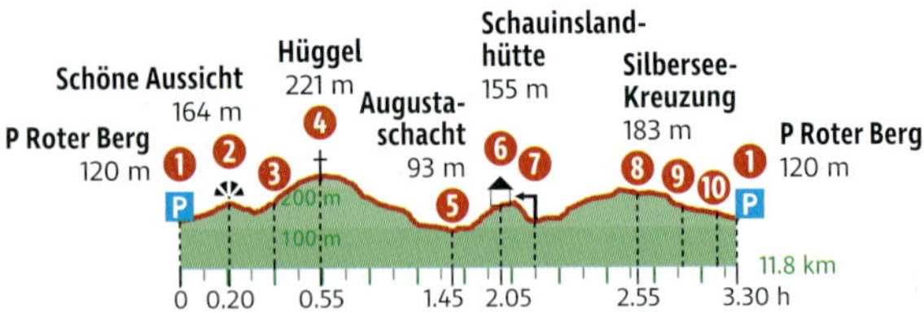

zwei Teilen unterschiedlicher Länge gegangen werden mit einem kurzen Verbindungsweg nördlich von 8: die nordwestliche um den Heidhornberg (3,8 km) oder die südöstliche mit dem Hüggel und Augustaschacht (7,5 km).
2. Abkürzung zur Umgehung eines möglicherweise zugewucherten Abschnitts zu Beginn: nach der Schranke am Beginn halb rechts (Hüggelzwerge, Erzsteig) und nach 5 Minuten vor dem Schießplatz links zu 2.
3. Östliche Verlängerung auf dem aussichtsreichen Terra-Track Schauinsland zum Kloster Ohrbeck mit Kuppelkirche (2,7 km länger): nach dem Augustaschacht dem Terra-Track geradeaus Schaun Ins Land Richtung Haus Ohrbeck. Der Track erreicht die Route wieder bei der Schauinslandhütte 6.
4. Abstecher zur Töpferei Niehenke (zusätzlich 1,3 km, stellenweise durch Siedlung) entlang Terra-Track Hüggelzwerge; bei 9 scharf links aus dem Wald und nach 10 Minuten bei T-Kreuzung links in Straße Am Plessen zur Töpferei, zurück Straße Am Plessen nordwärts, nach 250 m rechts in Straße Am Heidhornberg, nach 200 m links in den Wald und auf Track Hüggelzwerge zum Hohlweg.
Kombi-Tipp: Tour 11 Orchideenwiese; dazu ab Silberwiese links auf Terra-Track Erzsteig in 0,8 km zum Startpunkt von Tour 11 (gesamt 18,7 km).
Tipps: Gedenkstätte Augustaschacht mit Ausstellung (Di. – Sa. 14 – 17, So. 11 – 17 Uhr), www.gedenkstaetten-augustaschacht-osnabrueck.de. Ausstellung der Töpferei Niehenke (→ Abstecher 4) in Hasbergen (Mo. – Fr. 14 – 18 Uhr). Der Silbersee-Stollen kann besichtigt werden, dazu werden Führungen angeboten: www.geopark-terravita.de/de/veranstaltungskalender.

Vom **Wanderparkplatz Roter Berg** 1 mit überdachtem Picknicktisch und Infotafeln führen die drei Terra-Tracks Geologischer Lehrpfad, Erzsteig und Hüggelrundweg links hinter der Schranke in östliche Richtung. Nach knapp 200 m schwenken wir mit den beiden Erstgenannten rechts auf den etwas überwachsenen Pfad, vorbei am ehemaligen Steinbruch. An der folgenden T-Kreuzung links und sofort rechts. Der bei Nässe schlammige Pfad bietet neben zwei Infotafeln über den Steinbruch viel Brennnessel-Vegetation. Bei der folgenden T-Kreuzung folgen wir kurzzeitig allen drei Terra-Tracks nach links und nach 100 m bei einer Bank dem Hauptweg nach links (Geologischer Lehrpfad, Hüggelzwerge).
Nach weiteren 100 m halten wir uns bei der Gabelung vor einem Schießplatz links und erreichen kurz darauf den **Panoramapunkt Schöne Aussicht** 2. Nach wenigen Minuten bei einer Gabelung links hinunter durch Buchenwald (Hüggelzwerge), dann entlang dem Weg Hüggelzwerge geradeaus über den Hauptweg leicht abwärts. Hüggelzwerge führt bei der nächsten Kreuzung rechts aufwärts zum **Bödigestein** 3 an der Stelle, wo der Osnabrücker Geologe und Lehrer Dr. Nikolaus H. Bödige 1926 verstarb, der diesen Platz zuvor als seinen Lieblingsort bezeichnet hatte.
Beim Bödigestein geradeaus aufwärts in südliche Richtung und nach 500 m zweimal nacheinander links auf dem mit einem blauen T gekennzeichneten Pfad über den Kamm des Hüggels, einer Variante des Terra-Tracks Hüggelrundweg.
Der Pfad schlängelt sich über den Kamm mit dem **Hüggel** 4 als höchste Erhebung, 221 m, abwechselnd durch Wald und offene Fläche mit stel-

lenweise felsigen Abschnitten. Beim Abstieg mündet der Kamm in einen größeren Weg; die Variante mit dem blauen »T« zweigt nach rechts ab, wir aber gehen nach links. In einer Rechtskurve mündet von links der Terra-Track Hüggelrundweg ein, dem wir geradeaus zu einem Wendeplatz am Waldrand folgen. Dort rechts Richtung Augustaschacht. Nach der Querung von Bahngleisen wird die Gedenkstätte **Augustaschacht** 5 erreicht, die an das frühere Arbeitserziehungslager Ohrbeck an dieser Stelle erinnert, in dem zur Nazizeit mehr als 2000 Männer und Jugendliche unter brutalen Bedingungen inhaftiert waren.
Vom Parkplatz führt der Hüggelrundweg wieder zu den Bahngleisen und unterquert diese nach 250 m. 100 m danach verzweigt sich der Hüggelrundweg bei einer Kreuzung; wir halten uns links und gehen bei der folgenden Kreuzung bei einem Fachwerkhaus geradeaus, zunächst auf einem Forst-, später Grasweg zur aussichtsreichen **Schutzhütte Schauinsland** 6. Wir folgen weiter dem Hüggelrundweg (T): vor der Hütte rechts, auf dem Forstweg über die Höhe und nach 200 m links abwärts durch den Wald. Der Terra-Track verabschiedet sich bald nach rechts, wir gehen weiter geradeaus, queren eine Straße, folgen der Hofzufahrt und biegen vor dem **Hofeingang** 7 links in den Weg am Waldrand, später am Zaun entlang. Bei einer Gabelung am Waldrand rechts auf Grasweg oberhalb des Hofs und schließlich hinunter zu dessen westlicher Zufahrt. Bei der dortigen Kreuzung links und gleich wieder rechts, links an Teichen vorbei und nach 100 m rechts. Bei einer großen Kreuzung von Forstwegen erreichen wir wieder den Terra-Track Hüggelrundweg und folgen ihm links (auch X25). 5 Gehminuten nach einer Schutzhütte verlassen wir vor einem alten Steinbruch den geradeaus weiterführenden Hüggelrundweg und schwenken

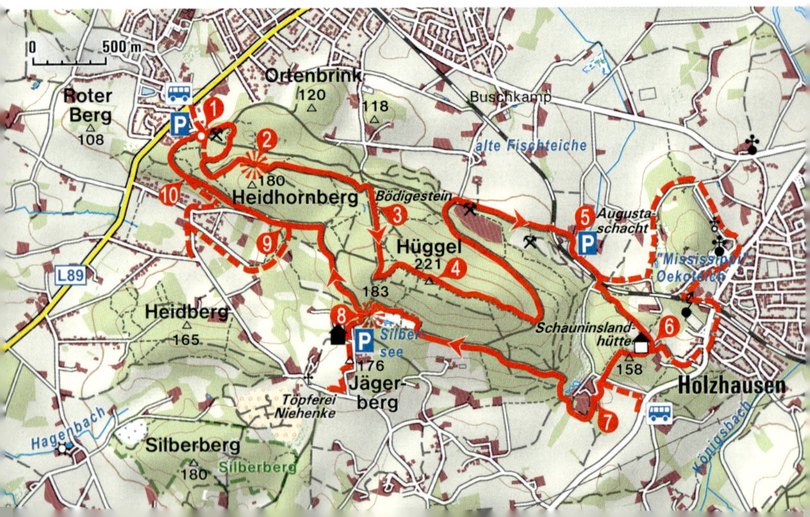

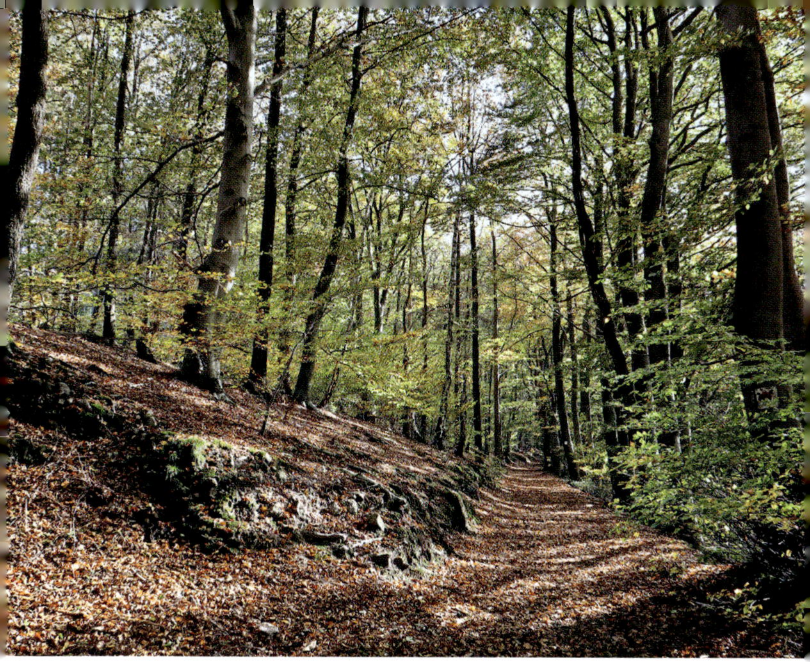

Buchenwald mit Hohlweg zwischen Hüggel und Hasbergen.

nach rechts zusammen mit dem Terra-Track Geologischer Lehrpfad als schöner Hangweg mit einem Seil als Absicherung durch den Nadelwald. Oberhalb des Silbersees erreichen wir eine **Kreuzung** 8. Bäume verwehren leider den Blick auf den bis zu 25 m tiefen ehemaligen Kalksteinbruch, der sich nach dem Einstellen der Arbeiten mit Grundwasser füllte. Der Geologische Lehrpfad führt bei der Kreuzung geradeaus und kurz darauf nach rechts durch den Wald. Bei einer Gabelung stößt der Geologische Lehrpfad auf die Hüggelzwerge; wir folgen beiden geradeaus und ignorieren Abzweigungen.

Hinter einer **Schranke** 9 gehen wir bei einer Kreuzung zusammen mit den Terra-Tracks Geologischer Lehrpfad und Hüggelrundweg geradeaus und gleich danach bei einer Bank mit Gabelung halb rechts. Nach 5 Gehminuten ignorieren wir den rechts abzweigenden Erzsteig und folgen dem Hüggelrundweg und Geologischen Lehrpfad geradeaus, auch bei der folgenden Kreuzung, wo von links der von der Töpferei kommende Terra-Track Hüggelzwerge einmündet. Ein schöner **Hohlweg** 10 führt durch Buchenwald und schließlich in einer langen Rechtskurve zum Ortsrand von Hasbergen mit dem **Wanderparkplatz Roter Berg** 1.

↗ 140 m | ↘ 140 m | 5,3 km

11 Orchideenwiese am Silberberg

1.30 h

Rundwanderung für Botanikfans zu Orchideen-Kalkmagerrasen

Diese Tour führt durch Wald über den kleinen Weiler Lorenkamp zum Silberberg, wo im 18. Jahrhundert nach Silbererz geschürft wurde. Nach dem Einstellen der Arbeiten entwickelte sich hier ein Kalkmagerrasen mit botanischen Raritäten, darunter dem Enziangewächs Tausendgüldenkraut oder Orchideen wie Weißer Waldhyazinthe, Fliegen-Ragwurz oder Müllers Stendelwurz. Nach dem Steinbruch geht es durch bäuerliche Landschaft und Wald gemächlich ansteigend zurück zum Ausgangspunkt.

Ausgangspunkt: Wanderparkplatz Lorenkamp, 165 m (Navi: Zum Jägerberg, 49170 Hagen am Teutoburger Wald).
ÖPNV: Bushaltestelle Natrup-Hagen-Mittelweg 0,5 km entfernt von ❹ mit Linie X493 (Mo. – Sa. stündlich, So. alle 2 Stunden) von/nach Osnabrück, www.vos.info; von der Haltestelle Straße Am Wallenbruche südostwärts.
Außerdem im Sommerhalbjahr sonntags Freizeitbus 402 zwischen Natrup-Hagen und Osnabrück, www.freizeitbus.com.
Anforderungen: Leichte Wanderung über gut befestigte Forstwege und Pfade, einige Abschnitte über kleine, wenig befahrene Straßen.
Markierung: Durchgehend Terra-Track Orchideenwiese, großteils auch Erzsteig (T).
Einkehr: Keine.
Kombi-Tipp: Tour 10 mit 0,8 km langem Verbindungsweg entlang Terra-Track Erzsteig; ab ❶ auf Zufahrtsstraße ostwärts und nach 200 m links (Zum Jägerberg) zum Silbersee (gesamt 18,7 km).
Tipp: Orchideenwiese ❷ im Frühjahr zur Blütezeit.

Am **Wanderparkplatz Lorenkamp** ❶ queren wir die Straße südwärts und folgen dem Pfad neben dem überdachten Picknicktisch über Stufen hinunter Richtung Orchideenwiese (1,7 km) und gehen unten links. Bei einer Gabelung rechts abwärts Richtung Orchideenwiese (1,3 km), unten im Tal bei Höfen kurz entlang der Straße und nach 200 m rechts aufwärts auf den Feldweg.

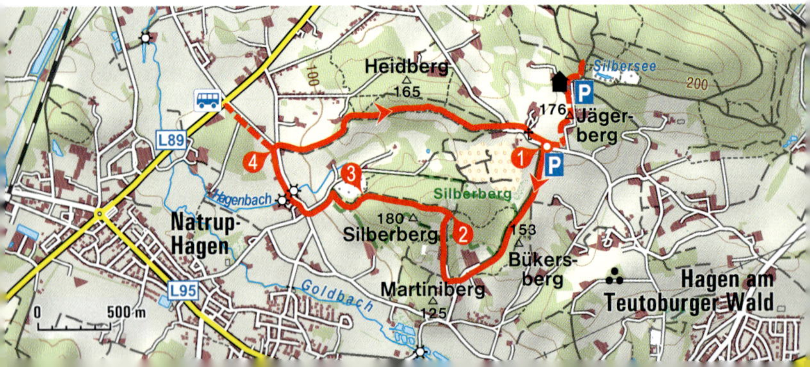

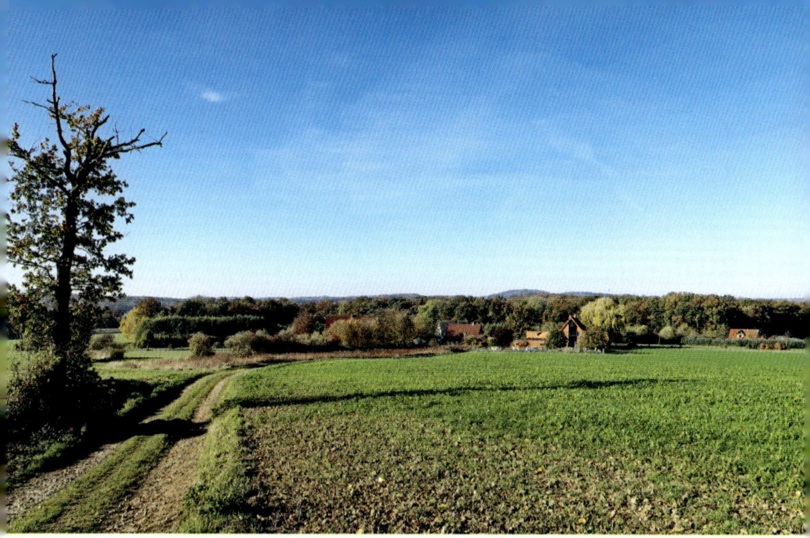

Weiter Blick über Felder und Wälder bei Natrup-Hagen.

Bei einer Kreuzung schwenkt der Terra-Track nach rechts Richtung Orchideenwiese (0,5 km). Kurz hinter einer Schranke und dem Haus zur Linken beginnt das 40 ha große Naturschutzgebiet Silberberg. Der Terra-Track führt über einen Schotterweg rechts von der Orchideenwiese am Waldrand entlang. Dort, wo vor 300 Jahren 60 Jahre lang nach Silbererz geschürft wurde, bieten heute **Kalkmagerrasen** ❷ auf nährstoffarmem Boden ideale Wuchsbedingungen für Orchideen, Tausendgüldenkraut, Tauben-Skabiose und das vom Aussterben bedrohte Galmei-Hellerkraut.
Am oberen Ende der Wiese bei der Kreuzung links (T), weiter leicht abwärts durch Laubwald zum **Steinbruch** ❸, vor diesem links. Bei der Straße am Waldende links. Nach 250 m schwenkt der Terra-Track bei der Kreuzung vor einem Hof mit Infotafel zu Natrup-Hagen nach rechts Richtung Wanderparkplatz Lorenkamp (2,5 km) und an der folgenden **Kreuzung bei Häusern** ❹ und einer Bank auf dem Feldweg hinter Haus-Nr. 58 nach rechts aufwärts (T) durch offene Landschaft. Nach einer Schranke taucht der Terra-Track in den Wald ein mit abwechslungsreichem Verlauf über schöne Lichtungen und durch naturnahen Laub- und Mischwald. Bei einem Fachwerkhof aus derm Jahr 1797 erreichen wir wieder die Zivilisation und folgen der Straße rechts zum Wanderparkplatz **Lorenkamp** ❶.

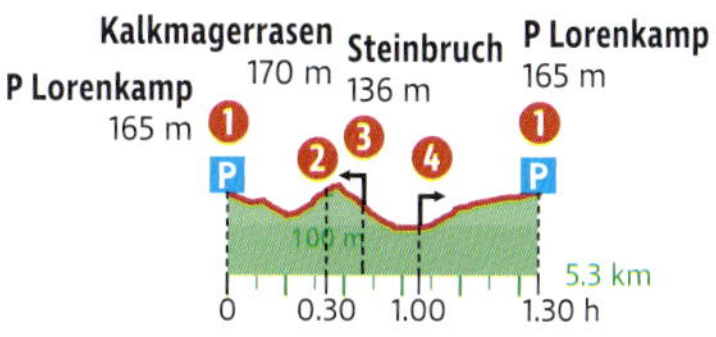

↗ 330 m | ↘ 330 m | 8,7 km

12 Georgsmarienhütte – Achter de Welt

2.50 h

Rundwanderung mit Wald und Wasser

Unterhalb des 245 Meter hohen Baumannsknollen bieten dichte Wälder gute Wanderbedingungen zwischen Georgsmarienhütte und Hagen im Teutoburger Wald südlich von Osnabrück. Unterwegs sorgen der nach dem im Teutoburger Wald vor 2000 Jahren geschlagenen römische Feldherrn Varus benannte Aussichtsturm und Wasserläufe für Abwechslung, darunter bei der Erzverhüttung angelegte Teiche mit mehrfacher Funktion: Brauchwasser und Brandbekämpfung sowie Freibad und Fischzucht.

Ausgangspunkt: Wanderparkplatz Achter de Welt hinter der Reitschule, 230 m (Navi: 49170 Hagen, Achter de Welt, alternativ bei 5 Parkplatz am Waldbad Georgsmarienhütte bei (Navi: Am Waldbad 1B, 49124 Georgsmarienhütte) oder Parkplatz Am Zuckerhut zwischen 2 und 3.
ÖPNV: Bushaltestellen in Georgsmarienhütte (GMHütte), nahe Sparkasse, mit u. a. Linie 464 Richtung Osnabrück (Mo.–Sa. stündlich), www.vos.info. Von Haltestelle GMHütte-Sparkasse mit 0,5 km langem Zuweg zum Waldbad 5: Ab Bushaltestelle Straße (Haseldehnen) an Sparkasse vorbei durch Rechtskurve folgen, in der Kurve links abwärts in Hindenburgstraße und auf dieser abwärts zum Waldbad, Abzweigungen nach rechts ignorierend. Unten rechts am Waldbad vorbei und auf beschriebenem Weg am Bach entlang.
Anforderungen: Leichte Wanderung über Waldwege und -pfade.
Markierung: Wegweiser, im zweiten (südlichen) Teil Terra-Track (T), im nördlichen stellenweise Ahornweg (Ahornblatt).
Einkehr: Mit Abstecher in Georgsmarienhütte.
Varianten: Abkürzung ab 2 links auf Terra-Track (gesamt 4,7 km) sowie viele weitere Querwege.
Tipp: In den Sommermonaten Waldbad Georgsmarienhütte (täglich ab 14.30, Sa./So. ab 12 Uhr).

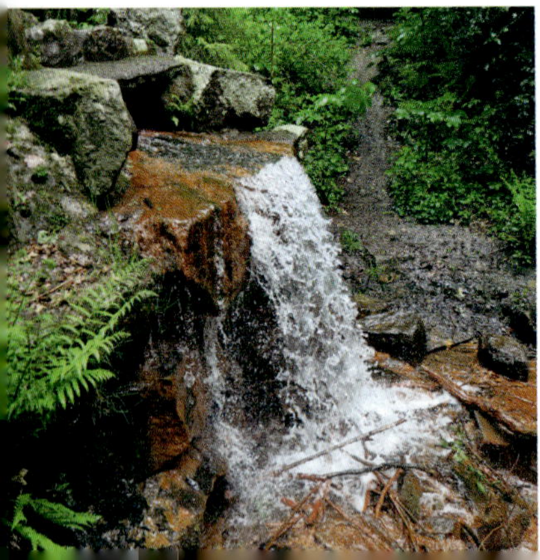

Den **Wanderparkplatz Achter de Welt** 1 lassen wir nordwärts hinter uns und folgen dem Terra-Track über den bewaldeten Kamm. Bei der **Schutzhütte Baumannsknollen** 2, benannt nach dem links liegenden 245 m hohen Berg, zweigt der Terra-Track zusammen mit dem Ahornweg nach links ab (Abkürzungsoption). Wir aber folgen dem Ahornweg geradeaus zum Varusturm; am Siedlungsbeginn auf Ahornweg rechts

Wasserfall beim Holsteteich.

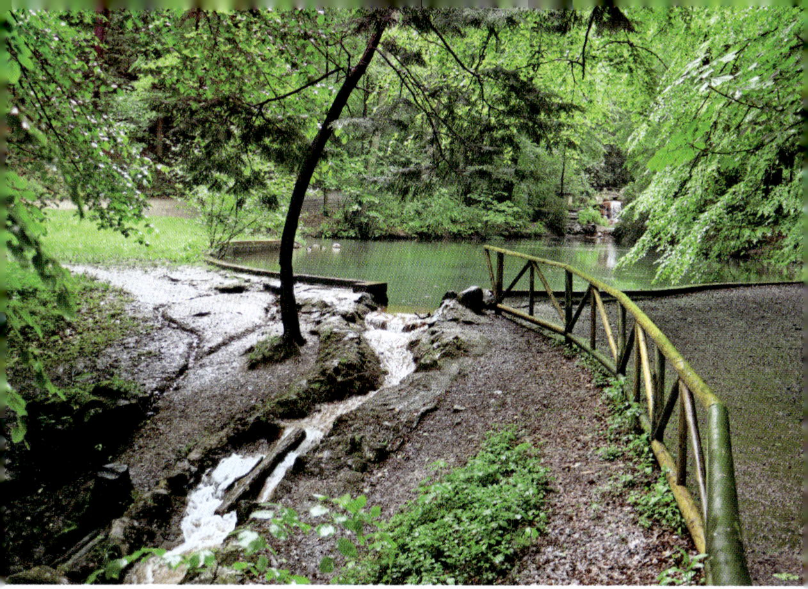

Der Holsteteich entstand bei der Anlage der Kühlung für ein Hüttenwerk.

Richtung Varusturm (500 m). Die Wohnstraße (Lammersbrink) geht kurz nach der Linkskurve in einen Forstweg über. Bei einer Gabelung ignorieren wir zunächst den links Richtung Wasserfall abzweigenden Weg und gehen geradeaus auf dem Ahornweg Richtung Varusturm (200 m). Der 21 m hohe und 1975 erbaute **Varusturm** ❸ mit seiner auffälligen, 2021 sanierten Beton-Stahlkonstruktion bietet einen weiten Blick vom 192 m hohen Lammersbrinck. Namensgeber ist der vom Cheruskerfürst Arminius in der Schlacht am Teutoburger Wald geschlagene römische Heerführer.
Vom Turm geht es die Treppe abwärts und rechts zurück zur Gabelung, dort rechts abwärts Richtung Wasserfall Holsteteich (600 m) und bei einer Bank geradeaus weiter Richtung Wasserfall (250 m). Oberhalb vom **Holsteteich** ❹ erinnert ein Denkmal an den Namensgeber – Theodor Holste, der

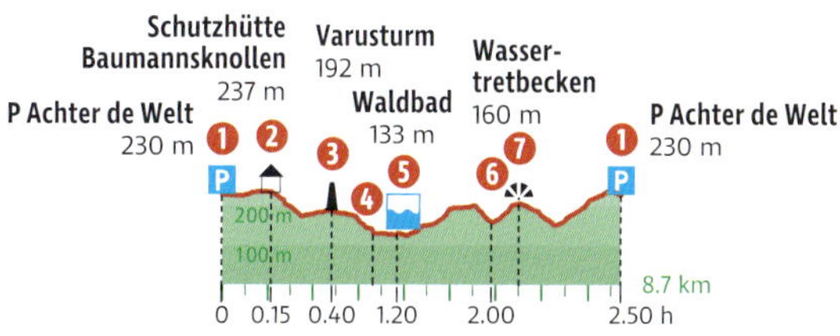

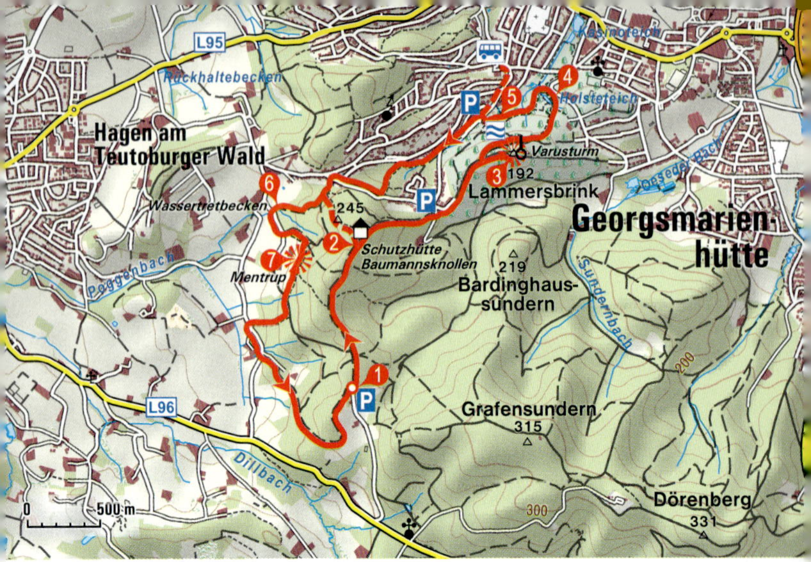

sich als Direktor des Hüttenwerks in Georgsmarienhütte für viele soziale Einrichtungen engagierte. Der Teich wird wie das darunterliegende Waldbad mit überschüssigem Wasser der im 19. Jh. zur Kühlung der Werksanlagen angelegten Wasserleitung aus dem Dütebach gespeist.

Wir umgehen den Holsteteich auf der rechten Seite und folgen am unteren Ende dem Weg abwärts Richtung Waldbad. Links am **Waldbad** ❺ vorbei, dann sich rechts haltend und vor den Wohnhäusern links entlang der kleinen Straße (Am Waldbad). An deren Ende folgen wir dem kleinen Weg entlang dem Bach, halten uns nach 5 Minuten vor einem Haus mit Stahlzaun links und ignorieren nach 170 m den links abzweigenden Weg.

Oben führt uns die Straße (Am Zuckerhut) rechts in 5 Gehminuten in besiedelten Bereich, wo wir nach Haus Nr. 2 links abzweigen und nach 100 m wieder den Terra-Track Achter de Welt erreichen, dem wir geradeaus durch Wald folgen – bis zum Ziel. Nach einem Linksknick umgehen wir rechts ein 2021 renoviertes **Wassertretbecken** ❻. Der Terra-Track führt weiter abwechselnd durch Wald und am Waldrand südwärts, vorbei am **Panoramablick Mentrup** ❼ mit Bank. Kurz darauf etwas rechts abwärts, nach 200 m für 100 m entlang eines Forstweges, dann rechts abwärts. Unten zweigt rechts der Ahornweg ab; wir folgen links weiter dem Terra-Track entlang der kleinen Straße (Forstweg), beim Schild Nr. 5 aufwärts nach links und nach 150 m rechts. Der Waldweg schwingt südwärts und erreicht kurz nach dem Nottberg mit jungem Mischwald den **Wanderparkplatz Achter de Welt** ❶.

↗ 290 m | ↘ 290 m | 13,1 km

3.45 h

Hermannsweg und Holperdorper

13

Teutoschleife bei Lienen

Zwischen Lienen und Hagen schlängelt sich die Teutoschleife Holperdorper aussichtsreich über den Teutokamm beim Leeder Berg und dessen Ausläufer sowie durch das namensgebende Holperdorper Tal, bekannt für seine Fachwerkhäuser und die Kirschblüte.

Ausgangspunkt: Parkplatz am Hallenbad nördlich von Lienen, 115 m (Navi: Holperdorp Str. 37, 49536 Lienen).
ÖPNV: Mehrere Bushaltestellen in Lienen mit häufigen Verbindungen u.a. mit Linie R46 von/nach Lengerich-Bahnhof (Mo.–Sa. stündlich, sonst zweistündlich), www.rvm-online.de. Im Zentrum des Orts liegt die Haltestelle Rathaus mit 1,4 km langem Zuweg zum Ausgangspunkt: Von Haltestelle nordwärts zum Haus des Gastes, weiter durch Barfußpark rechts am aufgestauten Staubach vorbei nordwärts, 100 m nach dem Teich bei der zweiten Kreuzung links, Weg durch Rechtskurve folgen und nach Querung der Kreisstraße nordwärts entlang Bergstraße zum Waldrand mit dem Schwimmbad. Den kürzesten und schönsten Zuweg (0,6 km) bietet die Haltestelle Uphoff: nordwärts entlang der kleinen Straße Brüggelieth Richtung Waldrand, zuletzt neben dem gleichnamigen Bach. Am Waldrand verläuft die Teutoschleife.
Anforderungen: Leichte Wanderung über kleine Wege und Pfade durch Wald, bzw. entlang Waldrand, und Felder.
Markierung: Teutoschleife Holperdorper mit Schleifen-Logo (abgekürzt TS) sowie stellenweise Hermannsweg (H) und Terra-Track Borgberg (T).
Einkehr: Malepartus ❺ mit bayerischem Flair und Biergarten (täglich).
Varianten: 1. Verlängerung auf gut Terra-Track Borgberg zwischen ❸ und ❹ um den Borgberg (4,3 km länger): Kurz vor ❸ geradeaus auf gut ausgeschilderten Terra-Track (T), der die Route bei ❹ wieder erreicht.
2. Teilung der Tour durch Hermannsweg zwischen ❷ und ❺ in zwei etwa gleich lange Hälften.
Tipps: Hallen-/Freibad am Ausgangspunkt, www.bwg-baeder.de/lienen. Besonders beeindruckend ist das Holperdorper Tal zur Zeit der Kirschblüte im Mai.

Die Teutoschleife (TS) führt nach Verlassen des **Schwimmbad-Parkplatzes** ❶ mit vielen Kurven westwärts am Waldrand entlang. Nach etwa 30 Minuten wendet sich der Weg nach rechts und folgt dem Bach Brüggen-

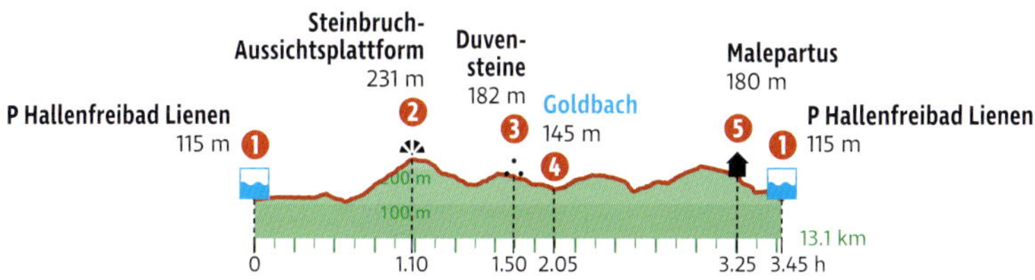

lieth rechts aufwärts vorbei an dessen Quelle, erreicht nach einer großen Rechtskurve im Wald den Rand eines Steinbruchs und kurz darauf links abzweigend eine **Aussichtsplattform** ❷ oberhalb des Steinbruchs, in dem seit den 1950er-Jahren bis heute Kalksandstein abgebaut wird.

Oben am Kamm des Aldruper Bergs, 220 m, erreichen wir den Hermannsweg und folgen ihm zusammen mit TS nach links Richtung Duvensteine (2,5 km) – nach rechts wäre eine Abkürzung direkt zum Malepartus möglich (2,2 statt 7,9 km). Nach 200 m scharf rechts abwärts und durch Wald und am Waldrand abwärts in das Holperdorper Tal, dort 50 m rechts ent-

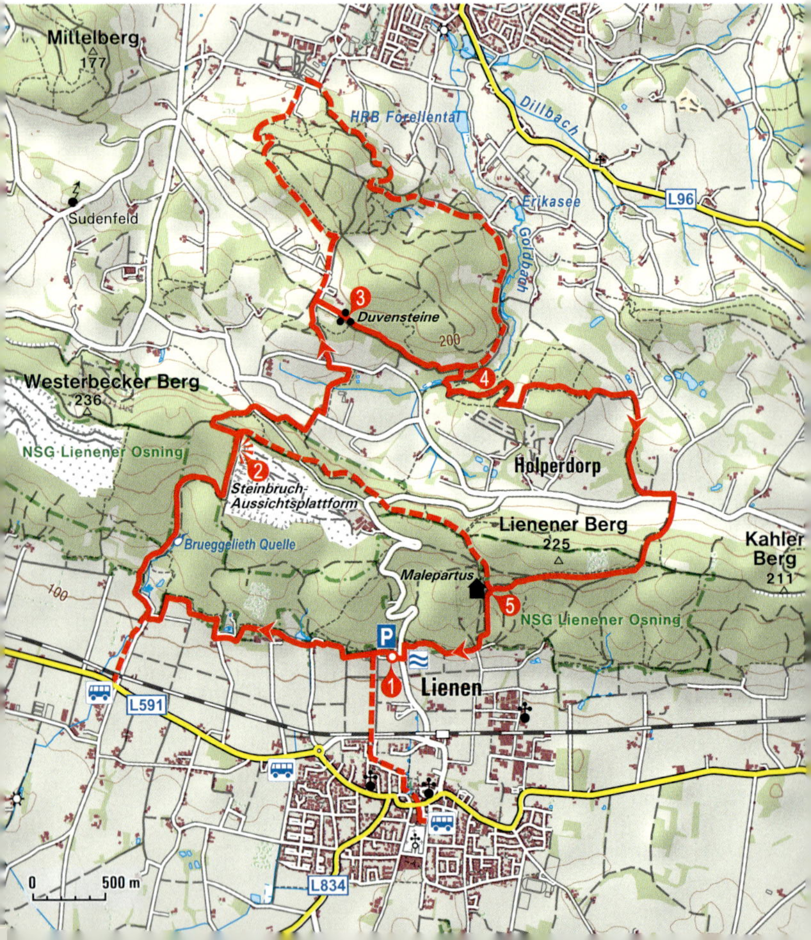

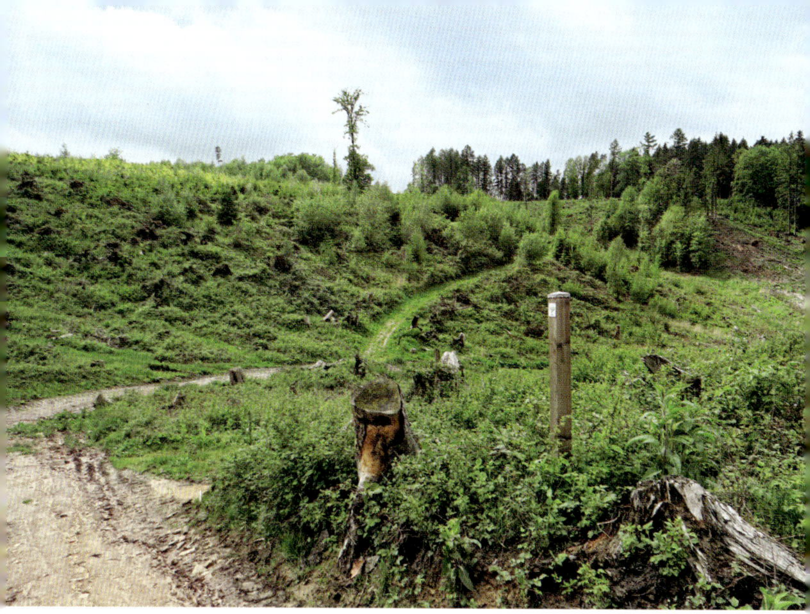

Teutoschleife nach dem Goldbach bei Holperdorp.

lang der Landstraße, dann links, über den Bach und wieder aufwärts. In einer Rechtskurve überschreiten wir die nicht gekennzeichnete Landesgrenze von NRW nach Niedersachsen. Geradeaus führt der Terra-Track Borgberg vorbei an einer Baumschule zum Borgberg; wir aber folgen dem Terra-Track (T) und TS nach rechts, wo sich nach 200 m rechts ein kurzer Abstecher zu den **Duvensteinen** 3 anbietet. Zu sehen ist ein früher zu Kultzwecken genutzter Felsblock. Der Name »Duve« soll zurückgehen auf die Dunkelmutter (Endsilbe »ve« für »Fee« im Sinne von »Mutter«), die bei Kinderwünschen angebetet worden sein soll.

TS und T führen durch Wald und am Waldrand in ein Seitental, in dem sich T geradeaus verabschiedet, während wir TS rechts über den **Goldbach** 4 folgen und anschließend in Serpentinen aufwärts. Bei Häusern halten wir uns jeweils links, ehe TS kurvenreich abwärtsführt, bei einer Kreuzung rechts Richtung Malepartus (2,6 km) und zur bekannten Landstraße (Holperdorp). Dort links und bei der folgenden Kreuzung rechts hinauf. Oben am Kamm des Lienener Bergs leitet TS rechts in den Hermannsweg mit **Malepartus** 5 als nächster Zwischenstation, einer Jausenstation bayerischen Zuschnitts. TS leitet von Malepartus südwärts hinunter durch Wald direkt auf Lienen zu und schwenkt am Waldrand nach rechts zum **Schwimmbad-Parkplatz** 1 bei **Lienen** ein.

↗ 210 m | ↘ 210 m | 12,1 km

14 Kloster Oesede – Musenberg

3.00 h

Rundwanderung zwischen Georgsmarienhütte und Kloster Oesede

Weite Feldlandschaft und dichte Wälder bietet diese Tour rund um Dröper, eine Siedlung im Georgsmarienhütter Ortsteil Oesede. Im Norden dominieren Felder und Wiesen, im Süden Wälder rund um den Musenberg. Startpunkt ist Kloster Oesede; der Ortsname geht zurück auf ein ehemaliges Benediktinerinnenkloster aus dem 12. Jahrhundert, das 1803 im Rahmen der Säkularisation aufgelöst wurde.

Ausgangspunkt: Bahnhof Kloster Oesede, 101 m. Parkgelegenheit 200 m nördlich im Zentrum (Navi: Am Markt 24, 49124 Georgsmarienhütte), alternativ Wanderparkplätze Am Hochholz vor 2 (Navi: Am Musenberg 6, 49124 Georgsmarienhütte) oder Musenberg vor 3 (Navi: Im Strehlande, 49124 Georgsmarienhütte).

ÖPNV: Bahnhof am Ausgangspunkt mit stündlichen Regionalbahnverbindungen Richtung Osnabrück und Bielefeld, www.bahn.de. Unterwegs Bushaltestelle Schurloh, fast nur Rufbus mit Linie 451, www.vos.info.

Anforderungen: Leichte Wanderung über Feld- und Waldwege, kleine Straßen, stellenweise Stufen und Pfade, die bei Nässe stellenweise schlammig sein können.

Markierung: Großteils Terra-Track Musenberg (T), zwischen 2 und 3 auch Ahornweg (Ahornblatt) und kurzzeitig X25.

Einkehr: Zentrum von Kloster Oesede.

Variante: Kurz nach dem Start entlang der Düte statt dem Mühlenteich (gleiche Länge).

Tipp: Katholische Kirche St. Johann, die ehemalige Klosterkirche.

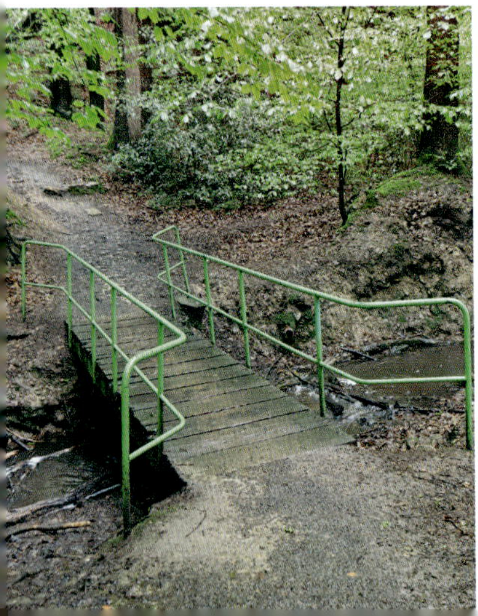

Nördlich vom **Bahnhof Oesede** 1 liegt das alte Klostergelände mit der katholischen Pfarrkirche St. Johann aus dem 12. Jh. als ehemaliger Klosterkirche. Wir halten uns am Bahnhof links, queren die Bahngleise über die Königstraße, folgen rechts der Bahnhofstraße Richtung Friedhof und zweigen nach 80 m vor dem Friedhof in einen Fußweg ab an der baumreichen Begräbnisstätte entlang. Wir queren den Bach Düte, ehe uns der Terra-Track Musenberg rechts aufnimmt. Nach 100 m führt der Terra-Track gerade-

Nach dieser kleinen Brücke beginnt der steilste Anstieg der Tour über eine Treppe.

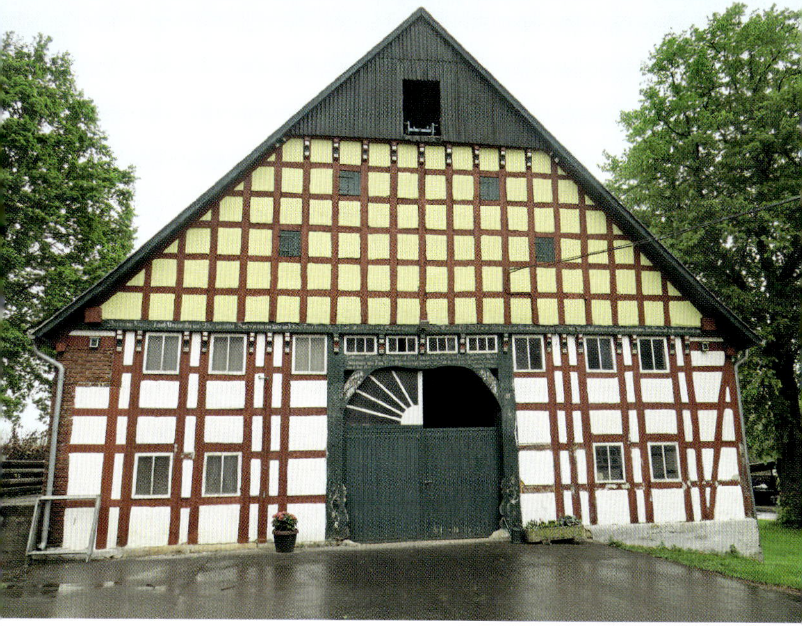

Fachwerkhof zwischen Kloster Oesede und Georgsmarienhütte.

aus an der Düte entlang, wir zweigen links ab zum Mühlenteich, einem von einst 13 Teichen des Klosters. Die dazugehörige weiter unten liegende Mühle stellte 1935 den Betrieb auf Strom um. Am Ende des Teichs halten wir uns rechts und kurz darauf links. Der Mühlenweg führt uns jetzt wieder auf dem Terra-Track heraus aus der Siedlung. Nach 5 Gehminuten folgen wir dem Terra-Track hinter einer Bachquerung nach rechts kurvenreich über Felder und Fachwerkhöfe. Beim zweiten Hof halten wir uns etwas rechts, kurz darauf bei einer Straße rechts und folgen nach 100 m dem Terra-Track und Radwegweisern nach links. Der gut markierte Terra-Track leitet mit einigen Abzweigungen östlich an Georgsmarienhütte vorbei südwärts, taucht beim Kiffernbrinck in den Wald ein und quert beim Wander-

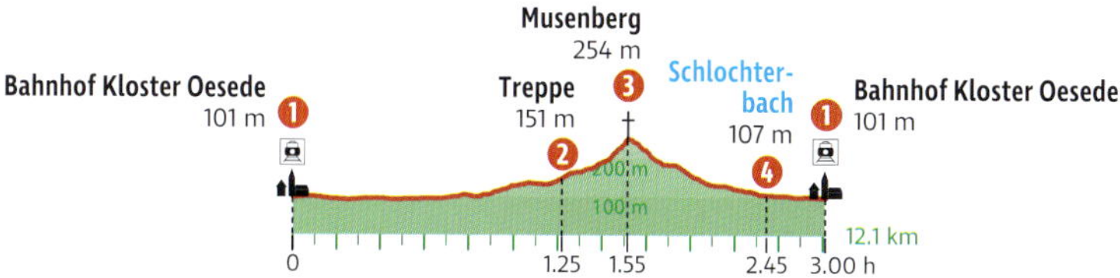

Grasweg zwischen Feldern mit Blick auf den Musenberg.

parkplatz Hochholz (verschiedene Schreibweisen auf Schildern) eine kleine Straße (Am Musenberg) Richtung Musenberg. Kurz darauf geht es sich links haltend nach einer Brücke steil aufwärts über eine **Treppe** ❷ und oben rechts weiter am bewaldeten Hang – im Gleichlauf mit dem Ahornweg. Vor dem Wanderparkplatz Musenberg an Picknicktischen vorbei links auf den Pfad Richtung Musenberg (0,4 km) und aufwärts zum Gipfel des **Musenbergs** ❸, 255 m. Oben schwenken der Terra-Track und Ahornweg nach rechts und leiten durch Wald hinunter zur Borgloher Straße. Nach kurzer Linkspassage folgen wir dem Terra-Track links entlang der kleinen Straße (Schurloh), während der Ahornweg uns ostwärts verlässt. Die Straße schlängelt sich erst durch Wald, später Felder abwärts zur Wellendorfer Straße, die wir gleich wieder halb links nach der Bushaltestelle Schurloh verlassen (Im Schlochterbach). 200 m nach einem Hof quert der Terra-Track den Schlochterbach, folgt kurz darauf geradeaus der Straße Am Pipenbrink und vor einer Bachbrücke einem einladenden Uferweg rechts neben dem **Schlochterbach** ❹. 250 m nach einer Straßenquerung mündet der Schlochterbach in die Düte, die wir nach wenigen Metern rechts queren, um auf bekannten Weg vorbei am Waldfriedhof wieder den **Bahnhof Oesede** ❶ zu erreichen.

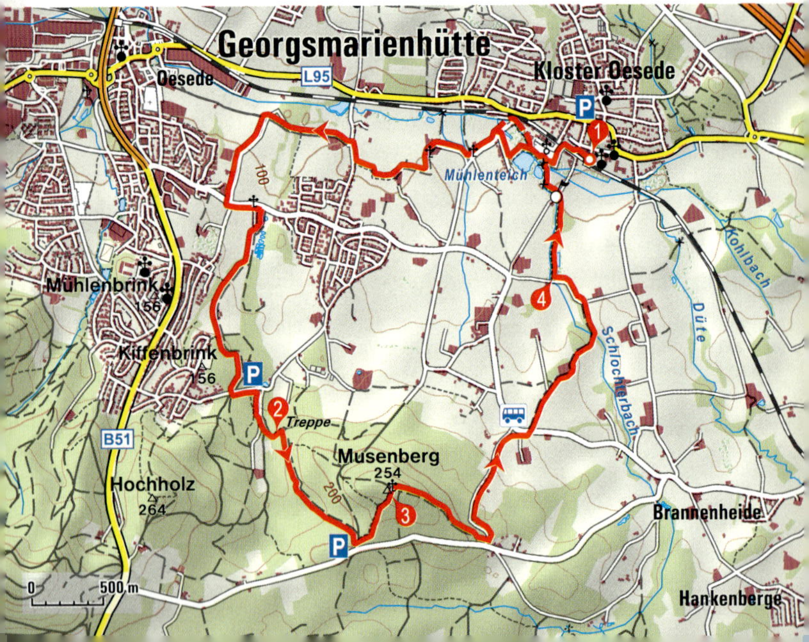

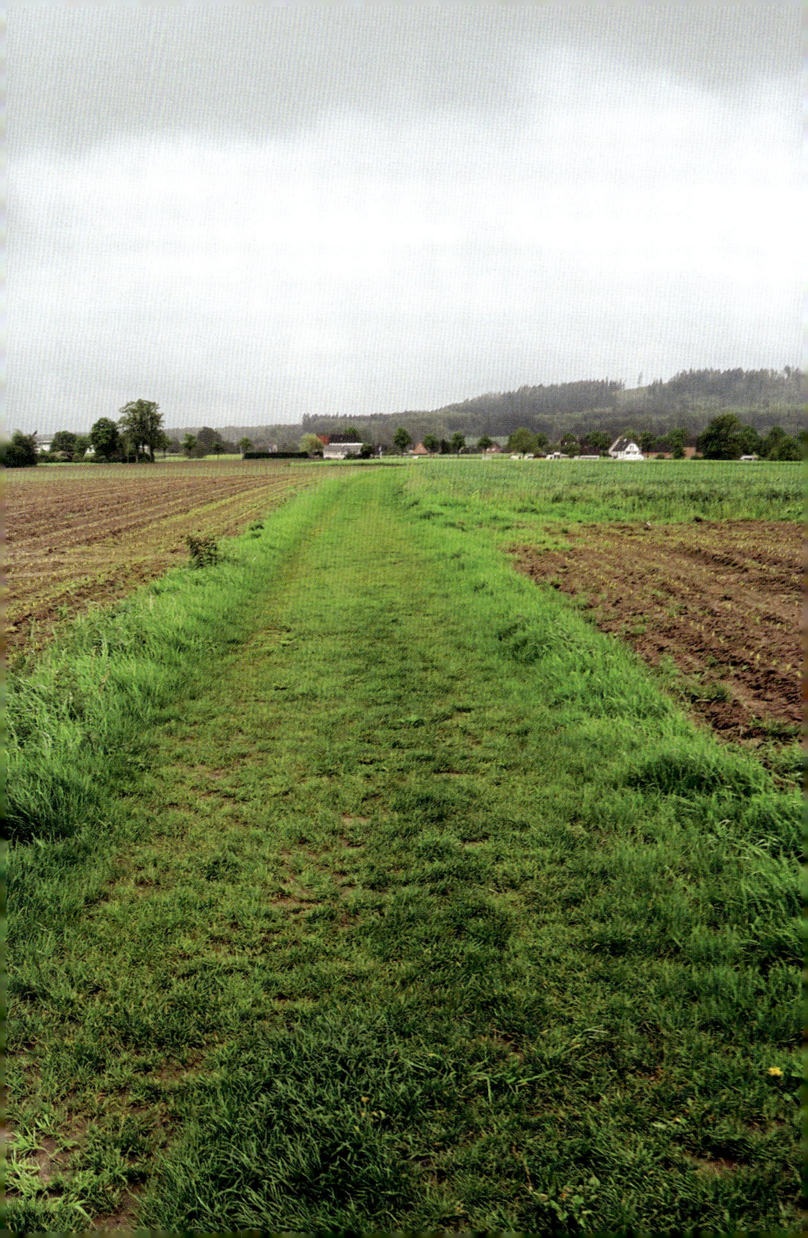

↗ 150 m | ↘ 150 m | 6,9 km

15 Bissendorf – Zittertal

1.45 h

Kleinräumige Bauernlandschaft im beschaulichen Zittertal

Bei Bissendorf liegt das ruhige und beschauliche Zittertal mit grünen Hügeln und einer kleinräumigen Landschaft, durchzogen von der Zitter. Diese Tour umrundet dieses ruhige Tal entlang dem gleichnamigen Terra-Track. Kleine Waldgebiete und schöne Aussichten kennzeichnen die Wanderung.

Ausgangspunkt: Wanderparkplatz um Rochusberg, 110 m (Navi: Zum Rochusberg, 49143 Bissendorf), alternativ am Gasthof Zittertal (Navi: An der Zitterquelle 1, 49143 Bissendorf).
ÖPNV: Bushaltestelle Uphausen-Eistrup-Zittertal 5 Gehminuten vom Ausgangspunkt mit u. a. Linie 381 Richtung Osnabrück und Melle (Mo. – Sa., So. selten), www.vos.info. Von der Haltestelle in südwestliche Richtung entlang der Straße Im Zittertal, nach 170 m rechts (Im Rochusberg) zu ❶. Unterwegs wenig bediente Haltestellen Strüggelheide und Zum Rochusberg mit Linie 321 Richtung Bissendorf (an Schultagen).
Anforderungen: Leichte Wanderung über Forst- und Feldwege sowie einige Abschnitte über kleine, kaum befahrene Straßen.
Markierung: Terra-Track Zittertal (T).
Einkehr: Barth Café mit Garten nahe dem Ausgangspunkt (Mi. – Fr. 14 – 19 Uhr, Sa. 12 – 19, So. 10 – 19 Uhr); Gasthof Zittertal (Mi. – Fr. ab 14.30, Sa. – So. ab 12 Uhr).

Vom kleinen **Wanderparkplatz Zum Rochusberg** ❶ führt der Zuweg des Terra-Tracks westwärts zu einer Kreuzung am Waldrand, wo die eigentliche Rundtour mit dem Terra-Track Zittertal beginnt: am Waldrand geradeaus aufwärts Richtung Rochusberg (0,8 km) und nach einem Linksschwenk bei einer Kreuzung auf dem **Rochusberg** ❷ auf aussichtsreicher Straße über die Hochfläche, die später rechts von einem Kalksteinbruch begrenzt wird. Oben schwenkt der Terra-Track bei einer Hochspannungsleitung nach links hinunter, nach erneutem Anstieg bei einem Haus kurz nach rechts entlang der Straße und dann rechts in den abwärtsführenden Feldweg. Unten führt der Terra-Track rechts vor den Häusern auf dem Forstweg in den Wald und bei einer Kreuzung mit Obstbäumen links abwärts an Häusern vorbei, darunter rechts dem **Gasthof Zittertal** ❸.

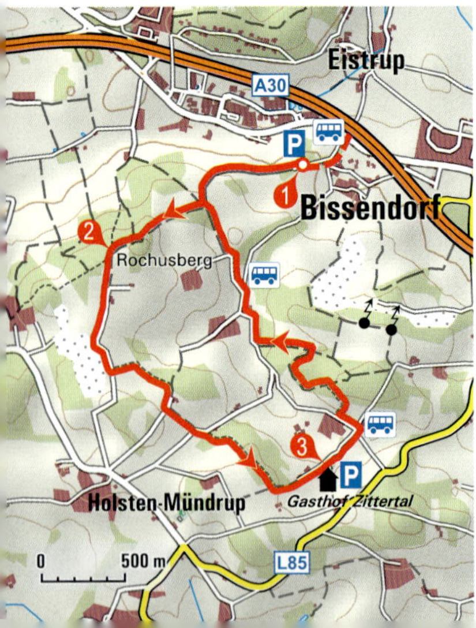

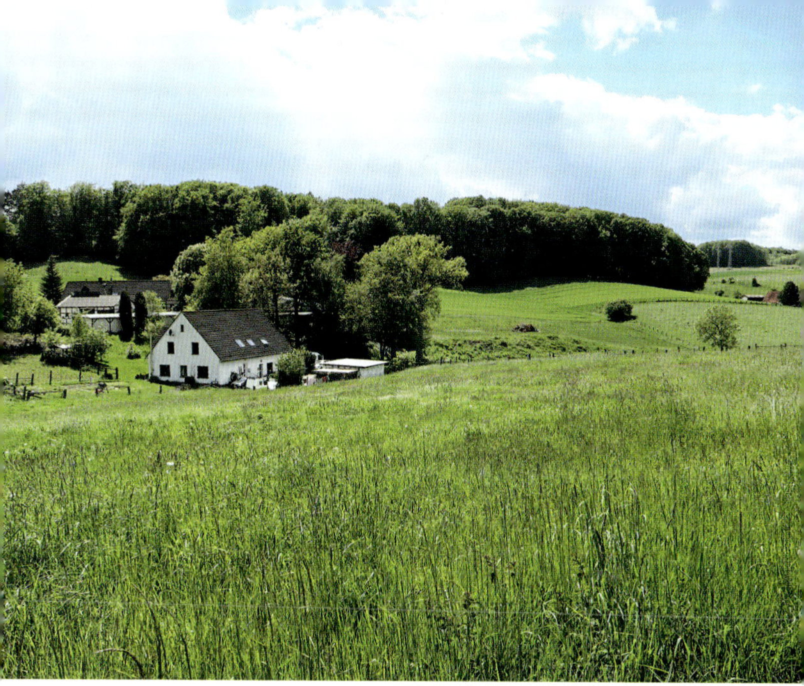

Nach dem Gasthof Zittertal bietet sich ein Bick auf diese kleinräumig strukturierte Landschaft.

Der Terra-Track folgt bis zur Kreuzung mit Bushaltestelle 200 m weiter der kleinen Straße (An der Zitterquelle), dann links für 150 m einer weiteren Straße (Im Zittertal) und zweigt dann rechts in einen Feld- und später Forstweg. Nach einem Schlenker in den Wald trifft der Terra-Track wieder auf die Straße und folgt ihr rechts an Häusern vorbei, ehe es bei der Bushaltestelle Am Rochusberg links aufwärtsgeht (Zum Rochusberg), nach einer Linkskurve rechts und zuletzt sich rechts haltend auf dem vom Start bekannten Zuweg zurück zum **Wanderparkplatz Zum Rochusberg 1**.

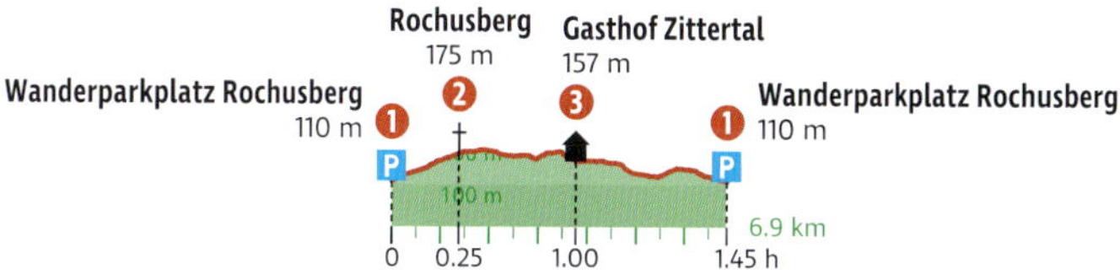

↗ 180 m | ↘ 180 m | 8,3 km

16 Bad Iburger Freedenblüte

2.15 h

Blütenmeer und Buchenwald bei Bad Iburg

Von Bad Iburg führt der Terra-Track Freedenblüte rund um den 269 Meter hohen Großen Freeden. Dessen naturgeschützter Buchenwald ist bekannt für den Hohlen Lerchensporn, der im Frühjahr violett-weiße Blütenteppiche am Waldboden des Nordhangs bildet. Der Freeden, vor Ort oft auch »Freden« geschrieben, besteht aus gefalteten Kalkschichten eines urzeitlichen Meers und bietet daher kalkhaltige Böden, die der Lerchensporn schätzt.

Ausgangspunkt: Wanderparkplatz Freeden, 120 m, am östlichen Ortsrand von Bad Iburg (Navi: Bergstraße 1, 49186 Bad Iburg).
ÖPNV: Haltestelle Bad Iburg-Rathaus mit u. a. Buslinie 465/466 Richtung Osnabrück (Mo. – Sa. halbstündlich, So. seltener), www.vos.info. Außerdem im Sommer sonntags Freizeitbus 400 von/nach Osnabrück, www.freizeitbus.com. 1 km langer Zuweg: von der Haltestelle Rathaus kurz südwärts (Am Gografenhof, Hagenberg) und hinter der Sparkasse entlang Straße Hagenberg und Hermannsweg zu ❶ am östlichen Ortsende.
Anforderungen: Leichte Waldwanderung auf zuweilen wurzeligen Pfaden sowie auf Forstwegen.
Markierung: Durchgend Terra-Track Freedenblüte, stellenweise auch Hermanns- (H) und Ahornweg (Ahornblatt).
Einkehr: Abseits vom Weg Bad Iburg (Ortsmitte).
Varianten: 1. Verlängerung entlang dem gut markierten Terra-Track »Vom Limberg zum Hohnsberg« ab ❸ als zusätzliche 5,8 km lange Runde um den Hohnsberg und das Quellgebiet der Düte.
2. Unterwegs mehrere abkürzende Querwege.
Tipps: Schloss Iburg sowie Baumwipfelpfad in Bad Iburg, beide im Westen des Kurortes. Bester Zeitraum für die Tour sind die Monate März/April zur Blütezeit, die von einem Blühbarometer auf der Website des Natur- und Geopark TERRA.vita angezeigt wird: www.geopark-terravita.de/de/freedometer.

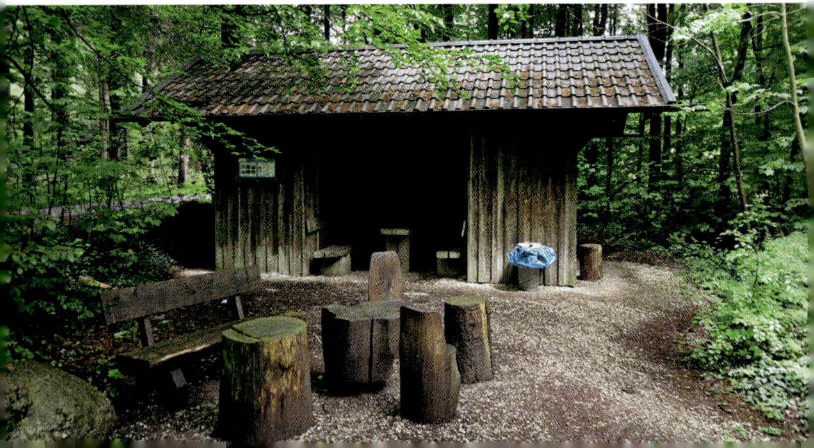

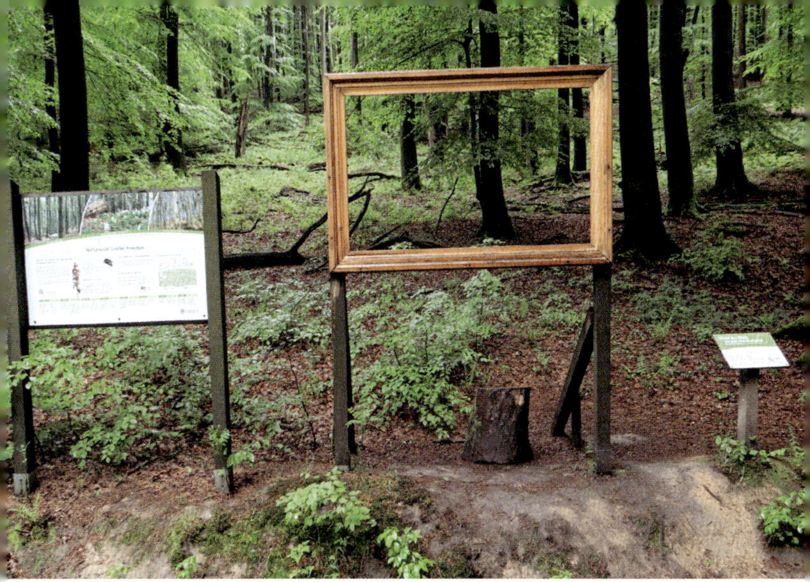

Oben: Infotafeln erläutern die Natur rund um den Großen Freeden.
Links: Bei der im Jahr 2004 erbauten Georgshütte treffen viele Wanderwege zusammen.

Vom **Wanderparkplatz Freeden** ❶ im Tal des Freedenbachs, der die südöstliche Grenze von Bad Iburg bildet, folgt der Terra-Track zusammen mit dem Hermannsweg dem Freedenkamm auf einem Pfad aufwärts durch den Hang des **Kleinen Freeden** ❷, 200 m, in naturnahem Wald mit alten Buchen, Eichen und Stechpalmen. Der Terra-Track verlässt bei einer Gabelung den Kamm mit dem Hermannsweg, schwingt nach links und leitet nach kurzem Abstieg auf einem Forstweg nordwärts um den Großen Freeden – hier blüht im Frühjahr der Hohle Lerchensporn. Ein Teil der Fläche wird als Naturwald sich selbst überlassen. Nach einer Infotafel erreichen wir eine Wegspinne bei der im Jahr 2004 erbauten **Georgshütte** ❸, wo ein weitere Terra-Track-Rundtour abzweigt (→ Variante).

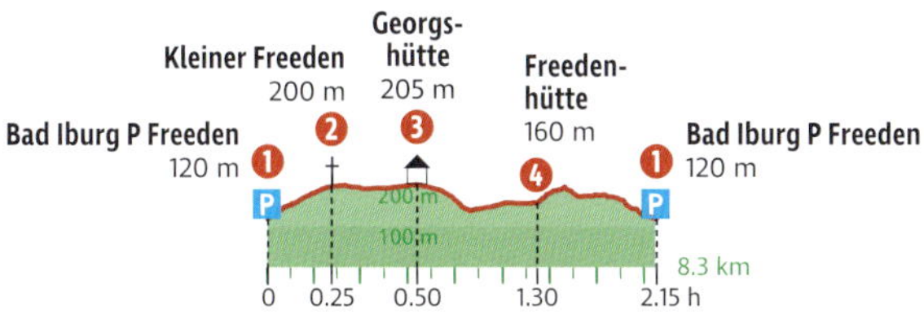

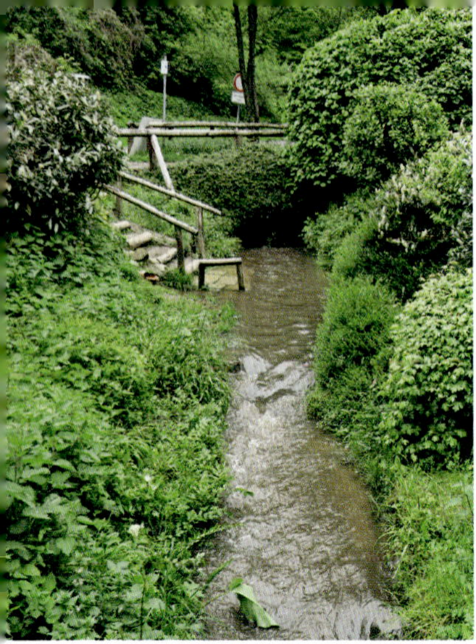

Der Freedenbach bietet am Startpunkt mit einer Wassertretstelle Gelegenheit zur Abkühlung.

Wir folgen dem Terra-Track Freedenblüte halb rechts u.a. Richtung Freedenhütte (2,6 km) und umgehen den Großen Freeden weiter im Uhrzeigersinn. An der Ostseite erreichen wir wieder die Zivilisation, folgen dem Terra-Track nach einer Rechtskurve auf dem Höferweg rechts und gehen zusammen mit dem Hermanns- und Ahornweg aussichtsreich am Waldrand entlang. Bei der **Freedenhütte** ❹ tauchen wir wieder in tieferen Wald ein und wählen nach 0,5 km bei einer Gabelung die links abzweigenden Wege Terra-Track und Hermannsweg (Linzetter Weg) am bewaldeten Südhang des Kleinen Freeden. Beide begleiten uns auf dem Rückweg zum **Wanderparkplatz Freeden** ❶, den wir zuletzt nach einer Rechtskurve vor dem Freedenbach erreichen.

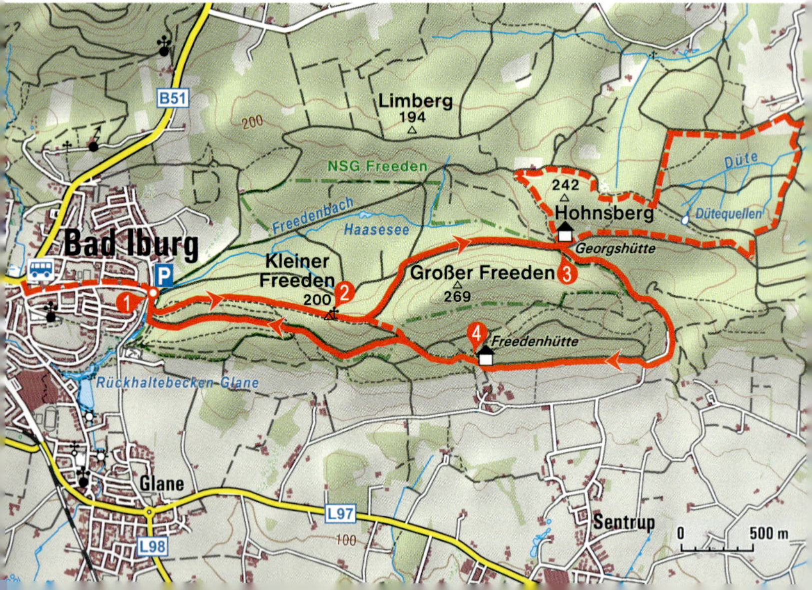

↗ 160 m | ↘ 160 m | 10,0 km

2.30 h

Wellingholzhausen – Schwarze Welle

17

Rundwanderung im Quellgebiet der Hase

In Wellingholzhausen beginnt diese wasserreiche Wanderung im Gleichlauf mit dem Terra-Track »Von Quelle zu Quelle« und großteils dem Ahornweg. Uns erwartet eine kleinräumige Hügellandschaft mit Naturhighlights wie den renaturierten Auen der jungen Hase oder der Quelle Schwarze Welle. Einen Überblick über das Meller Land bietet der Aussichtsturm Beutling mit bemerkenswertem Panorama.

Ausgangspunkt: Parkplatz an der Sporthalle Wellingholzhausen, 85 m (Navi: Uhlandstraße 29, 49326 Melle), alternativ Parkgelegenheit an der Rechenbergstraße vor 3 und Wanderparkplatz bei Variante zur Kalksinterterrasse.
ÖPNV: Haltestelle Wellingholzhausen-Haus des Gastes am Ausgangspunkt sowie bei Variante (s. u.) Haltestelle Rechenberg/Dissen-Parkplatz, beide mit Bus 309 von/nach Melle Bahnhof, Mo.–Fr. stündlich, Sa./So. seltener, www.vos.info.
Anforderungen: Leichte Wanderung über Pfade, Forstwege und kleinere Straßen.
Markierung: Großteils Ahornweg (Ahornblatt), kurzer Abschnitt etwa auf Hälfte der Strecke Terra-Track »Von Quelle zu Quelle«.
Einkehr: Wellingholzhausen, Café-Gasthaus Beutling (Sa. ab 13 Uhr, So. ganztägig).
Variante: Verlängerung um 2,5 km entlang Terra-Track zwischen 3 und 4 zur Rehquelle und (optional weiter zur Kalksinterterrasse; zusätzlich 0,6 km einfach) dem Blauen See; dazu kurz nach 3 dem rechts abzweigenden Pfad und weiter der Markierung »T« folgen zur Großen Rehquelle. Von dort optional geradeaus über Straße und beim Parkplatz rechts zur in Niedersachsen einmaligen, stark mit Moosen bewachsenen Kalksinterterrasse in der Noller Schlucht, entstanden durch Ablagerungen aus kalkhaltigem Quellwasser. Von der Kalksinterterrasse zurück zur Großen Rehquelle und entlang dem Terra-Track vorbei am Blauen – meistens eher bräunlichen – See zur Schwarzen Welle 4.

Von der Ortsmitte in **Wellingholzhausen** 1 mit der Bushaltestelle Haus des Gastes folgen wir der Uhlandstraße Richtung Nordwesten vorbei an der Sporthalle mit Parkgelegenheit, zuletzt auf einem Rad-/Fußweg und nach dem Ortsende geradeaus und bald entlang der Vessendorfer Straße.

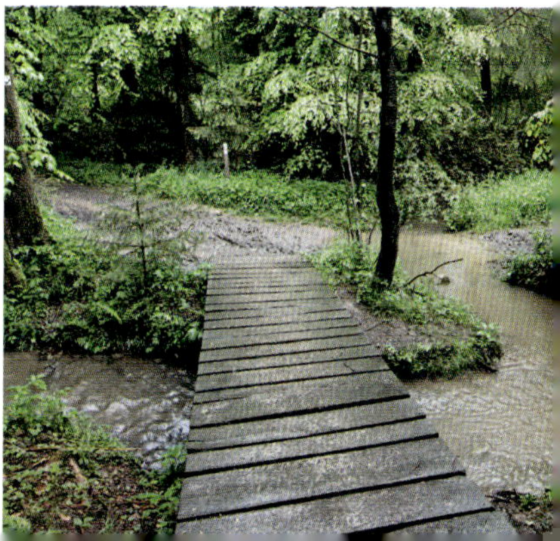

Kurz vor der Schwarzen Welle quert der Ahornweg die Hase über diese Holzbrücke.

Nach Querung der Hase führt uns der Ahornweg nach links auf einem Feldweg Richtung Johannislaube (6,0 km). Links liegt der 1972 als Fischteich angelegte und mittlerweile fast vollständig verlandete **Hasesee** ❷ mit Schilf, Seggen, Schachtelhalm und Weiden.

Vor einer Brücke über die Hase leitet der Ahornweg rechts unter einer Hochspannungsleitung hindurch und am Waldrand hinauf zu einer Hochebene, wo wir bei einer T-Kreuzung der Straße links hinunter Richtung Johannislaube (4,4 km) folgen. An der zweiten Kreuzung zweigt der Ahornweg nach rechts ab, während wir der Straße Wakebrink hinunter zur Landstraße folgen. Dort kurz links, dann rechts auf den Terra-Track »Quelle zu Quelle« in den Wald bei **Infotafeln zur Renaturierung der Hase** ❸. Gleich darauf folgen wir dem Terra-Track an der Gabelung links Richtung Beutling (3,2 km) durch das Hasetal. Bei einer Gabelung im Wald gehen wir geradeaus, weiter rechts neben der Hase, die nach 5 Minuten zusammen mit dem von links einmündenden Ahornweg gequert wird, der uns bis zum Ziel begleiten wird.

Kurz darauf erreichen wir auf der rechten Seite die **Schwarze Welle** ❹. Diese von dicken Baumstämmen eingefasste Tümpelquelle, auch »Alma-

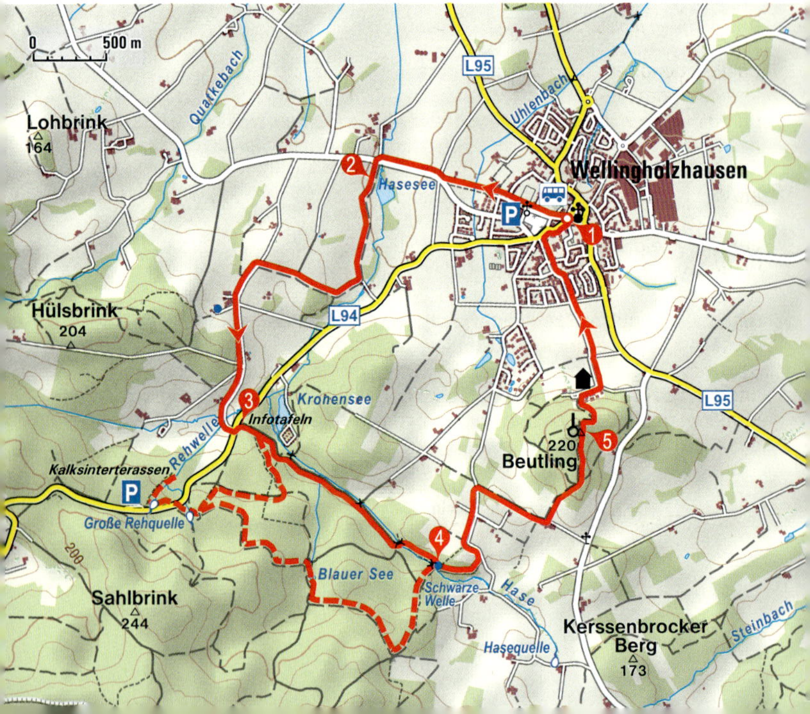

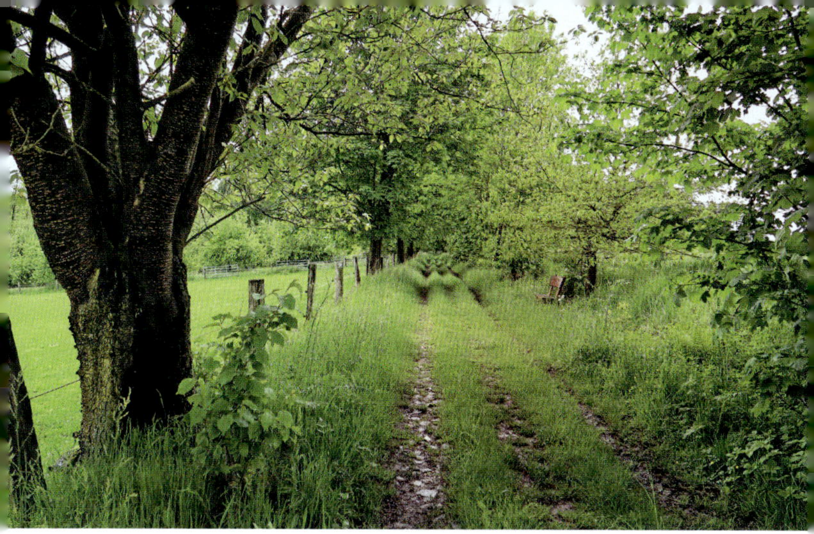

Der Ahornweg führt westlich am leider kaum sichtbaren Hasesee entlang.

quelle« genannnt, liegt 1 km unterhalb der eigentlichen Hasequelle, liefert aber das meiste Wasser zur Hase. An der Schwarzen Quelle zweigt der Terra-Track nach rechts, während uns der Ahornweg geradeaus links neben der Hase aufwärtsführt und nach einer Linkskurve eine Straße erreicht: Dort links aufwärts, über die Hochebene und bei einer Kreuzung an Waldrand rechts Richtung Beutling (1,2 km) über eine aussichtsreiche Hochebene. Nach 0,5 km zweigt der Ahornweg vor einem Hof nach links auf einen Feldweg, unterquert eine Hochspannungsleitung und erreicht im Wald einen Baumlehrpfad durch das seit 1937 am Beutling bestehende Naturschutzgebiet. Vom **Beutling 5**, 220 m, bietet ein Aussichtsturm einen schönen Rundblick. Der Abstieg erfolgt geradeaus nordwärts in Serpentinen Richtung Wellingholzhausen. An der Straße beim Café Beutling zweigt der Ahornweg nach rechts und gleich darauf nach links ab Richtung Wellingholzhausen durch die Beutlinger Buchenallee. Im Ort führt die Dissener Straße rechts zurück zur Ortsmitte von **Wellingholzhausen 1**.

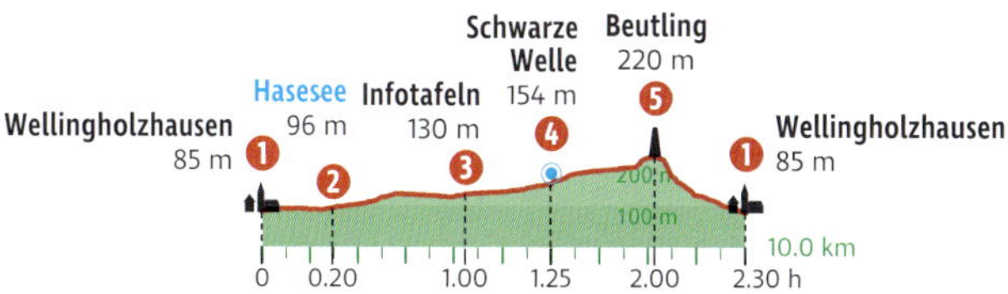

↗ 170 m | ↘ 170 m | 8,8 km

18 Bad Rothenfelde – Bad Laer

2.15 h

Waldwanderung zwischen zwei Kurorten am Kleinen Berg

Über bewaldete Höhen und naturnahe Pfade verbindet diese Rundwanderung die beiden Kurorte Bad Rothenfelde und Bad Laer, mit dem Kleinen Berg als höchstem Punkt und dem Aussichtsturm Lüdenstein. Der geologisch interessante Kleine Berg ist von mehreren Verwerfungen durchzogen. Entlang dieser Brüche führen die Gesteinsschichten in der Tiefe Salzwasser, das als heilsame Sole in den Kurorten austritt. In den 1990er-Jahren war der Untergrund des Kleinen Berges als Gasspeicher im Gespräch. Diese Planungen wurden aber nach den Ergebnissen von 2 Kilometer tiefen Bohrungen verworfen.

Ausgangspunkt: Historisches Kurhaus Weidtmannshof in Bad Rothenfelde, 125 m, mit Parkplatz am Waldrand (Navi: Parkstraße 44, 49214 Bad Rothenfelde), dahinter an T-Kreuzung links zum Parkplatz); alternativ Parkplatz bei 2 in Bad Laer (Navi: Auf dem Blomberg 2, 49196 Bad Laer) oder vor 4 (Navi Eggeweg, 49214, Bad Rothenfelde).
ÖPNV: Bushaltestelle Hautklinik 0,3 km östlich von 1 mit Linie 475 halbstündlich vom/zum Regionalbahnhof Dissen mit Anschlusszügen Richtung Osnabrück und Bielefeld. Außerdem verkehrt Linie 466 zwischen Bad Rothenfelde-ZOB am Kurpark (1,3 km vom Ausgangspunkt) und Bad Laer-Kurmittelhaus (0,8 km von 3 via Remseder Straße und auf dem Blomberg) Richtung Osnabrück (Mo. – Sa. stündlich, So. halbstündlich), www.vos.info. Im Sommerhalbjahr fährt sonntags Freizeitbus 400 5 × täglich von/nach Osnabrück mit Halt in Bad Rothenfelde-ZOB und Bad Laer-Rathaus, www.freizeitbus.com.
Anforderungen: Leichte Wanderung über Pfade, urige Forstwege und kurze Abschnitte kleinere Straßen.
Markierung: Teilweise Terra-Track Lüdenstein (T), Ahornweg (Ahornblatt) und X5.
Einkehr: Auf Blombergs Höhen am Anfang von Bad Laer (Mo., Do., Fr. ab 15.30, Sa./So. ab 12 Uhr), Bismarckhütte (Fr. – Mo. 10 – 17 Uhr).
Varianten: Der Ahornweg bietet mehrere Variationsmöglichkeiten:
1. als mittige Abkürzung der Rundtour;
2. ab Wendepunkt 3 nach Bad Laer (ca. 1 km) entlang der Straße Auf dem Blomberg und durch den Kurpark.
Tipps: Bad Rothenfelde mit Kurpark und darin einem Rosengarten, drei Teichen und zwei Gradierwerken, Anlagen zur Salzgewinnung aus dem 18. und 19. Jh. zur Herstellung von Soleluft – vergleichbar salzhaltiger Meeresluft zu Therapiezwecken.

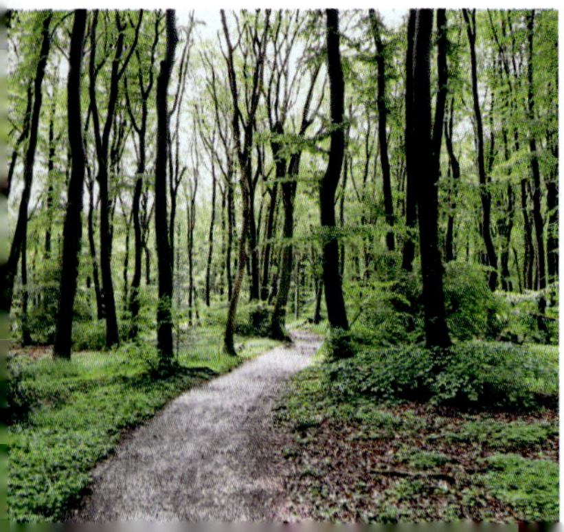

Vom Kleinen Berg führt dieser Weg gemächlich abwärts durch naturnahen Wald.

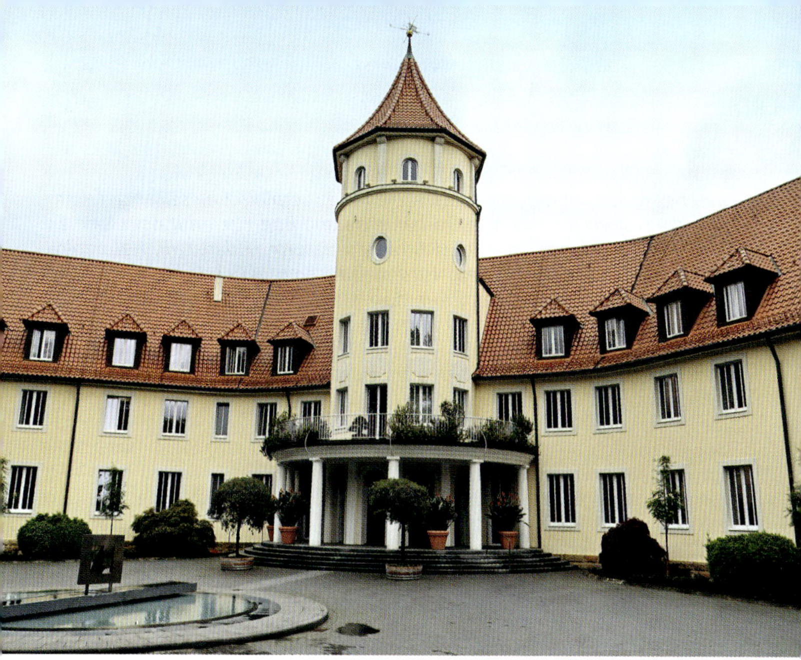

Der repräsentative Weidtmannshof ist der Startpunkt dieser Wanderung.

Der 1918 als Kurhaus des Bochumer Allgemeinen Knappschaftsvereins für Heilverfahren mit 50 Betten errichtete **Weidtmannshof** ❶ ist seit 1999 Geschäftssitz eines Nahrungsmittelkonzerns. Vom Weidtmannshof folgen wir dem Terra-Track Lüdenstein Richtung Lüdenstein durch eine Linkskurve und in den Wald, nach einer Schutzhütte zunehmend ansteigend und bei einer Gabelung links entlang dem Forst Richtung Lüdenstein (0,4 km). Nach wenigen Minuten bietet der 23 m hohe 1980 erbaute **Aussichtsturm Lüdenstein** ❷ am Gipfel des Kleinen Bergs, 208 m, einen etwas von Bäumen eingeschränkten Fernblick.

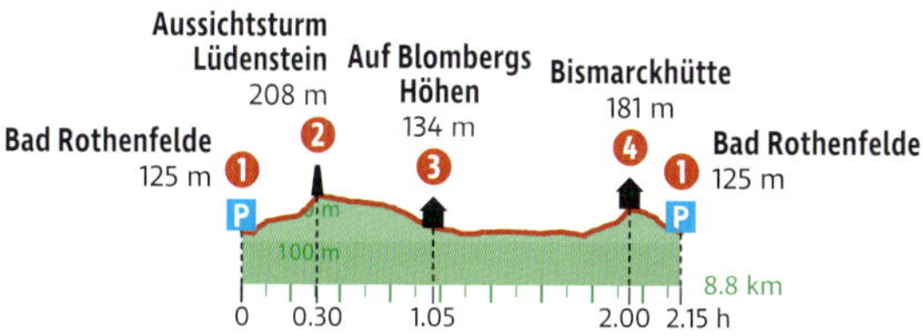

Der jetzige Beton-Aussichtsturm Lüdenstein ersetzte 1980 den Vorgänger »Eiserner Anton«.

Der Ahornweg leitet hinter dem Turm nach links Richtung Bad Laer (T, Ahornweg) und gleich danach rechts (der Terra-Track zweigt hier links ab). Bei der nächsten Gabelung zweigen wir rechts vom Ahornweg ab und folgen den Markierungen X5 und X rechts Richtung Bad Laer. Die Markierungen leiten vorbei an einer Schutzhütte und bei einer Infotafel über die Geologie am Kleinen Berg eine Straße hinunter zu einem Parkplatz mit dem Gasthaus **Auf Blombergs Höhen** ❸ am Rand von Bad Laer.
100 m hinter dem Parkplatz schwenken wir zusammen mit dem Ahornweg bei einer T-Kreuzung nach links Richtung Bismarckhütte und folgen dem teilweise als Geologie-Lehrpfad eingerichteten Weg am Waldrand. 0,5 km nach einer Schutzhütte leitet uns bei einer Gabelung ein Wegweiser-Stein geradeaus Richtung Bismarckhütte (2,0 km), während der Ahornweg nach links abzweigt. Bei der folgenden Mehrfachkreuzung nehmen wir rechts den Forstweg und sofort danach den Pfad links in den Wald. Nach 5 Minuten biegen wir am Waldrand links in den Betonplattenweg links und gleich darauf links in den ersten Forstweg ab, vorbei an der Schranke und dahinter rechts in den Forstweg.
Am Wanderparkplatz Eggeweg steigen wir links aufwärts Richtung Bismarckhütte (T-Zuweg) und erreichen nach geradem Wegverlauf auf der Wilhelmshöhe die 2010 neu eröffnete Gastwirtschaft **Bismarckhütte** ❹, deren 1899 erbaute Vorgängerin 2006 niederbrannte. Bei der Bismarckhütte folgen wir kurzzeitig wieder dem Ahornweg und Terra-Track Lüdenstein Richtung Bad Rothenfelde. Die Routen zweigen nach 5 Gehminuten rechts ab, wir aber gehen geradeaus auf dem halb geteerten Weg Richtung Kleiner Stern 0,6 (Rundweg Bismarck), halten uns bei der folgenden Kreuzung links (Rundweg Südberg) und erreichen kurz darauf den Parkplatz am **Weidtmannshof** ❶.

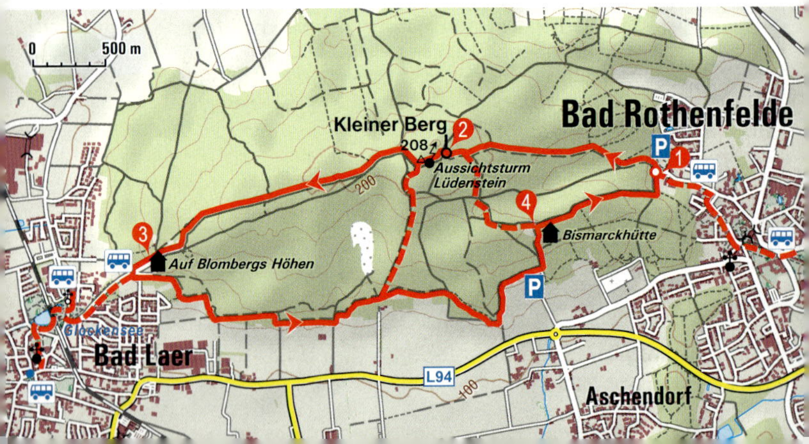

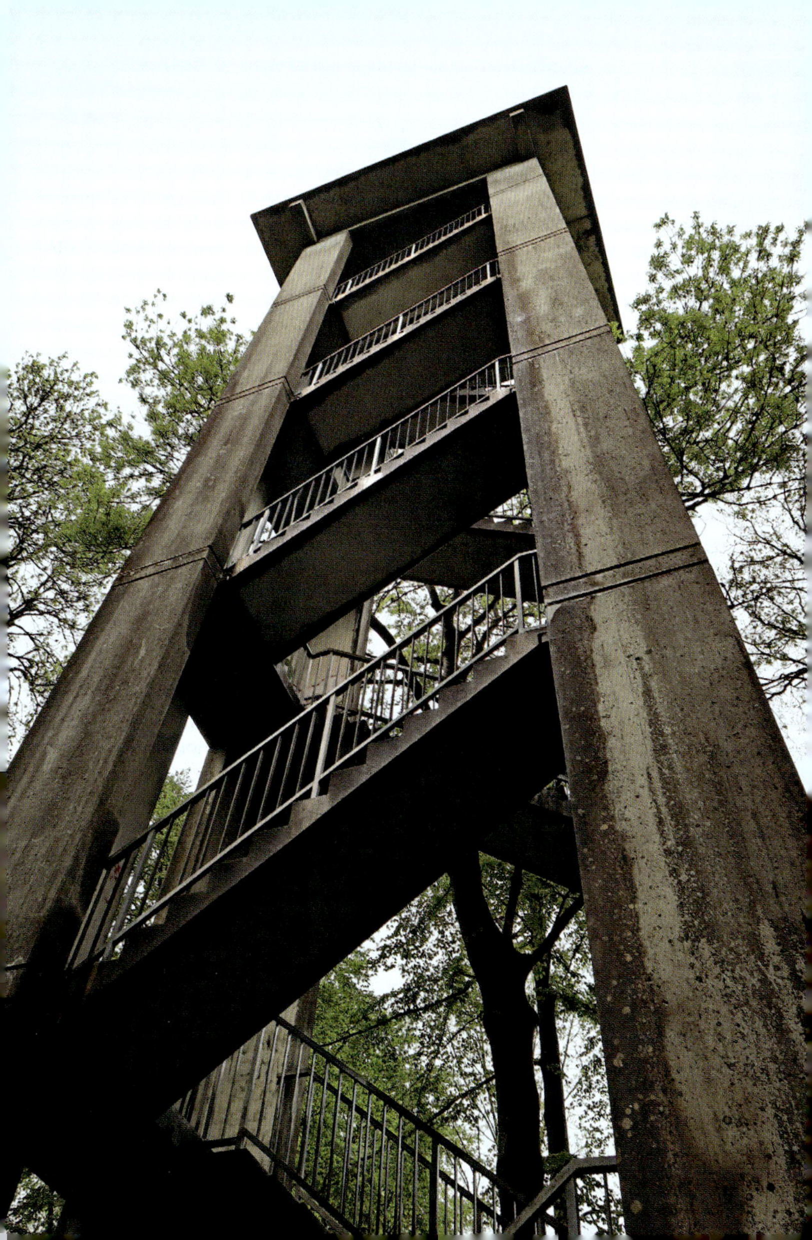

↗ 50 m | ↘ 50 m | 3,5 km

19 Schelenburg und Wierau

1.00 h

Flusslandschaft und ein schönes Wasserschloss

Direkt vor der Schelenburg, einem gut erhaltenen mittelalterlichen Wasserschloss am Rand von Schledenhausen, verläuft die Wierau durch ein schönes Flusstal und speist mit ihrem Wasser die Burggräben. Die umliegende waldreiche Landschaft lädt zum Wandern ein, und am Ende der Wanderung bietet sich ein Sprung ins frische Nass des Waldbades an.

Ausgangspunkt: Parkplatz an der Schelenburg, 95 m (Navi: Kreuzung Schledehausener Straße/Schelenburger Straße, 49143 Bissendorf), alternativ Parkplatz am Waldbad ❹ (Navi: Weldeweg 3, 49143 Bissendorf).
ÖPNV: Bushaltestelle Schledehausen-Schelenburg am Ausgangspunkt; Linie 393 Richtung Osnabrück und Wissingen (Mo. – Sa. etwa stündlich, So. zweistündlich), www.vos.info. Außerdem Freizeitbus 202 Richtung Osnabrück (im Sommerhalbjahr So. zweistündlich), www.freizeitbus.com.
Anforderungen: Leichte Wanderung über Forst- und Feldwege sowie Pfade, einige Abschnitte über kleine Straßen.
Markierung: Terra-Track Schelenburg u. Wierau (rotes T) und Zuweg (blaues T).
Einkehr: Keine, nächste in Schledehausen.
Tipp: Waldbad Schledehausen (Sommersaison täglich).

Die Wanderung beginnt mit einem Abstecher von der Bushaltestelle oder Parkplatz zur **Schelenburg** ❶. Das im 11. Jh. erstmals urkundlich erwähnte

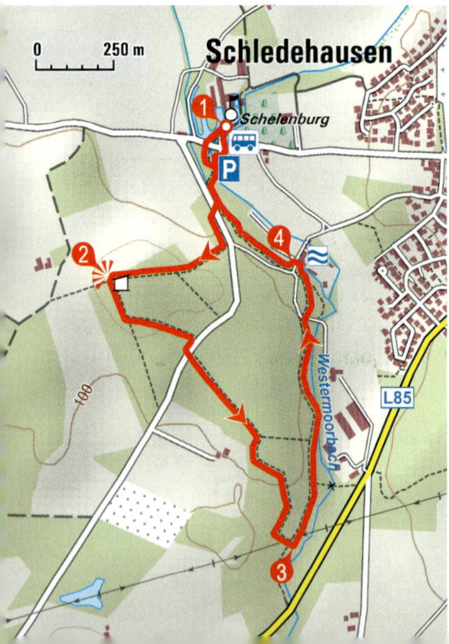

Wasserschloss ist bis heute in Privatbesitz. Der frühere gastronomische Betrieb wurde 2011 eingestellt, seitdem ist die Burg nur noch bei kulturellen Veranstaltungen zugänglich. Die mittelalterlichen Wohn- und Wirtschaftsgebäude wurden 1490 bis auf den einstmals frei stehenden und von Wasser umgebenen gotischen Wohnturm bei einem Brand zerstört und im 16. Jh. durch Renaissancebauten aus Sandstein ersetzt. Bei der Schlosszufahrt queren wir die Hauptstraße und folgen dem Pfad entlang der Wierau südwärts, dem Zuweg zum Terra-Track Schelenburg (blaues T). Der Pfad schwenkt nach 50 m nach rechts und quert den Westermoorbach, ehe wir nach 50 m den mit rotem T gekennzeichneten Terra-Track er-

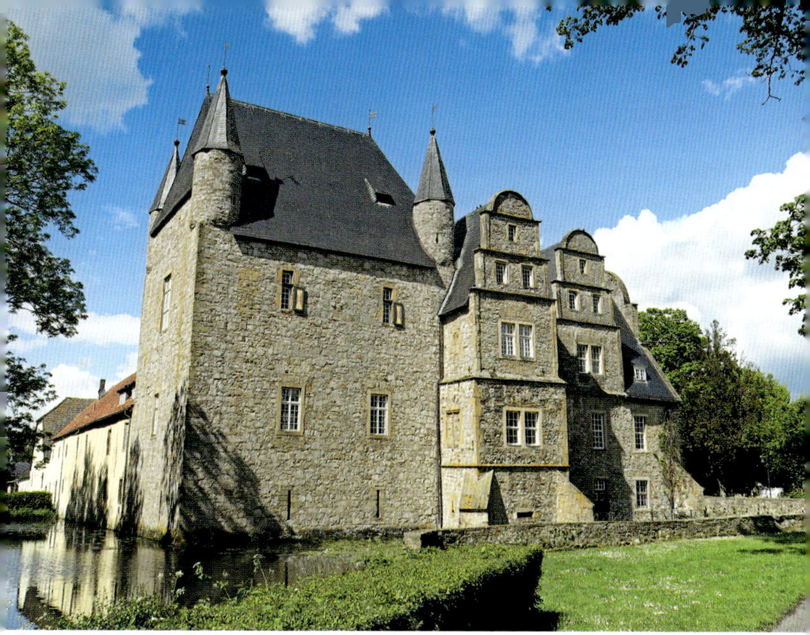

Das Wasserschloss Schelenburg geht auf das 11. Jahrhundert zurück.

reichen und rechts Richtung Schelenburger Mühle (2,6 km) folgen. An der Straße links, kurz darauf bei der Abzweigung zum Freibad rechts in den ansteigenden Forstweg, am Wald mit aussichtsreichem **Unterstand** ❷ – darin Tisch und Bank – links in den Wald und nach dem Abstieg an der Straße rechts und sofort links. Wir gehen weiter durch Wald und zweigen bei einer T-Kreuzung unter einer **Hochspannungsleitung** ❸ nach links Richtung Waldbad. Der markierte Forstweg und zuletzt ein Pfad folgen der Wierau, einem 14 km langen Nebenfluss der Hase. Auf der anderen Flussseite ist ein großes Sägewerk erkenn- und (werktags) hörbar.

Nach etwa 10 Minuten liegt rechts das 1928 errichtete und 1990 sanierte Waldbad, dessen 400-Kubikmeter-Becken mit einer Solaranlage beheizt wird, deren Stahlkonstruktion gleichzeitig als Schattenspender dient. Der Terra-Track führt weiter entlang dem Wasserlauf – jetzt des Westermoorbaches zur bekannten Gabelung und auf dem bekannten Zuweg zurück zur **Schelenburg** ❶ – rechts davor die Bushaltestelle und links der Parkplatz.

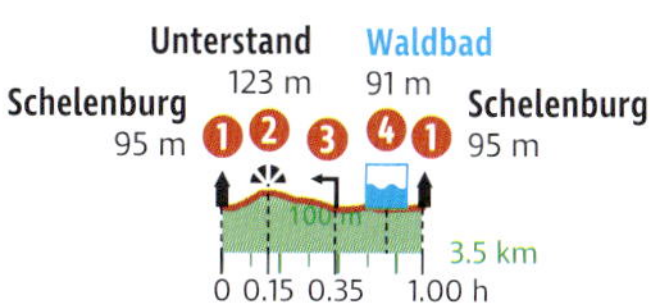

TOP
20

↗ 250 m | ↘ 250 m | 10,2 km

Melle – Zwickenbachtal – Diedrichsburg

3.00 h

Aussichtsreiche Höhenwanderung durch die Meller Berge

Von Melle geht es auf die Höhen oberhalb der Stadt und durch das schluchtartige Zwickenbachtal mit seltenen Arten wie dem Feuersalamander. Nach dem Anstieg erwartet uns die Diedrichsburg mit Einkehrgelegenheit und weitem Blick vom Turm.

Ausgangspunkt: Bahnhof Melle, 80 m, mit (gebührenfreiem) Parkplatz oberhalb (Navi: Pestelstraße, 49324 Melle), alternativ Parkplatz der Waldbühne oberhalb von 2 (Navi: Zur Waldbühne, 49324 Melle) oder Wanderparkplatz am Weberhaus 6 (Navi: Weberhaus, 49324 Melle).
ÖPNV: Bahnhof Melle mit Regionalbahnverbindungen Richtung Osnabrück, Hannover und Bielefeld.
Anforderungen: Leichte bis mittelschwere Wanderung über Pfade, Forstwege und kurz kleinere Straßen.
Markierung: Großteils Terra-Track Meller Balkon, stellenweise auch Naturerlebnispfad Zwickenbachtal und Terra-Track Drei Türme.
Einkehr: Diedrichsburg (Mo. und Di. Ruhetag), Weberhaus (Sa., So.), Melle.
Variante: Verlängerung um 1 km im Zwickenbachtal: ab 4 auf Naturerlebnispfad Zwickenbachtal; weiter geradeaus durch das Tal und nach 0,5 km bei einer Kreuzung mit Infotafel und der Wolfsbank links zurück.

Aussicht über Felder Richtung Bakum.

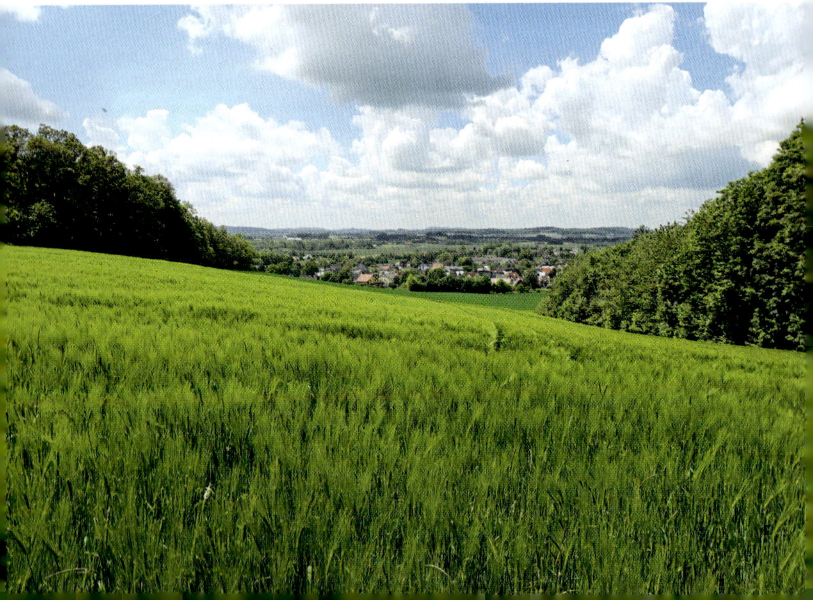

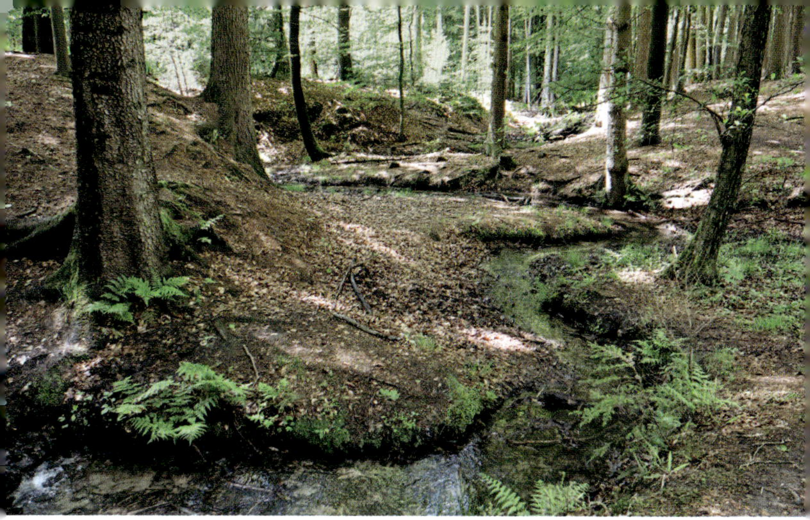

Der Zwickenbach mäandernd durch die bewaldeten Berge oberhalb von Melle.

Wir verlassen den **Bahnhof Melle** ❶ über den Nordausgang, wo die Treppe zu einer Straße führt. Wir folgen halb links der Bergstraße Richtung Norden aufwärts, zusammen mit dem Terra-Track-Zuweg. Hinter der **Waldbühne** ❷ zur Linken erreichen wir bei einem Zaun den Terra-Track Meller Balkon, der uns rechts abwechselnd am Waldrand und über freie Fläche leitet. Nach längerer Passage am Waldrand zweigt der Terra-Track bei einer Kreuzung nach rechts Richtung Diedrichsburg durch Mischwald. Hinter dem Unterstand **Kerlihütte** ❸ führt uns der Terra-Track Meller Balkon geradeaus Richtung Diedrichsburg durch das Zwickenbachtal und leitet nach 250 m hinter einer Infotafel bei einer Bank links weiter, während wir rechts dem Naturerlebnispfad durch das fast schluchtartige Zwickenbachtal Richtung Parkplatz Am Weberhaus folgen über einen abenteuerlichen Pfad am Bach entlang und über Holzstege. In einer Senke des Tals verlassen wir bei der Kreuzung das wildromantische **Zwickenbachtal** ❹, indem wir links den an dieser Stelle verrohrten Bach queren und nach kurzem Anstieg bei

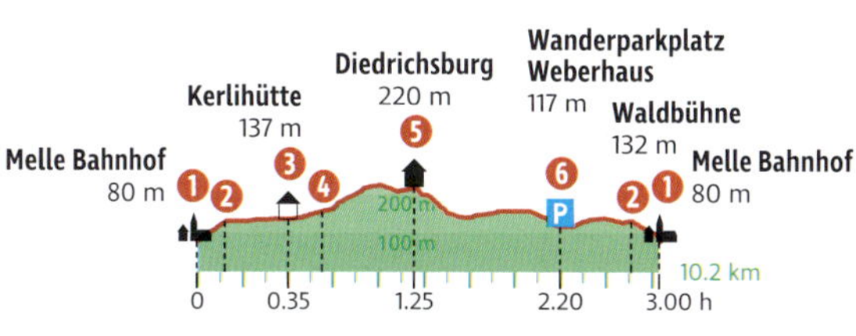

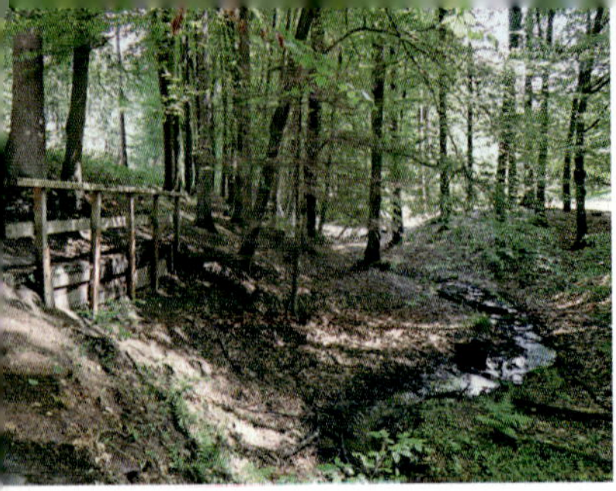

Ein 3,5 Kilometer langer Naturerlebnispfad begleitet den Zwickenbach.

einer Kreuzung links wieder dem Naturerlebnispfad folgen, der nach einer weiteren Schleife (→ Variante) flussaufwärts im Zwickenbachtal hier einmündet.

Nach 80 m begleiten uns auch wieder die Markierungen des Terra-Tracks Meller Bakon und führen uns rechts haltend entlang eines Forstwegs Richtung Diedrichsburg (1,9 km). Nach steilem Anstieg durch Wald leitet uns der Meller Balkon nach links Richtung Diedrichsburg (2,2 km) im Gleichlauf mit dem Terra-Track Drei Türme durch das ehemalige Gelände des Wildparks Diedrichsburg. Der 1963 gegründete Park wurde 2021 aufgegeben und die Tiere umgesiedelt, weil die Fläche von 200 ha neueren Anforderungen an die Mindestgröße von Wildparks nicht mehr genügte und die Afrikanische Schweinepest die zuletzt 180 Tiere große Wildschweinpopulation gefährdete.

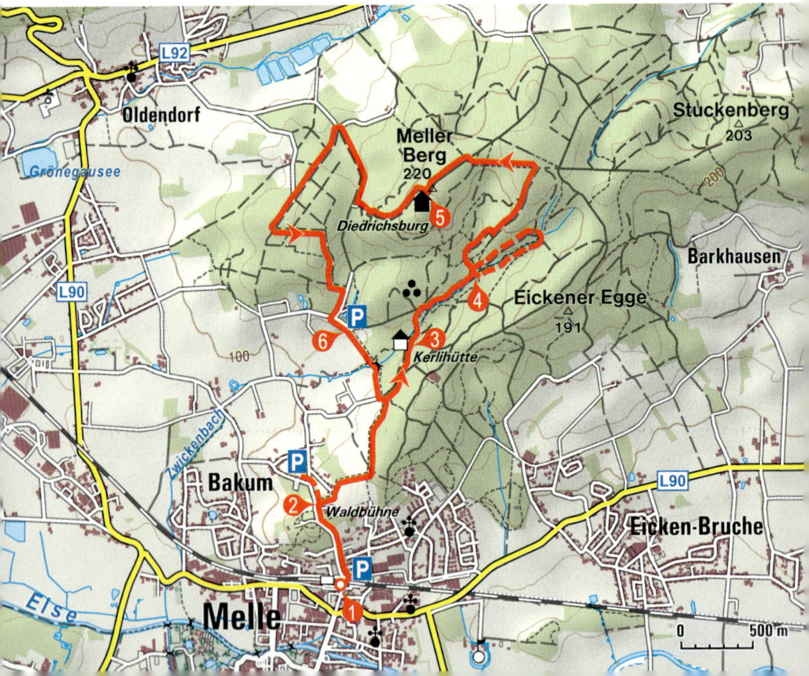

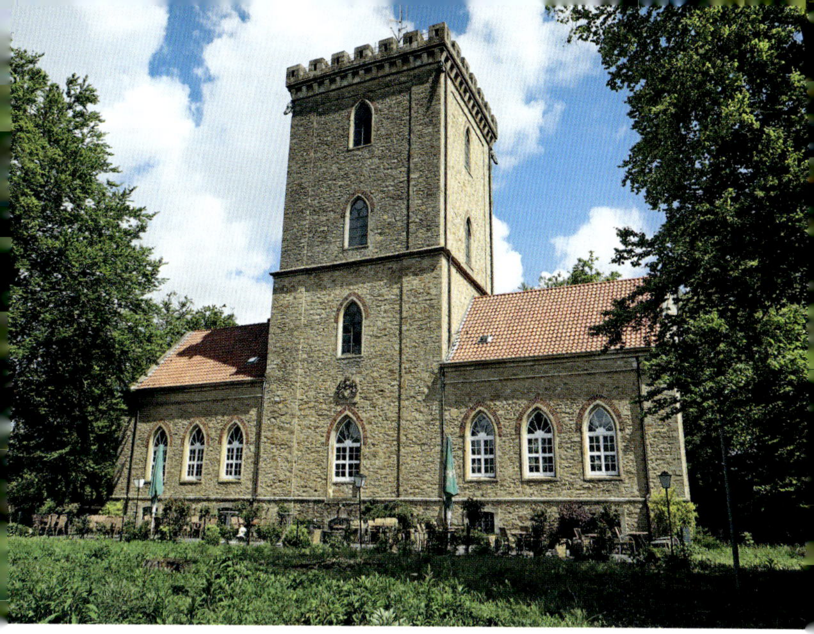

Der 26 Meter hohe Turm der Diedrichsburg imitiert einen mittelalterlichen Bergfried.

Wir folgen dem Meller Balkon bei einer Kreuzung geradeaus und kurz darauf links zur **Diedrichsburg** 5 auf dem Meller Berg, 220 m, mit Ausflugslokal und Aussichtsturm (1 €).
Die Diedrichsburg wurde im 19. Jh. im neogotischen Stil in Anlehnung an mittelalterliche Wehrtürme erbaut und im 20. Jh. mehrfach zerstört; allerdings nicht durch Weltkriege, sondern einmal durch einen Brand (1909), ein anderes Mal durch Vandalismus (1983).
Bei der Burg zweigt der Terra-Track Meller Berge nach rechts und nach 10 Minuten noch einmal auf einen Forstweg ab. Bei der Kreuzung vor einer Straße scharf links, nach Linksschwenk links aufwärts und nach dem Anstieg rechts über den Kamm abwärts. 50 m nach einem Parkplatz und links der Einkehrgelegenheit Weberhaus schwenkt der Terra-Track Meller Berge auf die Straße nach links ein, passiert den **Wanderparkplatz Weberhaus** 6, 113 m, als Startpunkt des Naturerlebnispfads Zwickerbachtal und führt über Feldwege am Waldrand entlang und quert den Zwickerbach. Bei der nächsten Kreuzung schließt sich der Kreis des Rundweges und wir folgen wie beim Hinweg dem Zubringer von/nach Melle: geradeaus, nach 5 Minuten rechts, vor der **Waldbühne** 2 links und auf der Bergstraße hinunter zum **Bahnhof Melle** 1.

↗ 440 m | ↘ 400 m | 20,4 km

21 Barkhausen – Ostercappeln

5.30 h

Kammwanderung auf dem Wittekindsweg mit Dinosaurierspuren

Barkhausen bei Bad Essen ist bekannt für die etwas südlich liegenden Dinosaurierabdrücke, die aus der Jurazeit vor 135 Millionen Jahren stammen, als mindestens elf dieser riesigen Reptilien ihre Spuren auf einer Sandbank in dem damaligen Küstenbereich hinterließen. Nach einem Abstecher zu den beeindruckend herausgearbeiteten Dinosaurierfährten führt der Wittekindsweg als Wanderklassiker über den Wiehengebirgskamm vorbei am Kurort Bad Essen nach Ostercappeln, bekannt als Geburtsort von Ludwig Windthorst, vor rund 150 Jahren als Führer der Zentrumspartei der wohl schärfste Gegner von Reichskanzler Bismarck.

Ausgangspunkt: Parkplatz Barkhausen, 80 m (Navi: Am Kasslau 69T, 49152 Bad Essen).
Endpunkt: Ostercappeln mit Bushaltestelle Krankenhaus oberhalb der Lambertus-Kirche, 120 m, mit Parkgelegenheit (Navi: 31, Bremer Straße, 49179 Ostercappel), alternativ Wanderparkplatz Windthorstbrücke am Ortsrand (Navi: Bahnhofstraße 18, 49179 Ostercappeln).
ÖPNV: Zwischen Start- und Endpunkt gibt es nur Umsteigeverbindungen, die zusammen 45 Minuten dauern: Anruf-Bus 231 zwischen Bad Essen-Lerchenstraße (Tel. +49 541 5012222, mind. 1 Std. vor Abfahrt) und Buslinie X276 zwischen Bad Essen und Osnabrück via Ostercappeln-Krankenhaus ⑪ und Herringhausen-Leckermühle ⑩ (Mo. – Sa. stündlich, So. zweistündlich), www.vos.info. Unterwegs weitere Bushaltestellen: Bad Essen-Gartenstraße und Wehrendorf-Osnabrücker Straße, jeweils etwa 2 km entfernt (→ Varianten) und mit Buslinie X276 (s. o.). Die Bushaltestelle Empter Weg bei ⑦ wird vom Freizeitbus 202 Richtung Osnabrück bedient (im Sommerhalbjahr So. zweistündlich), www.freizeitbus.com.
Anforderungen: Mittelschwere Wanderung großteils über gut ausgebaute Waldwege sowie kleine Straßen.
Markierung: Fast durchgehend Wittekindsweg (weiß-rot), E11, großteils DiVa-Walk (blau-orange), setellenweise Terra-Tracks Megalosaurus, Wildstein, Hünnefelder Tannen, Dampfross (T).
Einkehr: Bergwirt Pöhler zwischen ⑤ und ⑥ mit 0,5 km langem Abstecher (tagsüber, nur am Wochenende), Leckermühle (Mi. – So. 11.30 – 14.30 und ab 17.30 Uhr), Ostercappeln. Die in älteren Quellen angegebenen Einkehrgelegenheiten in Essenerberg sind leider geschlossen.
Varianten: 1. Rund 19 km lange Rundtour mit Abzweigung Wildstein ⑥; dort rechts abwärts auf Terra-Track Megalosaurus und auf diesem am Nordost- und Waldrand des Wiehengebirgskammes zurück zu ②.
2. Ab Essenerberg geradeaus Schleife zum Sonnenbrinkturm: zunächst kurz nach ⑦ geradeaus Wegweisern zum Aussichtsturm folgen, von dem Fernmeldeturm mit Aussichtsplattform in 18 m Höhe sich links haltend abwärts zurück zum Wittekindsweg.
3. Abkürzung durch Beenden/Starten in Bad Essen (2 km langer Zuweg): dazu ab Wildstein ⑥ rechts abwärts auf Terra-Track Megalosaurus, nach dem Abstieg am Ortsrand geradeaus rechts am Kurpark mit Thermalbad entlang und weiter geradeaus. Im Zentrum nach Querung der Lindenstraße geradeaus auf Fußweg

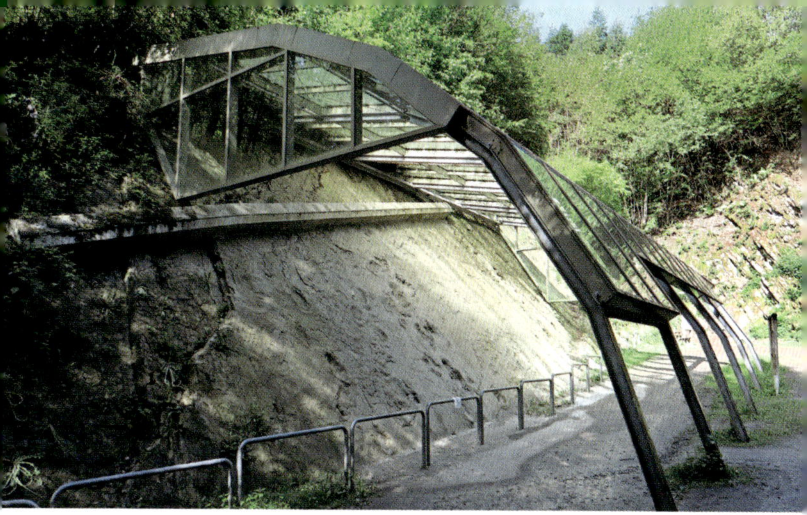

Ein Glasdach schützt die 135 Mio. Jahre alten Dinosaurierabdrücke bei Barkhausen.

und an dessen Ende links zur gleichnamigen Bushaltestelle.
4. Abkürzung durch Beenden/Starten in Wehrendorf (1,3 km langer Zuweg): ab ❽ rechts auf Radweg Richtung Wehrendorf, dort rechts (Mühlenstraße), gleich links (An der Buddemühle) und geradeaus zum Zentrum mit der Bushaltestelle Osnabrücker Straße.
Kombi-Tipp: Tour 22 als Verlängerung von Ostercappeln nach Belm (gesamt 35 km).

In **Barkhausen** ❶ beginnt die Tour am Parkplatz der Hauptstraße (Buersche Straße) gegenüber dem (geschlossenen) Saurierwirt; südlich vom Parkplatz hinter der Kastanie rechts in den Feldweg, an der Schranke vorbei und zwischen Feldern hinunter ins Tal der Hunte. Dort führt ein netter Uferpfad links zur Abzweigung **Im Hockenbruch** ❷. Der Weg nach Ostercappeln zweigt hier rechts ab, vorher sollte man sich aber die Dinospuren nicht entgehen lassen. Der 20-minütige Abstecher (hin und zurück) führt 0,6 km entlang der Hunte und zweigt dann nach rechts in das kesselartige Tal des früheren Steinbruchs, in dem ein Geologe 1921 die **Dinosaurierfährten** ❸

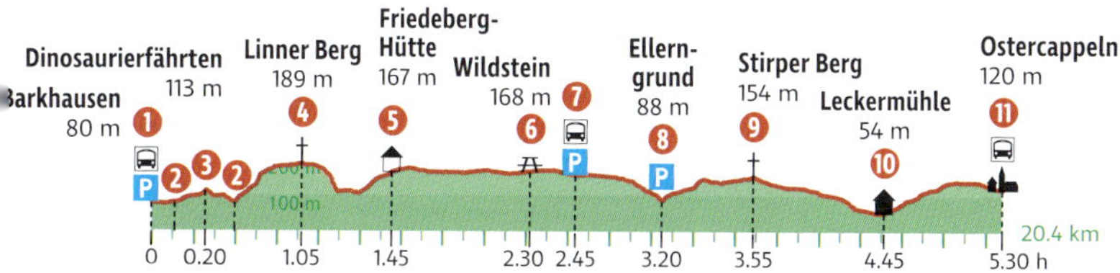

an der Felswand entdeckte. Infolge der tektonischen Hebung des Osnabrücker Hügellandes sind die Spuren in der überdachten Felswand vertikal gestellt, Infotafeln erläutern Hintergründe und Sauriermodelle vermitteln das frühere Aussehen und die Ausmaße der Riesenreptilien.

Bei der Abzweigung **Im Hockenbruch** ❷ geht es anschließend aufwärts in den Wald u. a. Richtung Linner Berg (1,8 km), die Hunte im Rücken. Der

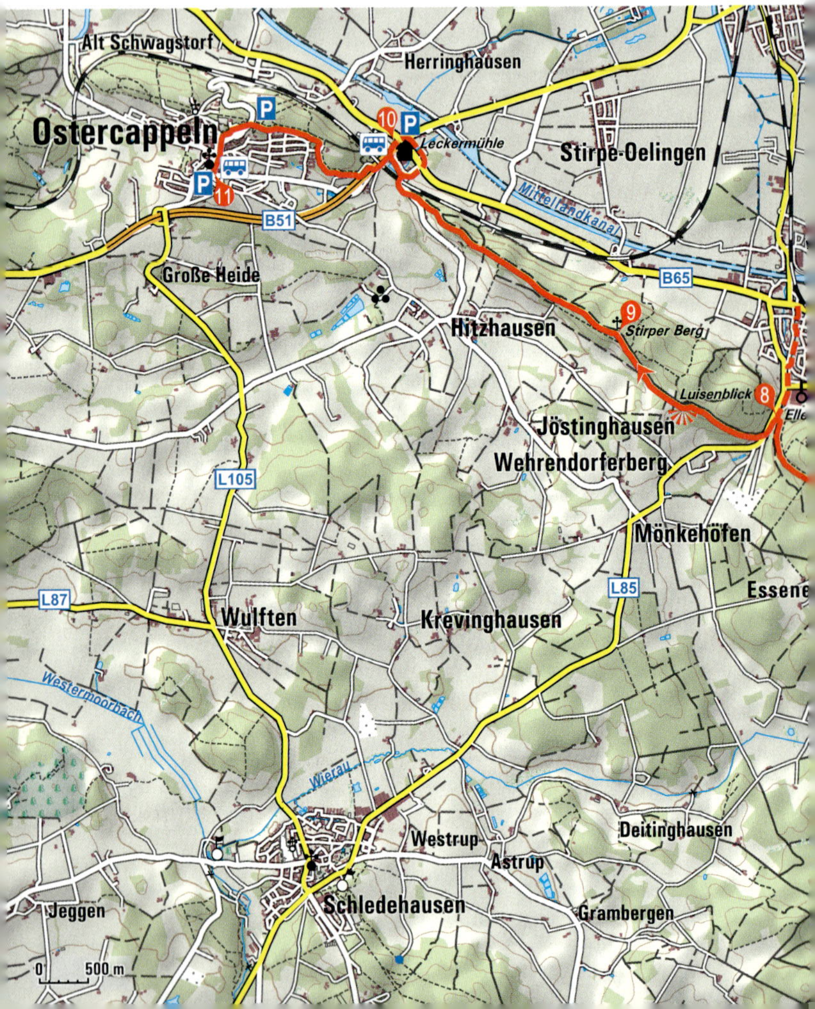

Wittekindsweg schlängelt sich zusammen mit weiteren Wegmarkierungen (DiVa-Walk, T, E11) auf den Kamm, wo nach 10 Minuten der **Linner Berg** 4, 189 m, erreicht ist.

Bei einer Kreuzung am Abstieg zweigt unser Weg nach rechts ab und führt recht steil hinunter. Unten am Waldrand links u. a. Richtung Bad Essen, nach 250 m bei der Gabelung rechts (W, DiVa-Walk, T), kurz darauf über die

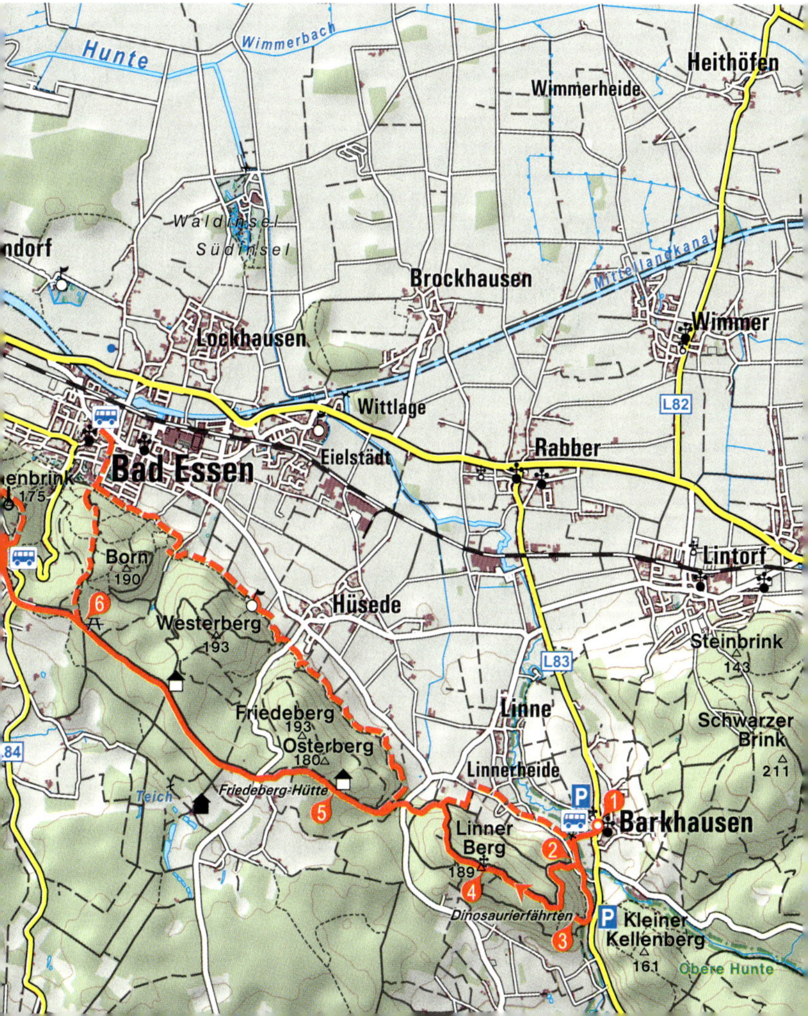

Grenzstein der Gemeinden Bohmte, Bad Essen und Ostercappeln am Stirper Berg.

Kreisstraße, aufwärts durch Wald und bei der Abzweigung Kalbsiek geradeaus u.a. Richtung Friedeberg-Hütte (0,5 km). Oben am Osterberg passieren wir die **Friedeberg-Hütte** (5) und steigen kurz darauf wieder ab. Kurz nach einer weiteren Straßenquerung zweigt der Terra-Track Megalosaurus beim Weiler Ratinghausen links ab, wir aber folgen geradeaus dem Wittekindsweg und E11 durch Wald und gehen bei Kreuzungen geradeaus, darunter bei der mit ihrem Asbestdach nur bedingt einladenden Schierenhorsthütte sowie dem **Rastplatz Wildstein** (6) mit dem kreuzenden Terra-Track Megalosaurus.

Der Wittekindsweg erreicht zusammen mit dem Terra-Track Wildstein die ehemalige Familienferienstätte Haus Sonnenwinkel am Anfang von Essenerberg, quert nach einem Parkplatz die Meller Straße, und zweigt beim Ortsschild von Bad Essen nach rechts. Essenerberg ist Ortsteil des Sole-Kurortes Bad Essen mit einer 800 m tiefen Solequelle; mit 32% angeblich Europas mineralreichste Solequelle – salziger als das Tote Meer.

Kurz darauf führt der Wittekindsweg nach einer weiteren Straßenquerung in **Essenerberg** (7) bei der Bushaltestelle Empter Weg und links vom Wanderparkplatz Essenerberg geradeaus durch den Empter Weg vorbei an der auf die Therapie von Suchtkranken spezialisierten Berghofklinik (links) und dem ehemaligen Gasthof Altes Berghaus (rechts). Am Waldrand zweigt der Wittekindsweg links wieder auf den bewaldeten Wiehengebirgskamm u.a. Richtung Ostercappeln (9,7 km) ab, senkt sich nach einer Hütte in den **Ellerngrund** (8) mit Wanderparkplatz und Richtungsschildern sowie Entfernungsangaben globaler Metropolen, und steigt nach Querung der Landstraße wieder auf den Kamm. 5 Minuten nach dem aussichtsreichen Unterstand Luisenblick folgen wir dem Wittekindsweg bei einer Gabelung rechts hinauf auf den **Stirper Berg** (9), 154 m, mit einem Grenz- und Gedenkstein kurz davor. Nach dem folgenden Abstieg vom Kamm windet sich der Wittekindsweg rechts unter dem mächtigen Bahnviadukt der Strecke Osnabrück – Bremen hindurch. 100 m nach der Bahnbrücke links in die verkehrsgesperrte Sackgasse und vorsichtig über das Gelände der Sägerei. Beim **Gasthof Leckermühle** (10) gehen wir links über den Parkplatz, queren die Straße und kurz darauf links die Bahnlinie, ehe wir nach 250 m die kleine Straße rechts auf dem aufwärts in den Wald führenden Wittekindsweg verlassen. Nach 10 Minuten und einer lang geschwungenen Rechtskurve bei einer T-Kreuzung links, an einer Schranke vorbei und auf einer Holzbrücke über eine Straße mit einem Wanderparkplatz rechts unterhalb, beide benannt nach Ludwig Windhorst. Nach der Brücke wandern wir links Richtung Ortsmitte und biegen am Ortsrand links in die Straße (zunächst Wald-, später Bahnhof- und Große Straße) und folgen ihr südwärts in das Zentrum von **Ostercappeln** (11) mit der Lambertus-Kirche. Kurz dahinter geht es links entlang der Bremer Straße zur Bushaltestelle am Krankenhaus.

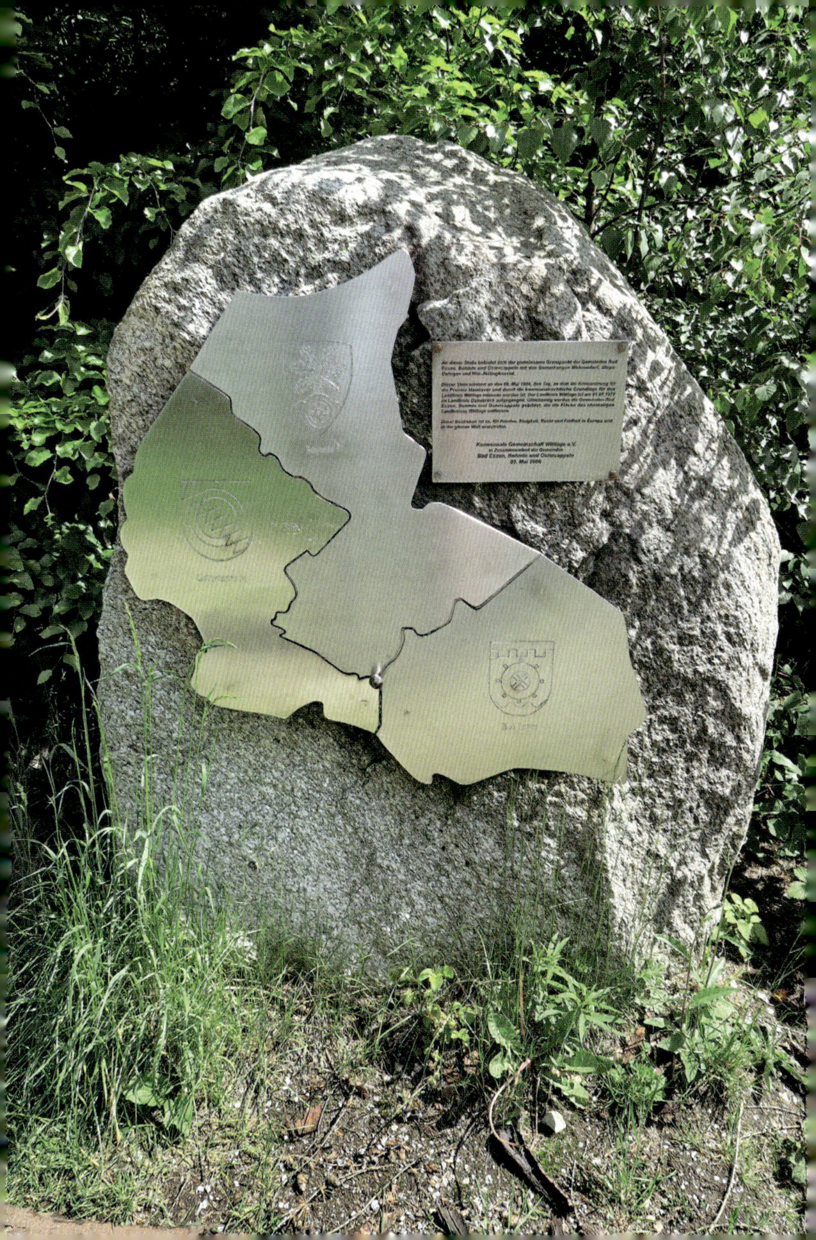
Kommunale Gemeinschaft Wittlage e.V.
Bad Essen, Bohmte und Ostercappeln

↗ 230 m | ↘ 255 m | 15,4 km

22 Ostercappeln – Belm

4.00 h

Auf dem Wittekinds- und Mühlenweg zu Süntel- und Butterstein

Diese Streckenwanderung zwischen Ostercappeln und Belm führt abwechselnd durch Wälder und Felder vorbei an Findlingen wie dem Süntel- und Butterstein, die vor rund 200.000 Jahren von saaleeiszeitlichen Gletschern aus Skandinavien importiert wurden. Besonders steinreich ist das 1924 gegründete Naturschutzgebiet Steinernes Meer am Gattberg, das zweitälteste Niedersachsens. Die erste Hälfte des Weges begleitet uns der Wittekindsweg, später zum Gattberg und nach Belm der Mühlenweg.

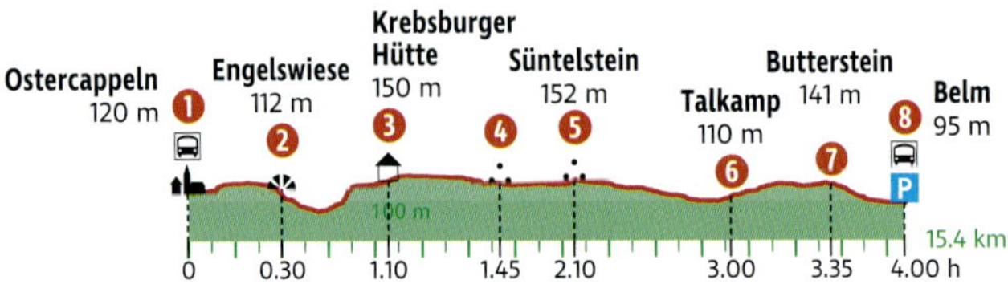

Ausgangspunkt: Ostercappeln oberhalb der Lambertus-Kirche, 120 m, mit Bushaltestelle Krankenhaus und Parkgelegenheit (Navi: 31, Bremer Straße, 49179 Ostercappeln).
Endpunkt: Belm, 95 m, mit Bushaltestelle Am Alten Bahnhof und Parkmöglichkeiten in der Seitenstraße Up de Heede.
ÖPNV: Zwischen Start- und Endpunkt verkehrt Buslinie X276, und weiter Richtung Osnabrück (Mo. – Sa. stündlich, So. zweistündlich). Häufigere Verbindungen zwischen Osnabrück und Belm bietet die Bushaltestelle Belm-Up de Heede 150 m von 8 mit Linie M4 (täglich alle 20 – 30 Minuten), www.vos.info.
Anforderungen: Leichte Wanderung über großteils radfähige Wald- und Feldwege sowie verkehrsarme Straßen. Kurze Abschnitte im Wald können bei Nässe schlammig sein.
Markierung: Anfangs Wittekindsweg (weiß-rot) und später Mühlenweg (M), stellenweise auch Terra-Tracks Dorftraum, Schnippenburg, Teufelssteine und Süntelstein.
Einkehr: Nur am Start.
Variante: Kleiner Schlenker (zzgl. 0,3 km) über die Schnippenburg entlang dem gleichnamigen Terra-Track (T); dazu nach Querung der Venner Straße nach 2 geradeaus auf (T) statt rechts.
Kombi-Tipp: Verlängerung am Gattberg mit Rundtour 28.

In **Ostercappeln** 1 nehmen wir die nordwärts von der Bremer Straße mit der Bushaltestelle hinabführende Straße rechts an der St.-Lambertus-Kirche vorbei, deren jetziger neugotischer Bau aus dem 19. Jh. auf eine spätmittelalterliche romanische Vorläuferkirche zurückgeht. 100 m nach der Kirche links in die Venner Straße, dort nach 100 m rechts in den Fußweg

Die Glocke der Marienkapelle stammt aus der Gymnasialkirche neben dem Osnabrücker Dom.

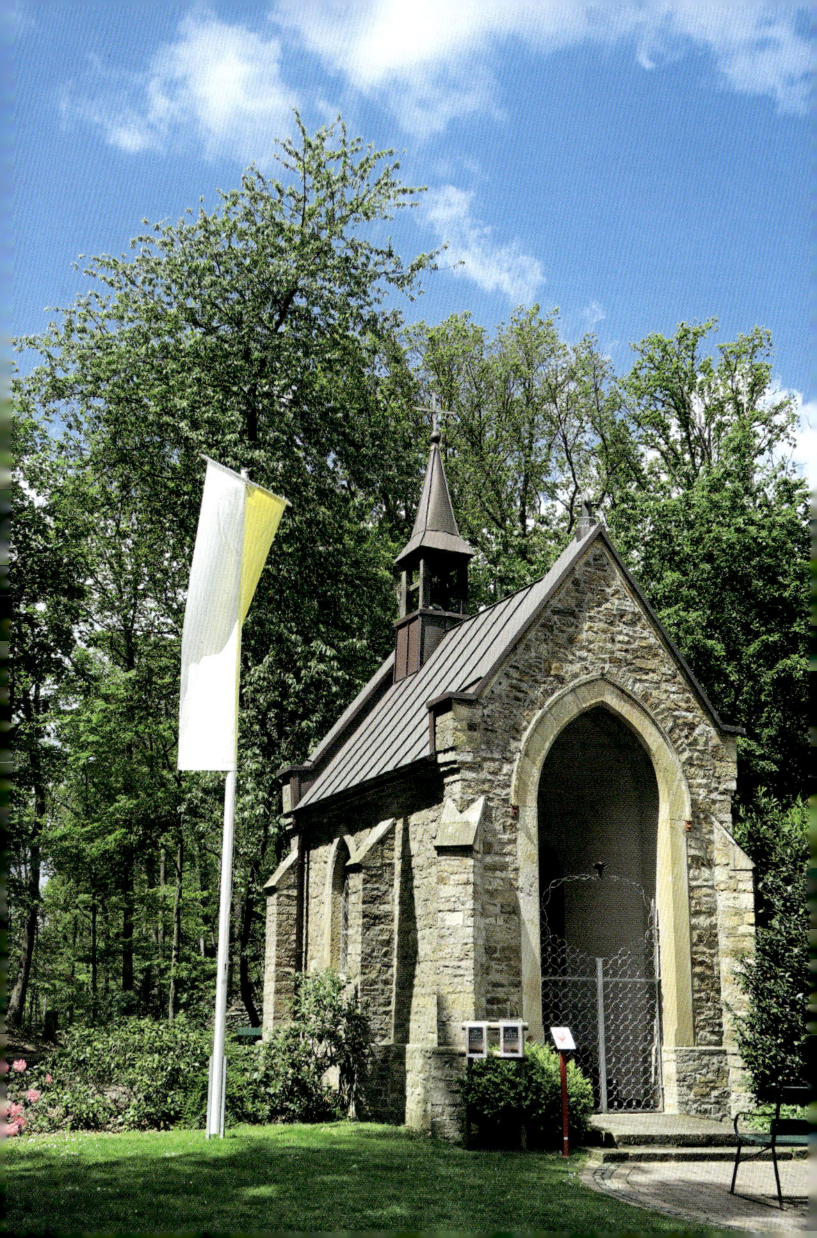

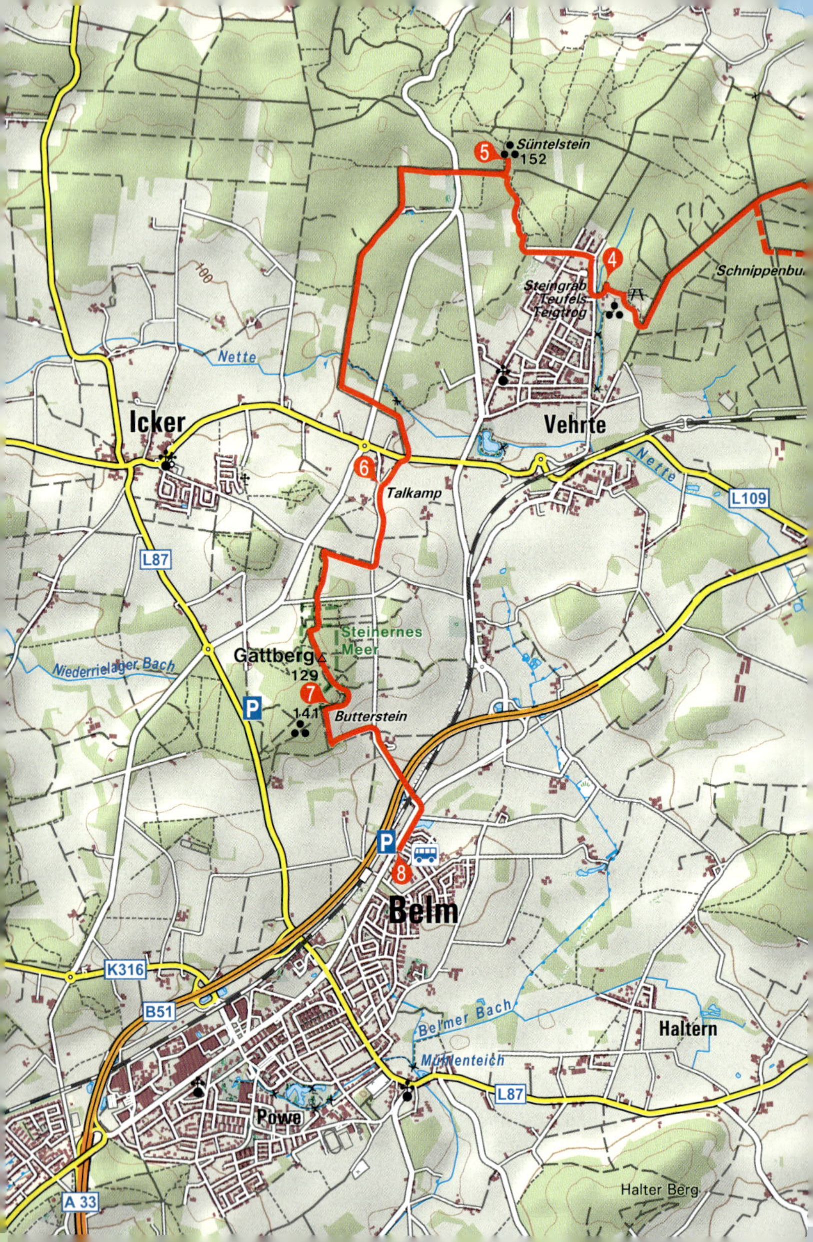

Süntelstein
152
5
4
Schnippenbu
Steingrab Teufels Teigtrog
Nette
Icker
Vehrte
6
Talkamp
L109
L87
Steinernes Meer
Gattberg
129
Niederrielager Bach
7
141
Butterstein
P
8
Belm
K316
B51
Belmer Bach
Haltern
Mühlenteich
L87
Powe
A 33
Halter Berg

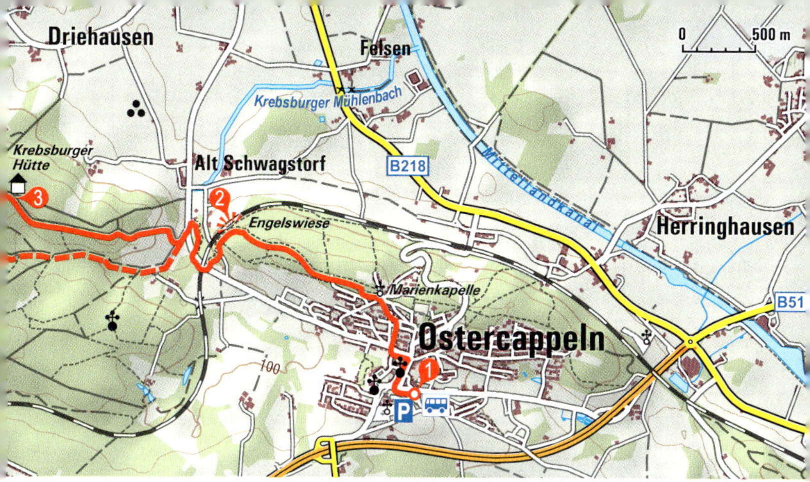

und an dessen Kreuzung geradeaus aufwärts auf der Waldstraße durch ein Wohnviertel. In einer Rechtskurve steigen wir geradeaus über die Stufen und folgen dem Grasweg zwischen Zäunen leicht aufwärts zur **Marienkapelle**, wo wir auf den Wittekindsweg und Terra-Track Dorftraum stoßen, die bei der Kapelle links in den Wald leiten. Nach kurzem Abstieg bieten Bänke bei der sogenannten **Engelswiese** ❷ einen guten Blick auf den Venner Berg, aber auch Windräder und eine auffällige weiße Werkshalle einer Küchenfirma.

Der Wittekindsweg schwenkt nach links, kurz darauf rechts abwärts Richtung Krebsburger Hütte (0,5 km), und unterquert zusammen mit der Venner Kreisstraße die Bahnlinie, ehe nach einem kurzen Schlenker durch den Wald auch die Straße gequert wird. Eine Infotafel erzählt Hintergründe zur eisenzeitlichen Schnippenburg, die vor mehr als 2200 Jahren 1 km weiter westlich als 1,5 ha große Anlage mit einem Ringwall aus Holz, Stein und Erde angelegt wurde. Der Wittekindsweg steigt 50 m nach der Infotafel nach rechts an – optional führt der Terra-Track geradeaus zur nur noch als Hügel sichtbaren Schnippenburg. Der Wittekindsweg taucht nach Anstieg in den Wald ein, passiert dort am Kamm die **Krebsburger Hütte** ❸ und biegt 0,5 km bei der folgenden T-Kreuzung links in einen Forstweg. Nach 1,5 km verlassen wir diesen beim Schützenhaus Venne rechts und folgen dem Pfad vorbei am **Picknickplatz Schwarze Kreide**, halten uns am Waldrand links und biegen kurz darauf rechts ab in den Pfad zum ersten von zwei Großsteingräbern namens **Teufels Teigtrog** ❹ oder »Backofen«, beide aus der jungsteinzeitlichen Trichterbercherkultur vor rund 5000 Jahren.

Zurück in der Gegenwart quert der Wittekindsweg einen Bach, wendet sich gleich darauf nach rechts, bei der folgenden Gabelung nach links

(Engelsriede) und verlässt Vehrte schließlich rechts entlang dem Friedhof. 50 m nach dem Friedhof rechts und vorbei am Naturfreundehaus in den Wald Richtung Süntelstein, den wir nach 10 Minuten und einer Links- und Rechtsabzweigung erreichen. Der in jüngerer Zeit bemalte 3,7 m hohe und 30 t schwere **Süntelstein** 5 hebt sich von den vielen Findlingen dieser Region durch seine aufrechte Lagerung ab. Womöglich diente der Stein in der Jungsteinzeit zusammen mit einem überlieferten Steinkranz kultischen Zwecken. Die Gebrüder Grimm erzählten folgende Geschichte zur Herkunft in ihrer Sagensammlung (1816): »Bei Osnabrück liegt ein uralter Stein, dreizehn Fuß aus der Erde ragend, von dem die Bauern sagen, der Teufel hätte ihn durch die Luft geführt und fallen lassen. Sie zeigen auch die Stelle daran, in welcher die Kette gesessen, woran er ihn gehalten, nennen ihn den Süntelstein.«
Beim Süntelstein verlassen wir den Wittekindsweg, gehen wieder zurück zur kleinen Straße und folgen ihr ostwärts entlang Mühlenweg und kurzzeitig Terra-Track Süntelstein Richtung Butterstein (5,5 km) und Belm (9,9 km). Nach 10 Minuten und einer Straßenquerung schwenkt der Mühlenweg bei einer Kreuzung nach links in südliche Richtung. Bei der folgenden Gabelung gehen wir halb rechts, jetzt wieder begleitet vom Terra-Track Süntelstein, zunächst durch Wald, später ohne den Terra-Track am Waldrand und

Auf diesem Grasweg geht es aufwärts hinaus aus Ostercappeln.

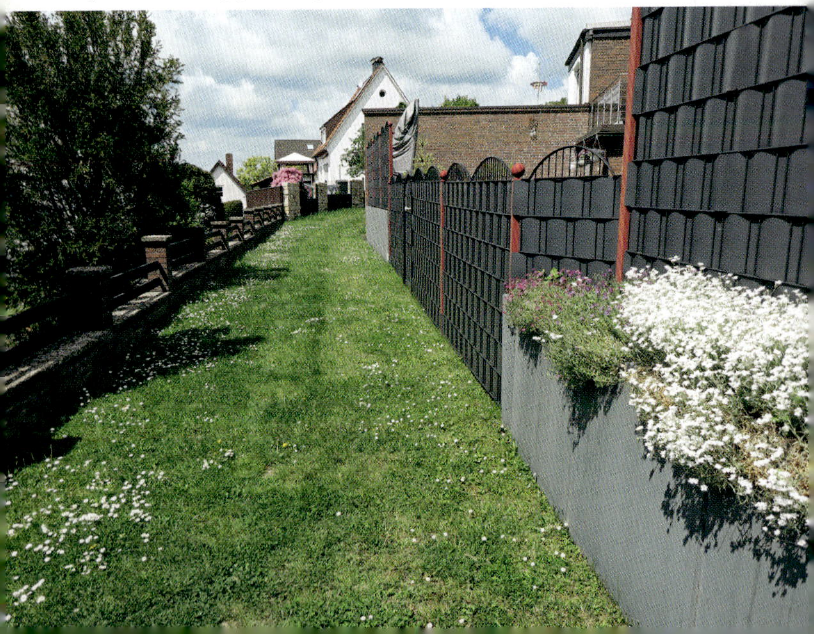

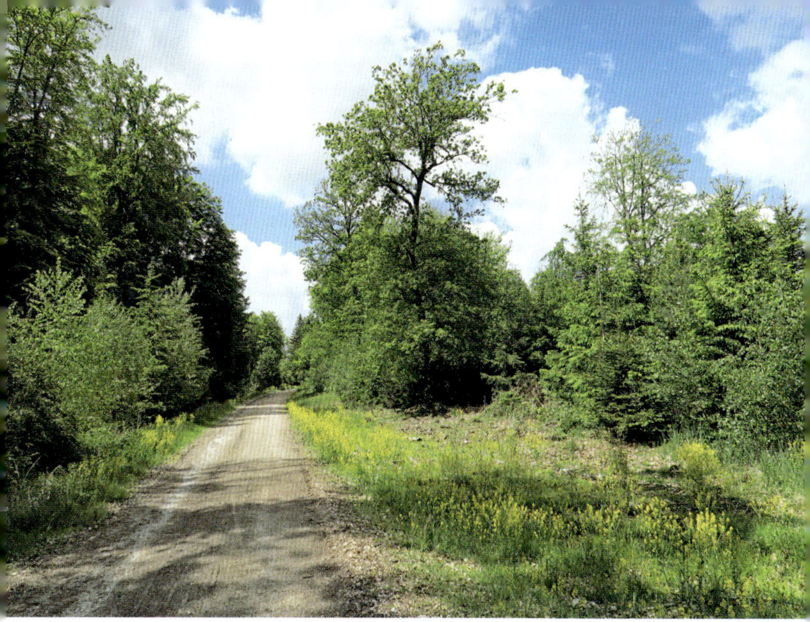

Breiter Waldweg zwischen der Krebsburger Hütte und Vehrte.

über die Kreisstraße (Power Weg). Zuletzt mündet der Mühlenweg in eine Landstraße ein, der wir 50 m rechts folgen, um dann links abzubiegen. Die kleine Straße führt leicht aufwärts durch die Streusiedlung am **Talkamp** 6, wo wir uns zweimal nacheinander links halten. 0,5 km nach der zweiten Verzweigung biegt M bei einer Kreuzung rechts in den Radweg und nach 5 Minuten links in ein Waldstück. Bei der folgenden Straßenquerung führt der Weg geradeaus durch das 13 ha große Naturschutzgebiet Steinernes Meer am Gattberg.

Bei einer Gabelung vor zwei Steinen gehen wir geradeaus (gelber Punkt) und nach 50 m rechts (gelber Punkt, Steinernes Meer, T) zum Steinernen Meer, wo die vielen Findlinge dem Namen alle Ehre machen. Nach 20 m leitet der Mühlenweg halb links über die bewaldete Hochfläche des Gattbergs. Nach der Kreuzung mit dem Hinweis »nördlicher Butterstein« folgen wir dem Waldpfad geradeaus und durch eine Rechtskurve vorbei am **Butterstein** 7 (Info → Tour 28) zu einer weiteren Kreuzung. Dort links auf Mühlenweg am Waldrand südwärts, nach der Obstplantage bei einer T-Kreuzung links, bei der nächsten Kreuzung rechts und der Straße folgend unter Autobahn und Bahngleisen hindurch zur Bremer Straße. Der Radweg rechts neben der Bremer Straße leitet schließlich in 5 Minuten zum Endziel **Belm** 8 mit der **Bushaltestelle Alter Bahnhof** am Ortsanfang.

TOP

23

Von Venne zum Kanal

↗ 140 m | ↘ 140 m | 10,0 km

2.45 h

Rundwanderung am Mittellandkanal

Diese Rundwanderung am Nordrand des Wiehengebirges bietet viel Abwechslung: Kultur mit der Wassermühle in Venne, einen weiten Blick vom Aussichtsturm des Venner Bergs, urige Waldpfade, eine wildromantische Schlucht sowie entspanntes Wandern entlang dem Mittellandkanal.

Ausgangspunkt: Venner Mühle mit Parkplatz, 55 m (Navi: Osnabrücker Straße 4, 49179 Ostercappeln-Venne), alternativ Wanderparkplatz beim Aussichtsturm Venner Berg (Navi: Im Hasselbrock, 49565 Bramsche).
ÖPNV: Bushaltestelle Venne-Mitte mit u.a. Linie X275 Richtung Kalkriese und Bohmte, selten auch Osnabrück (Mo.–Fr. etwa stündlich, Sa. zweistündlich), www.vos.info. Von der Haltestelle 100 m südwärts, dann rechts (Im Diebusch) entlang der Route zu ❶.
Anforderungen: Leichte Wanderung über Treidelweg am Kanal sowie Feld- und Waldwege, in Venne Straßen durch Wohngebiet.
Markierung: Stellenweise DiVa-Walk (orange-blaues Logo mit Schriftzug), Mühlenweg (M), Arminiusweg (Helmmaske auf weißem Grund), Birkenweg (B) sowie Pickerweg (rot-weißer Balken, P).
Einkehr: In Venne Gasthaus mit Biergarten und Grill sowie bei Variante mit Infopfad am Mühlenbach Darpvenner Diele gegenüber dem Eisenzeithaus (täglich außer Mo. und Di., Do. und Fr. nur nachmittags).
Varianten: 1. Verlängerung auf 0,8 km langem Infopfad Venner Mühlenbach mit neun lehrreichen Stationen südlich von ❶ entlang dem begradigten Bach bis zum Knostweg und dort bei Interesse links 0,7 km zum rekonstruierten Eisenzeithaus mit Einkehrgelegenheit.
2. Abkürzung am Schluss auf Birkenweg direkt vom Kanal zur Venner Mühle (1,5 km kürzer): bei der zweiten Kanalbrücke rechts, nach 30 m links (An der Kippe) und der Markierung des Birkenwegs folgend nach Venne und an dessen westlichen Stadtrand entlang zu ❶.
Kombi-Tipp: Verlängerung mit Tour 24 durch 2,5 km lange Verbindung kurz vor ❷ links auf DiVa-Walk zu Altem Dreschhaus oder später ab ❹ links entlang dem Kanal-Treidelweg und bei zweiter Brücke Straße links (Im Langholz, später Cheruskerstraße) zum Wegbeginn beim Varusschlacht-Museum (1,5 km).
Tipps: Dorfmuseum in der Venner Mühle sowie rekonstruiertes Eisenzeithaus gegenüber vom Darpvenner Café bei der Variante. Beide sind nur sonntags im Sommer geöffnet (letzteres nur jeden zweiten), aber auch von außen sehenswert.

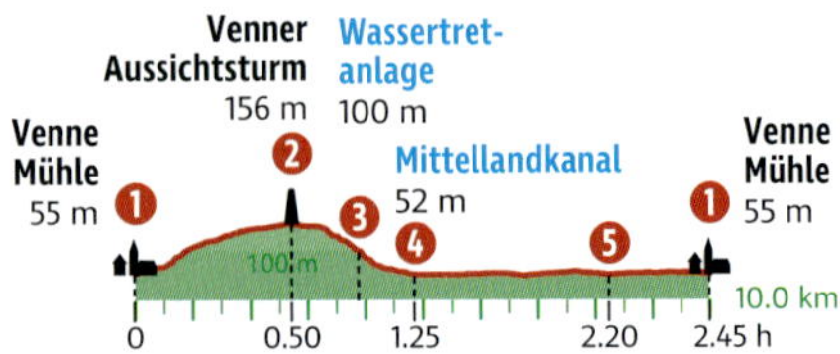

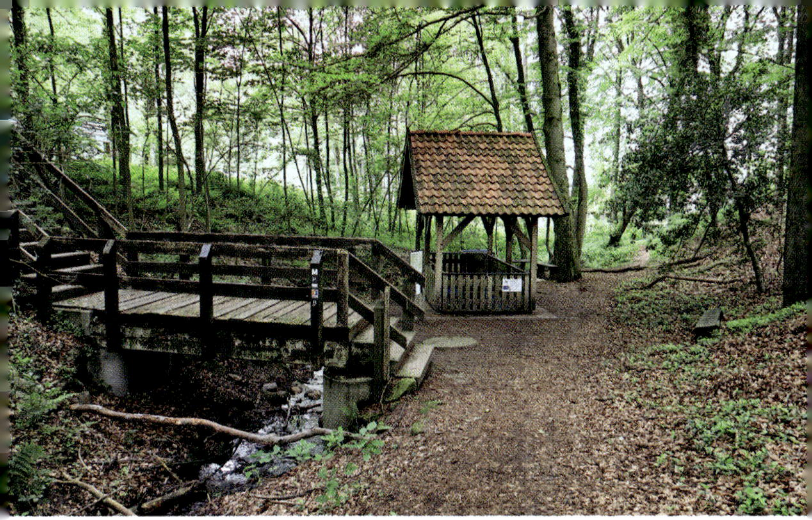

Bei der Wassertretanlage endet die schöne Passage durch das schluchtartige Tal.

Vom Parkplatz der **Venner Mühle** ❶ folgen wir dem mit M gekennzeicheten Mühlenweg und dem DiVa-Walk nach der Holzbrücke entlang der Osnabrücker Straße nach links und zweigen nach der Linskurve rechts in die Sackgasse (Pastorenweg). An deren Ende leitet der Mühlenweg zusammen mit dem Arminiusweg entlang einem schmalen Graspfad links neben einem Feld und nach 150 m rechts in den Wald Richtung Venner Berg (2,3 km). Der anfangs stellenweise etwas schlammige Waldpfad mündet nach kurzem Anstieg in einen Weg, dem wir geradeaus folgen, ebenso wie am Waldende einem Graspfad. Vor einem Biohof zweigt der Mühlenweg rechts auf die kleine Straße (Schillingheide) und bei der folgenden T-Kreuzung wieder nach rechts (Burlager Weg), begleitet vom Birken- und Pickerweg auf den Venner Berg, 156 m, mit **Aussichtsturm** ❷. Der in den 1970er-Jahren aus Beton und Lärchenholz erbaute Aussichtsturm bietet aus 20 m Höhe einen weiten Blick über das Osnabrücker Land. 150 m nach dem Turm leiten uns die meisten genannten Fernwanderwege nach rechts über einen aussichtsreichen grasigen Feldweg (DW, B, M, außerdem Jakobsmuschel) und nach 150 m auf einen Pfad in den Wald hinunter Richtung Varusschlacht (2,6 km) durch ein schönes schluchtartiges Tal.

Bei einer **Wassertretanlage** ❸ steigen wir links die Treppe hinauf zum Parkplatz, folgen der Straße (Burlager Weg) zur B 218 und nach deren Querung geradeaus dem Privatweg Richtung Alt Barenaue (M). In der Linkskurve der Straße 100 m hinter einem Haus verlassen wir die Straße und den darüber verlaufenden Mühlenweg und nehmen den rechts beim Schild Privatweg abzweigenden Pfad neben einem Baumwall zum **Mittellandkanal** ❹

An der Venner Mühle erinnert dieser Zunftbaum an das traditionelle Handwerk.

und dort rechts für 2,7 km den Treidelweg. Diesen verlassen wir mit einem Rechtsschwenk vor der vierten Brücke mit der Hunteburger Straße, queren diese und wandern geradeaus in die Sackgasse (Hagenhausweg). Bei einem Haus und **Trafostation 5** links in den Feldweg, kurz darauf rechts in den Allee-Feldweg und an dessen Ende rechts auf der Straße (Am Friedhof) in den Ort.

Vor uns links ist jenseits der B 218 eine große Halle erkennbar; die Firma Meyer betreibt dort mit 3 Mrd. produzierten Waffeln jährlich die größte Eiswaffelfabrik Europas, deren Abwärme über ein 11 km langes Leitungsnetz 150 Privathäuser sowie öffentliche Gebäude mit Wärme versorgt. In Venne gehen wir nach Querung der B 218 geradeaus (Im Diebusch) Richtung Venner Mühle (M, B), nach dem Wohngebiet durch eine weit geschwungene Rechtskurve und erreichen nach einer Holzbrücke die Mühleninsel mit den als Museum hergerichteten Gebäuden und zur Linken dem Parkplatz der **Venner Mühle 1**.

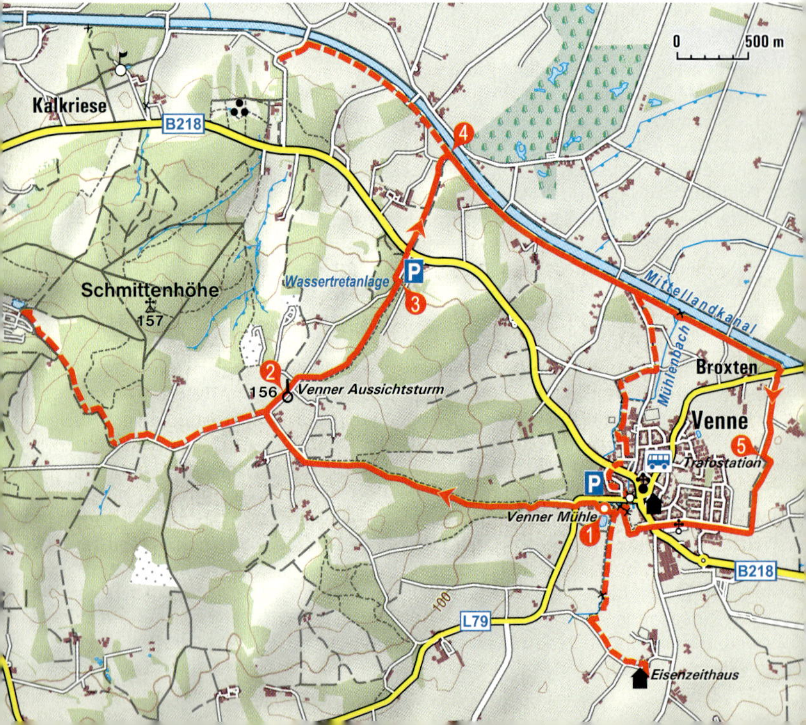

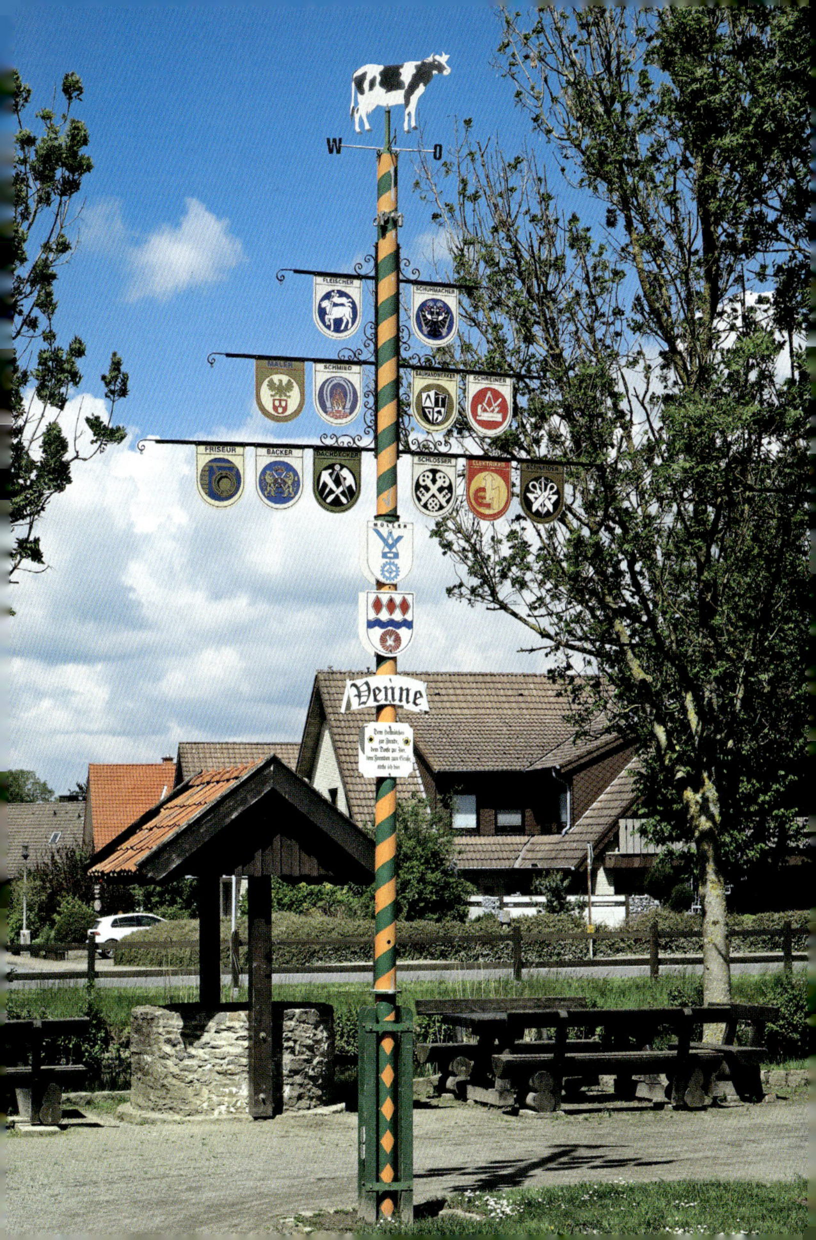
W
O
FLEISCHER
SCHUHMACHER
MALER
SCHMIED
BAUHANDWERKER
SCHREINER
FRISEUR
BACKER
DACHDECKER
SCHLOSSER
ELEKTRIKER
SCHNEIDER
MÜLLER
Venne

↗ 170 m | ↘ 170 m | 7,6 km

24 Kalkriese

2.00 h

Waldwanderung auf den Spuren der Varusschlacht

Vor rund 2000 Jahren lauerten im Gebiet Teutoburger Wald-Wiehengebirge die eher ungeordneten germanischen Krieger drei disziplinierten römischen Legionen unter ihrem Feldherrn Varus auf und hatten das Überraschungsmoment und Kampfglück auf ihrer Seite – die Varusschlacht ging als eine der empfindlichsten Niederlagen des Römischen Reiches in die Geschichtsschreibung ein. Kalkriese gilt als ein mutmaßlicher Schauplatz der nach neueren Erkenntnissen vermutlich mehreren römisch-germanischen Auseinandersetzungen zu dieser Zeit und in der Region. Ein modernes Museum beleuchtet die Hintergründe. Die Rundwanderung verläuft anfangs entlang dem Mittellandkanal mit einem Abstecher zum neoromanischen Schloss Neu Barenaue, dann durch Wälder hinauf zum Dreschhaus an Teichen und weiter zur Schmittenhöhe. Über Feld- und Waldwege wandern wir – ohne uns auflauernde Germanenkrieger – zurück zum Museum.

Traditioneller niedersächsischer Fachwerkhof beim Alten Dreschhaus.

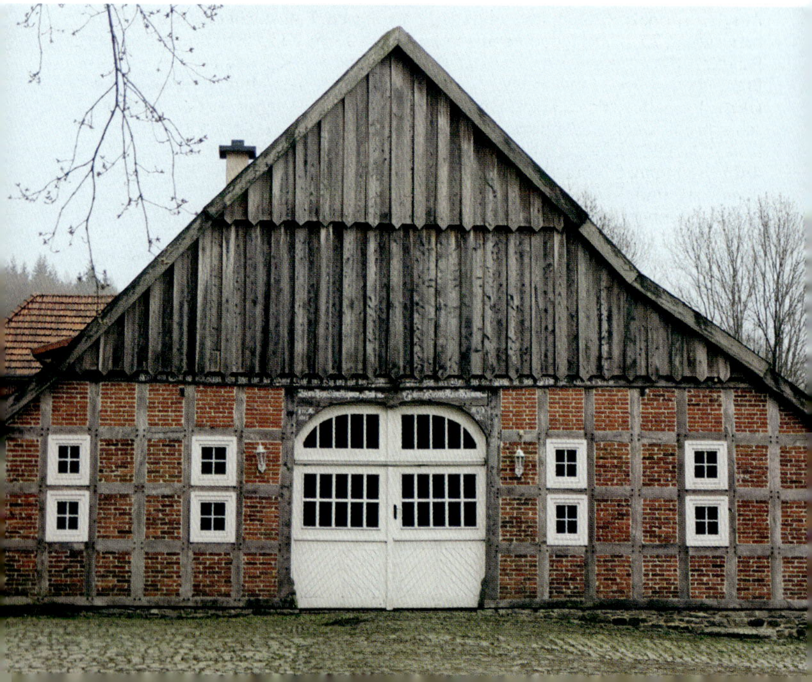

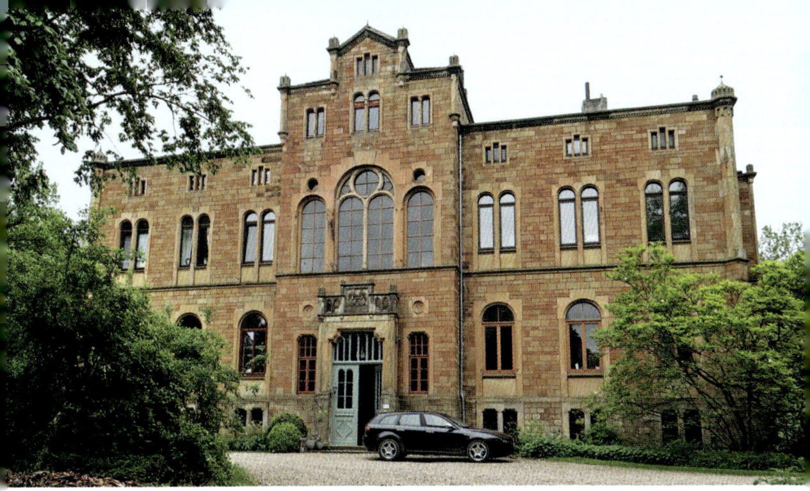

Das Schloss Neu Barenaue wurde im 19. Jahrhundert nach dem Vorbild englischer Landhäuser erbaut.

Ausgangspunkt: Museum Kalkriese Varusschlacht, 70 m, mit (gebührenfreiem) Parkplatz (Navi: Venner Str. 69, 49565 Bramsche).
ÖPNV: Bushaltestelle Kalkriese-Varusschlacht mit wenigen Verbindungen der Linien 214, 690 und X275, www.vos.info.
Anforderungen: Leichte Wanderung über Forst- und Feldwege sowie Pfade, einige Abschnitte über kleine Straßen.
Markierung: Die Region Kalkriese-Schmitttenhöhe ist ein Kreuzungspunkt zahlreicher Wanderwege. Die Tour folgt stellenweise den Fernwanderwegen DiVa-Walk (DW), Mühlen- (M), Birken- (B), Jakobs- und Bersenbrücker Landweg (BL). Außerdem anfangs Themenweg Barenaue (Schloss auf rotem Grund), später Terra-Track Schmittenhöhe (T) mit Zuweg und Schmittenhöhe-Rundwanderweg (Tanne auf grünem Grund, selten markiert).
Einkehr: Café Zum Alten Dreschhaus (Di. – Sa. ab 15, So. ab 12 Uhr), am Start/Ziel Gasthaus und Biergarten Varusschlacht (Sommersaison täglich, sonst Wochenende).
Varianten: 1. Abstecher zur Burg Barenaue (1,8 km): ab 2 zum Brückenaufgang und über Mittellandkanal und auf Mühlenweg zur Wasserburg Barenaue (über die Hälfte ist Straße). Von der ehemaligen spätmittelalterlichen Wasserburg ist keine Bausubstanz erhalten, von dem Neubau als Schloss im 17. Jh. nur wenige Gebäude.
2. Verlängerung ab Dreschhaus auf Terra-Track Schmittenhöhe (3 km länger) großteils durch lichte Nadelwälder: ab 4 entlang dem Terra-Track (T) südwärts und zurück zur Route kurz vor 5.
Kombi-Tipp: Verlängerung mit schönem Abschnitt von → Tour 23 und Venner Berg/Aussichtsturm statt Schmittenhöhe (gesamt 11,2 km): Ab 4 rechts entlang DiVa-Walk zum Venner Berg, ab dort entlang der Tour 23 von 2 nach 4, dann links auf Treidelweg am Kanal, bei zweiter Brücke Straße links (Im Langholz, später Cheruskerstraße) zurück zum Mittellandkanal beim Varusmuseum.
Tipp: Museum mit Park Kalkriese zur Varusschlacht (Mo. Ruhetag), www.kalkriese-Varusschlacht.de.

Vom **Varusschlacht-Museum** ❶ führt die Cheruskerstraße nordwärts Richtung Alt Barenau mit den Markierungen 22 und B. Fünf Gehminuten später verlassen wir an einer Gabelung bei Höfen kurz vor dem Mittellandkanal die Straße mit dem Birkenweg (B) und biegen links in die Brookstraße Richtung Kalkriese mit dem Hinweis »Themenweg Barenau«. Nach 0,5 km halten wir uns rechts und folgen dem angenehmeren Treidelweg direkt am Kanal entlang und unter einer **Kanalbrücke** ❷ hindurch, über die der beschriebene Abstecher zur Burg Barenaue hinüberführt.

Auf halber Strecke zwischen zwei Kanalbrücken schwenken wir nach links hinunter in den Wald. Die Markierungen des Bersenbrückerlandweges (weiß-rot) und DiVa-Walks (orange-blau) weisen den Weg durch den Wald und später den Schlosspark mit altem Baumbestand zum **Schloss Neu Barenau** ❸, erbaut im 19. Jh. nach dem Vorbild englischer Landhäuser unter der Familie Bar, die das Gebäude bis heute bewohnt. Bei der Kreuzung

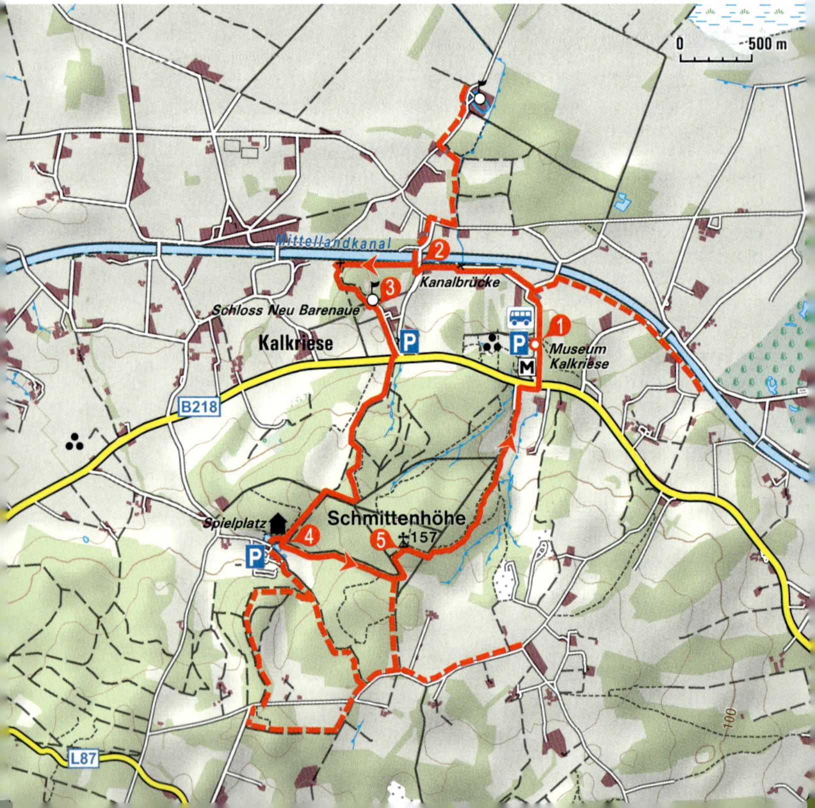

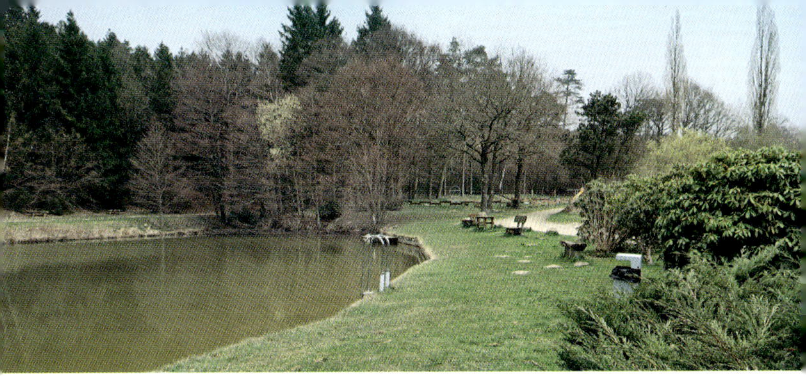

Fischteich beim Alten Dreschhaus.

hinter dem Schloss folgen wir rechts dem Bersenbrücker Landweg, Themenweg Barenau und DiVa-Walk Richtung Schmittenhöhe, nach Querung des Parkplatzes dem Feldweg am Waldrand aufwärts und später durch Wald (DW, zunächst auch M und BL). Die Markierungen des DiVa-Walks führen nach 10 Minuten zur einer T-Kreuzung rechts. Dort rechts Richtung Altes Dreschhaus (0,8 km) mit zahlreichen Markierungen (BL, DW, Variante Terra-Track, JW) und kurz darauf an einer Kreuzung mit Bank wieder rechts Richtung Zum Alten Dreschhaus (TT Var., JW), während DW und BL nach links abzweigen.

Bei einem **Spielplatz** 4 mit dem **Gasthof Altes Dreschhaus** und Campingplatz Waldwinkel rechts dahinter halten wir uns links (T, DW) und nach einem Anstieg bei einer Kreuzung wieder links (DW, BL, T-Variante) – jeweils Richtung Schmittenhöhe. Hinter der Schutzhütte schwenken die Wanderwege nach rechts zur **Schmittenhöhe** 5 mit Gipfelkreuz, aber wegen dichter Bewaldung ohne Aussicht. Nach gemächlichem kurzen Abstieg einem breiten Schotterweg links folgen, bei der Bank hinter dem Zaun rechts (Wanderweg Schmittenhöhe) und danach sich links halten. Wir folgen den Markierungen des Schmittenhöhenweg abwärts und bei Abzweigungen links, verlassen nach etwa 10 Minuten den Wald und nähern uns der Hauptstraße. Dort geht es 100 m nach rechts und danach links zurück zum **Varusschlacht-Museum** 1.

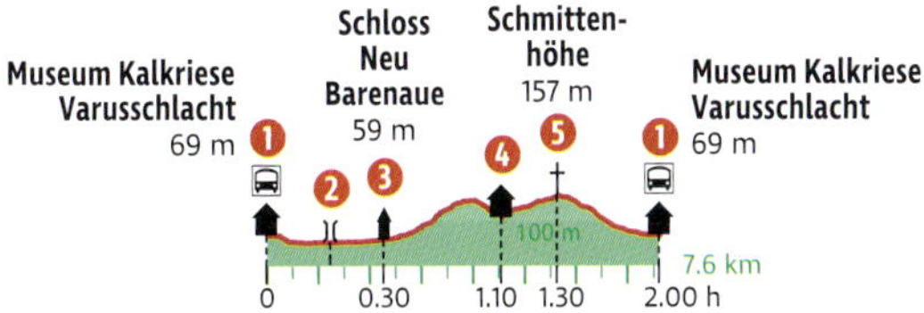

↗ 30 m | ↘ 30 m | 11,0 km

25 Hunteburg – Hunte

2.45 h

Rundwanderung durch die Hunteniederung

Aus dem beschaulichen Bohmer Stadtteil Hunteburg geht es durch Weideland und an Baumwällen entlang zu den weiten Aueflächen in der Hunte-Ebene. Über einsame Wege wandern wir entlang Feldern zum Schäferhof Dümmer am Naturschutzgebiet Westliche Dümmerniederung und zurück auf einem Deichweg an der Hunte entlang nach Hunteburg.

Ausgangspunkt: Parkplatz an der St.-Matthäus-Kirche in Hunteburg, 45 m (Navi: Hauptstraße 8, 49163 Bohmte-Hunteburg), alternativ großer Parkplatz hinter der Heiligen-Dreifaltigkeits-Kirche (Navi: Kirchstraße, 49163 Bohmte-Hunteburg) oder Wanderparkplatz Römerbrücke 5 an der Hunte.
ÖPNV: Haltestelle Hunteburg Bahnhof, Bus 212 von/nach Bohmte und Damme (Mo. – Fr. etwa stündlich, Sa. zweistündlich); von der Bushaltestelle der Hauptstraße Richtung Osten folgen, über den Kreisverkehr, 100 m dahinter liegt links die St.-Matthäus-Kirche 1.

Anforderungen: Leichte Wanderung über kleinere Straßen, Pfade, Schotterwege und Deich.
Markierung: Am Anfang und Ende H2 und Terra-Track Streithorst, dazwischen H1.
Einkehr: Hunteburg, Schäferhof Café auf halber Strecke an der Hunte (Sa., So.).
Varianten: Etwa hälftige Abkürzung bei 2 rechts auf Terra-Track Streithorst (gesamt 6 km) oder etwas nördlich von 4 (gesamt 8,8 km).
Kombi-Tipp: Von 3 in 3,2 km auf Radweg zum Südufer am Dümmer mit Tour 26.

Die St.-Matthäus-Kirche in Hunteburg geht auf das 19. Jahrhundert zurück.

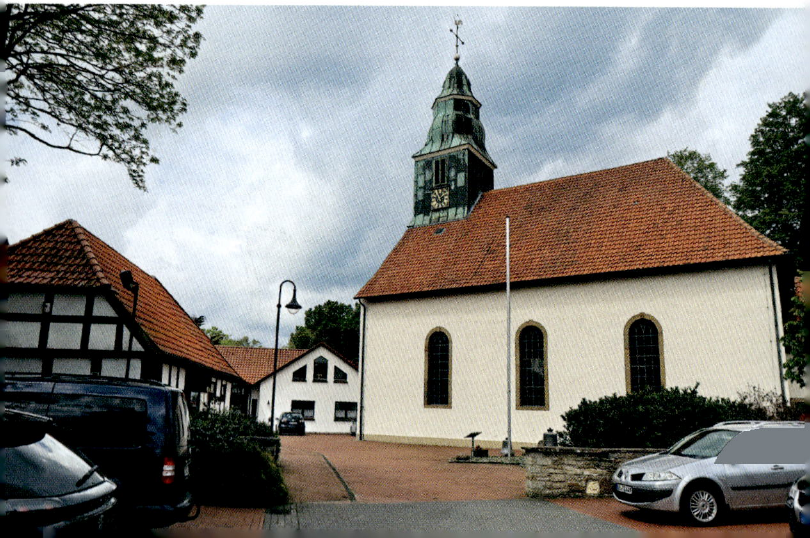

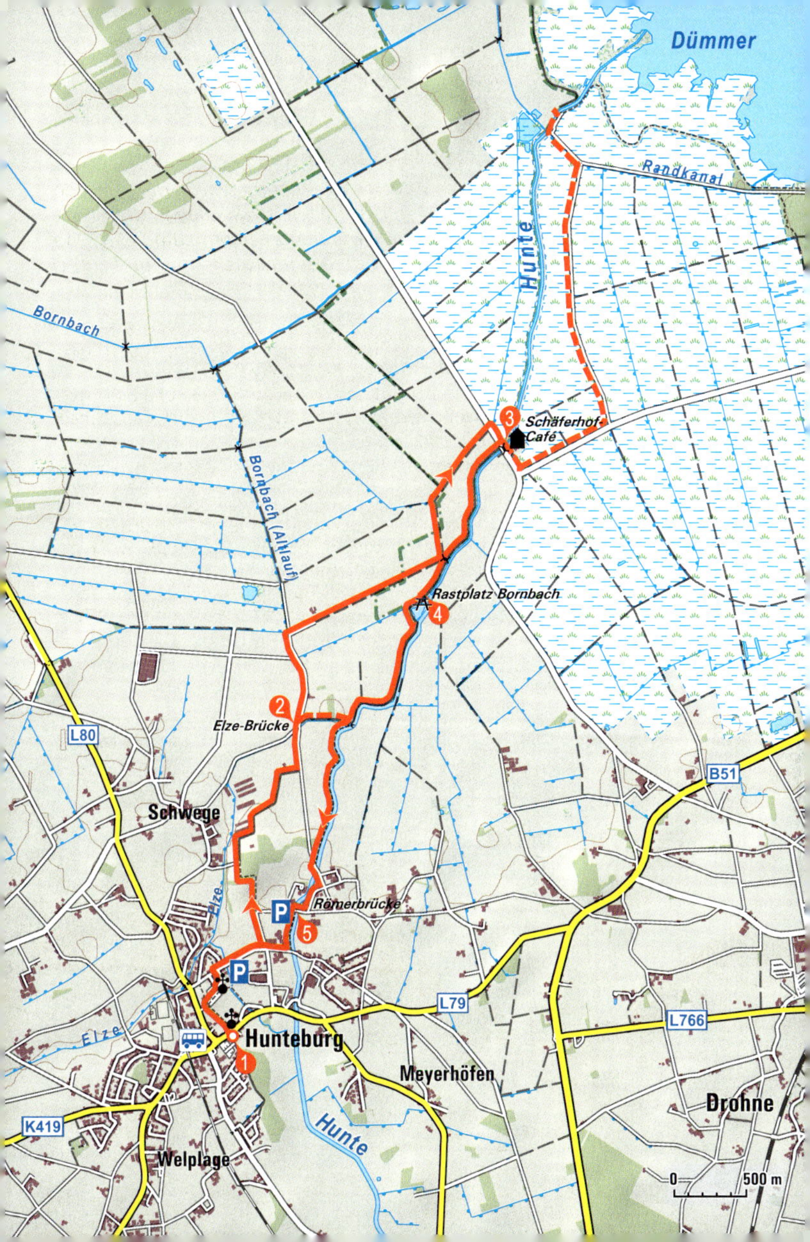

Dümmer
Randkanal
Hunte
Bornbach
Bornbach (Altlauf)
3
Schäferhof-Café
4
Rastplatz Bornbach
2
Elze-Brücke
L80
B51
Schwege
Elze
Römerbrücke
P
5
L79
L766
Hunteburg
1
Meyerhöfen
Drohne
K419
Welplage
Hunte
0
500 m

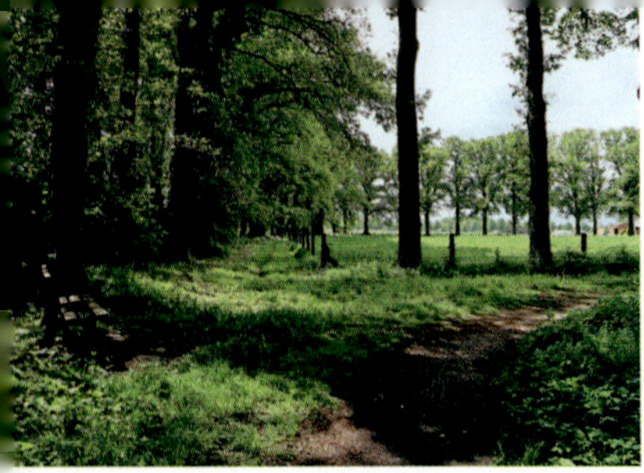

Waldstück nördlich von Hunteburg

In **Hunteburg** nehmen wir den links an der im Jahr 1815 erbauten protestantischen **St.-Matthäus-Kirche** ❶ vorbeiführenden Weg und kurz darauf am Friedhof rechts die Allee zur katholischen Heilige-Dreifaltigkeits-Kirche, die auf eine Kapelle auf das 17. Jh. zurückgeht; die jetzige Pfarrkirche entstand nach dem Zweiten Weltkrieg, die 1999 dort erstmals gespielte Orgel stammt aus Glasgow. Links von der Kirche geht es links am Parkplatz vorbei und anschließend auf der alleeartigen Brüggemannstraße rechts aus Hunteburg hinaus. Nach 5 Minuten biegen wir bei einer Kreuzung mit Höfen links in den Streithorstweg ab, in den bald von rechts der gleichnamige Terra-Track einmündet – unser Begleiter bis zur Elze. An einem Waldrand ignorieren wir eine links abzweigende Straße und gehen geradeaus Richtung Hunte (1,5 km) abwechselnd über kleine Straßen und Feldwege bis zur T-Kreuzung mit dem Hülsingweg; dort links nordwärts über die **Elze-Brücke** ❷, wo der Terra-Track und H2 – eine optionale Abkürzung – rechts zur Hunte abzweigen.

Wir wandern weiter nordwärts und nehmen nach der folgenden Brücke – über den Bornbach – die rechte Zufahrt zum Hof (In der Gänsemarsch) und folgen der H1-Markierung rechts an dem Hof vorbei durch Felder und

Diese Brücke quert die Elze vor ihrer Mündung in die Hunte.

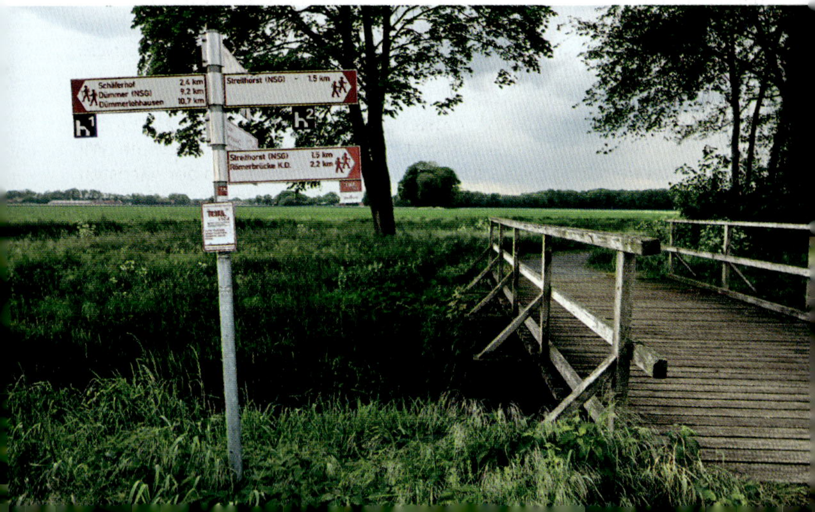

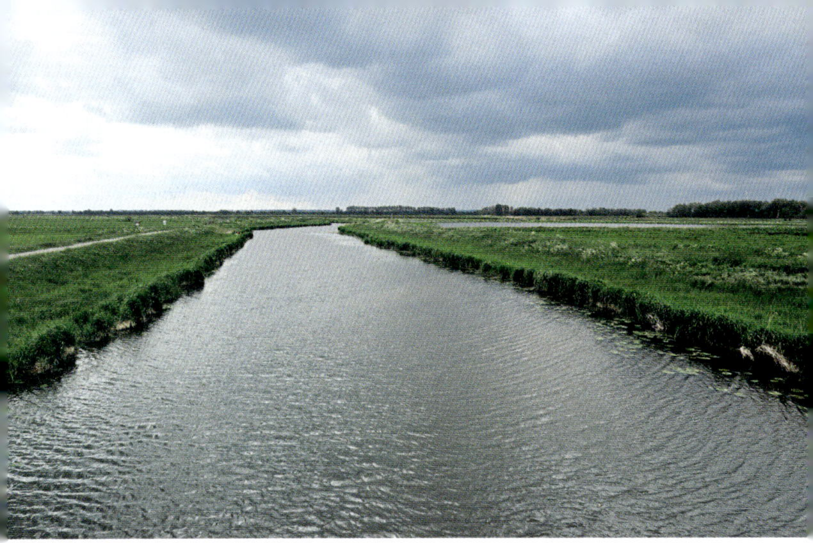

Zwei Kilometer hinter dem Schäferhof durchfließt die Hunte den Dümmer.

an einem Graben entlang. Kurz vor der Hunte – wo am Deich der Rückweg entlangführt –, biegt der Weg nach links ab und führt am Baumwall nordwärts. Bei den folgenden Abzweigungen führt H1 nach rechts und erreicht vor dem **Schäferhof-Café** 3 die Hunte. Auf dem Rückweg folgen wir dem Deichweg rechts entlang der Hunte südwärts Richtung Nierhüsen (3,6 km). Bei einem **Rastplatz** 4 an der Bornbach-Mündung führt H1 rechts um einen Teich herum – jetzt zusammen mit dem Terra-Track und H2 bis zur Straßenbrücke. Dort links über die Hunte und 150 m entlang der Straße (Hüntlingweg), dann zweimal sich rechts haltend zur **Römerbrücke** 5. Anders als der Name vermuten lässt, ist die steinerne Römerbrücke ein Relikt der spätmittelalterlichen ansonsten zerstörten Hunteburg. Hinter der Brücke informieren bei einem Parkplatz Tafeln über die Wanderwege. Wir folgen weiter dem Weg rechts neben der Hunte südwärts, an der nächsten Straßenbrücke nach rechts (An der Lamert) und in den Ort, dort links in die Kirchenstraße und rechts vorbei an der Heilige-Dreifaltigkeits-Kirche wie auf dem Hinweg zurück zur **St.-Matthäus-Kirche** 1.

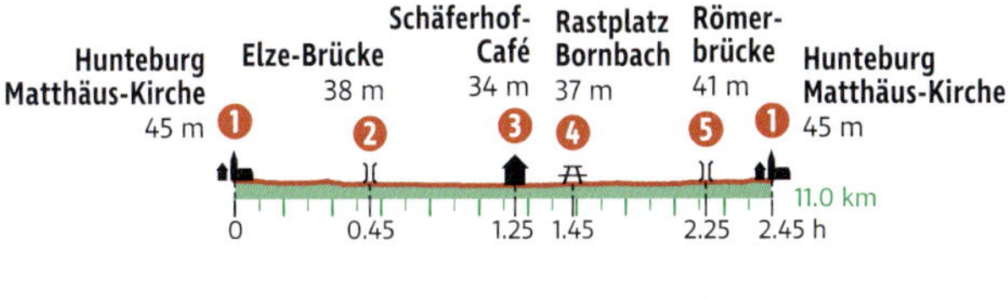

↗ 30 m | ↘ 30 m | 17,9 km

26 Dümmer

4.30 h

Rundwanderung um den zweitgrößten See Niedersachsens

Der Dümmer in der Diepholzer Moorniederung entstand vermutlich aus weichseleiszeitlichen Eislinsen und erreichte nach starken Schrumpfungen in den letzten Jahrtausenden seine heutige Größe von rund 16 km² – etwa ein Zehntel der ehemaligen Größe. Die Rundwanderung führt über den Deich des von der Hunte durchflossenen Sees, 1942–53 zum Hochwasserschutz angelegt, anfangs unter Mitwirkung russischer Kriegsgefangener. Der einst infolge Moor-Mineralisierung und Massentierhaltung stark überdüngte Dümmer wurde seit den 1980er-Jahren saniert und bietet seitdem wieder naturnahe Uferzonen als Naturparadies mit mehr als 250 Vogelarten, darunter Fischadler. Auch Biberspuren wurden neuerdings mehrfach gesichtet.

Ausgangspunkt: Lembruch am Westufer des Sees, 37 m, mit ÖPNV-Anschluss mit mehreren Parkgelegenheiten etwas landeinwärts nördlich der Seestraße (Navi: An Rönnekers Hof, 49459 Lembruch), alternativ Parkplätze am Olgahafen in Dümmerlohausen (Navi: Dümmerstraße 41, 49401 Damme) oder Wanderparkplatz am Südufer bei Hüde.
ÖPNV: Bushaltestellen Lembruch-Börger und -Seeschlösschen 0,5 km östlich von ❶ und Hüde-Offerhaus 0,7 km östlich von ❸, alle mit überregionaler Linie 129 Richtung Diepholz- und Lemförde-Bahnhof mit Regionalbahnanschluss nach Osnabrück (Mo.–Fr. mehrmals täglich), www.dh-bus.de. Außerdem im Sommerhalbjahr sonntags Freizeitbus 200 von/nach Osnabrück, www.freizeitbus.com. Von den Haltestellen westwärts in etwa 10 Minuten zum See, am schönsten ist der Zubringer ab Haltestelle Lembruch-Börger; von dort 50 m südlich und rechts am Bach Grawiede entlang südwestwärts zum Seeufer. Der nächste Bahnhof ist Lemförde, etwa 3 km südlich von Hüde.
Anforderungen: Am West- und Südufer oft naturbelassene Wege und Waldpfade, am Ostufer großteils fahrradgeeignete gepflasterte Wege.
Markierung: Wegweiser mit Entfernungsangaben, im Südwesten Naturerlebnispfad Dümmer am Westufer Ems-Hase-Hunte-Else-Weg mit weißem Punkt auf schwarzem Grund.
Einkehr: Ufer am Marissa-Ferienpark, Hüde, Olgahafen, Lembruch.
Variante: Schleife (zzgl. 1,6 km) im Süden auf dem südlichen Teil des Naturerlebnispfades Dümmer zur Naturschutzstation (→ Tipp) und dem vierstöckigen Aussichtsturm Ochsenmoor; dazu nach Hüde dem Wegweiser vor dem Rechtsschwenk links folgen.
Kombi-Tipp: Von ❺ in 3,2 km auf Radweg zum Schäferhof-Café, dem Wendepunkt von Tour 25.
Tipps: 1. Dümmer-Museum nahe ❶ in Lembruch (Sommerhalbjahr Di.–So. 10–10 Uhr) zur Natur und Besiedlung am See, www.duemmer-museum.de.
2. Naturschutzstation Dümmer mit informativer Ausstellungsdiele (außerhalb Pandemiezeiten täglich 10–18 Uhr) südlich vom Dümmer (→ Variante). Über Naturschutzprojekte am Dümmer informiert zudem die sehr informative Website www.naturschutzring-duemmer.de.
3. Badestellen in Lembruch und Hüde. Aber Achtung: Wie bei vielen Flachseen kann das Baden im gemittelt nur 1 m tiefen Dümmer in heißen Sommern durch Blaualgenblüte beeinträchtigt werden.

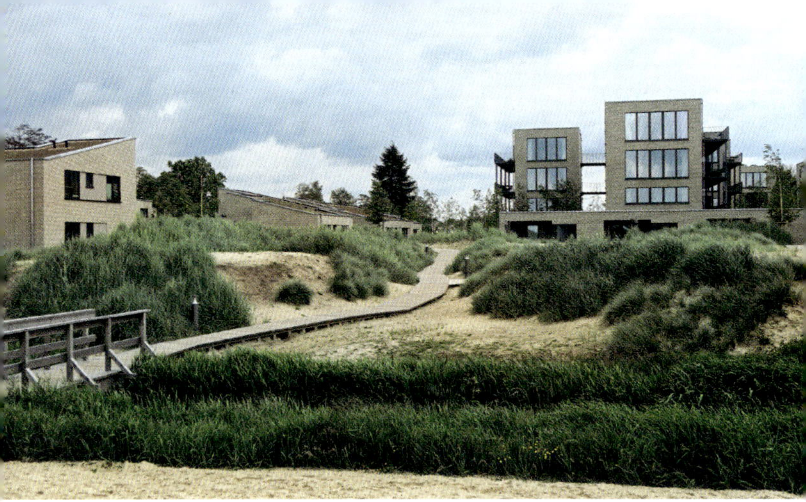

In einer Dünenlandschaft stehen die neuen Häuser des Ferienparks Marissa.

Lembruch ❶ ist das touristische Zentrum des Dümmers mit Häfen, Museum, Sandstrand, Campingplätzen und bis 1984 auch Bahnanschluss. Die Rundwanderung beginnt am großen Giebeldachgebäude des Hotels Strandlust, entstanden zur Zeit des großen Tourismus-Booms nach der Dümmer-Eindeichung. Eine Infotafel des Kreises Diepholz zur Badewasserqualität weist auf die Verunreinigung durch Wasservögel hin und damit den Konflikt zwischen Naturschutz und Tourismus am Dümmer. Der in diesem Bereich gut ausgebaute Seerundweg führt Richtung Eiscafé am Entenfang südwärts, vorbei am kleinen Dümmer-Museum neben einem Campingplatz hinaus aus dem Ort und leitet über in den Ende 2021 eröffneten Marissa-Ferienpark mit seinen fast 500 Ferienunterkünften, wo ein Holzsteg rechts zu einer Seesauna führt. Nach 10 Minuten bietet rechts ein 100 m langer **Schilfsteg** ❷ einen guten

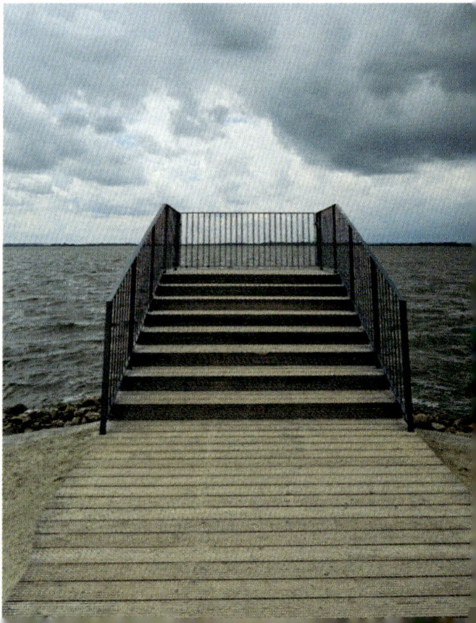

Nach der letzten Eiszeit war der Dümmer zehnmal größer als heute.

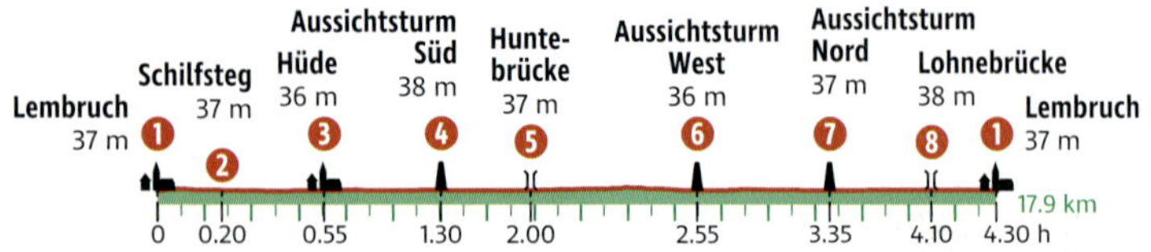
Lembruch
37 m
1
Schilfsteg
37 m
2
Hüde
36 m
3
Aussichtsturm Süd
38 m
4
Hunte-brücke
37 m
5
Aussichtsturm West
36 m
6
Aussichtsturm Nord
37 m
7
Lohnebrücke
38 m
8
Lembruch
37 m
1
17.9 km
0
0.20
0.55
1.30
2.00
2.55
3.35
4.10
4.30 h

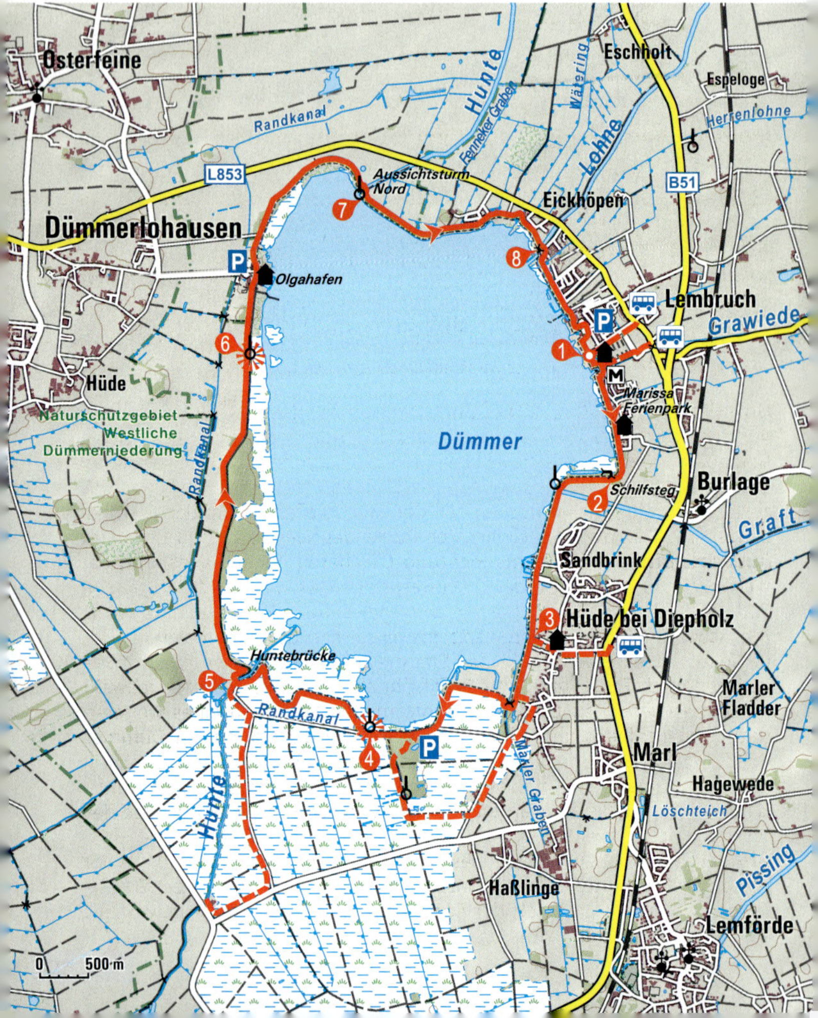
Osterfeine
Randkanal
Hunte
Fenneker Graben
Wätering
Lohne
Eschholt
Espeloge
Herrenlohne
L853
B51
Aussichtsturm Nord
7
Eickhöpen
Dümmerlohausen
P
Olgahafen
8
Lembruch
Grawiede
P
1
M
Marissa Ferienpark
6
Hüde
Naturschutzgebiet Westliche Dümmerniederung
Randkanal
Dümmer
Schilfsteg
2
Burlage
Graft
Sandbrink
3
Hüde bei Diepholz
Huntebrücke
5
Randkanal
4
P
Marler Graben
Marler Fladder
Marl
Hagewede
Löschteich
Hunte
Haßlinge
Pissing
Lemförde
0
500 m

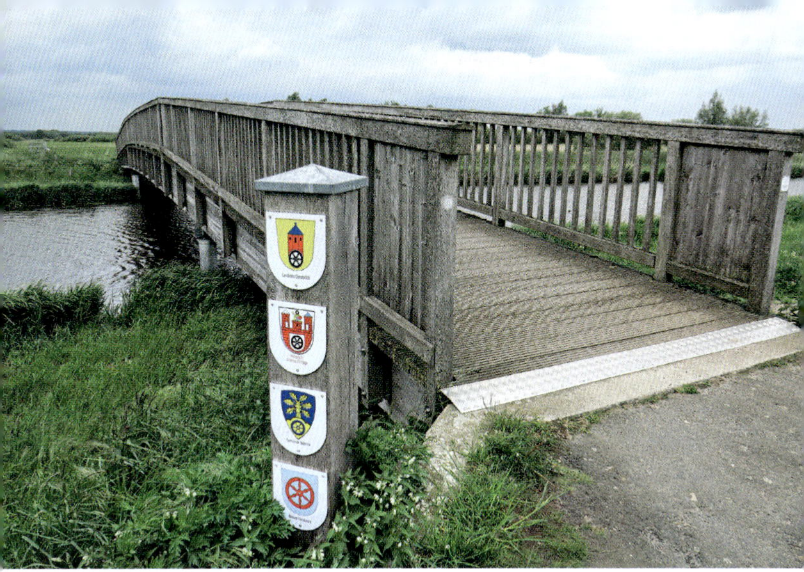

Diese Holzbrücke quert die Hunte vor ihrer Mündung in den Dümmer.

Überblick über die Röhrichtbestände am flachen Ufer und kurz darauf der **Aussichtsturm Ost** über den ganzen See. In **Hüde** ❸ passieren wir weitere Bootshäfen und touristische Anlagen, ehe der Seerundweg über den Marler Graben und nach rechts schwenkt – jetzt auf natürlicherem Wegbelag und zusammen mit dem nördlichen Teil des 13 Infotafeln zählenden Naturerlebnispfads Dümmer. Am südlichsten Punkt des Sees halten wir uns beim **Aussichtsturm Süd** ❹ rechts Richtung Olgahafen (6,1 km) vorbei an der Wegsperre und dem Siel. Der Deichweg schlängelt sich durch das flache Südufer zur Hunte als wichtigstem Dümmer-Zufluss. Rechts über die **Huntebrücke** ❺ und weiter nordwärts, bis hinter den Olgahafen stellenweise begleitet vom weißen Punkt des Ems-Hase-Hunte-Else-Weges. Vom See ist jetzt durch Feuchtgrünland, Schilfröhricht und später Erlenbruchwald weniger zu sehen als zuvor, dafür informieren Stationen eines weiteren Naturerlebnispfades über Flora, Fauna und die Besiedlung am Dümmer. Kurz vor dem Olgahafen bietet der **Aussichtsturm West** ❻ einen Seeblick. Nach dem **Olgahafen** mit Einkehrgelegenheit knickt der Ems-Hase-Hunte-Else-Weg nach links ab, während der Seerundweg um die Nordspitze des Dümmers führt mit dem **Aussichtsturm Nord** ❼ hinter der Hunte, dem einzigem natürlichem Abfluss des Dümmers – anders als die Lohne vor Lembruch, die im 16. Jh. als Entwässerungsgraben des Diepholzer Bruchs angelegt wurde. Kurz nach der **Lohnebrücke** ❽ führt der Rundweg als Uferpromenade zurück zum Ausgangspunkt in **Lembruch** ❶.

↗ 200 m | ↘ 200 m | 12,9 km

27 Dammer Berge

3.30 h

Rundwanderung durch den Wald mit Stadt und See

Zwischen Osnabrück und Vechta erheben sich die Dammer Berge. Der 25 Kilometer lange Höhenzug einer Endmoräne, in der Tourismuswerbung auch »Schweiz des Oldenburger Münsterlandes« tituliert, bietet schöne Wandermöglichkeiten, gekrönt vom Aussichtsturm auf dem Mordkuhlenberg, der Sage nach berüchtigt für eine Räuberbande. Von 1939 bis 1967 wurde in den Dammer Bergen unter Tage Eisenerz abgebaut, woraus der seit 1995 unter Naturschutz stehende Dammer Bergsee resultiert, angelegt 1953 als Klärteich zur Erzwäsche und heute mit mehr als 260 Blütenpflanzen- und Farnsowie 160 Vogelarten ein Naturidyll. Daher darf die Uferzone nicht betreten werden.

Ausgangspunkt: Ortsmitte von Damme, 70 m, beim ZOB mit mehreren Parkplätzen im Zentrum; falls belegt, großer (gebührenfreier) Parkplatz 100 m nordwestlich des ZOB (Navi: Im Stadtmuseum, 49401 Damme), alternativ Wanderparkplätze bei 3 und am Bergsee (Navi: Steinfelder Straße, 49401 Damme).
ÖPNV: Damme-ZOB mit vielen Busverbindungen, darunter Linie X585 Richtung Osnabrück via Wallenhorst (Mo.–Sa. zweistündlich), www.vos.info.
Anforderungen: Leichte Wanderung über Waldwege und -pfade mit gelegentlichem Auf und Ab sowie Fuß- und Radwege in Damme.
Markierung: In den Dammer Bergen ab Wanderparkplatz Weg 32, Knotenpunktsystem zur Orientierung, sonst stellenweise Fernwege Picker- (P), Jakobs- (Jakobsmuschel)- und Ems-Hase-Hunte-Else-Weg (weißer Punkt auf schwarzem Grund).
Einkehr: Damme.
Varianten: Ohne den Zubringer von/nach Damme auf dem Trassenradweg verkürzt sich die Rundwanderung auf 7,8 km, wobei dann auch die Runde um den See weggelassen werden könnte (dann 5,5 km).

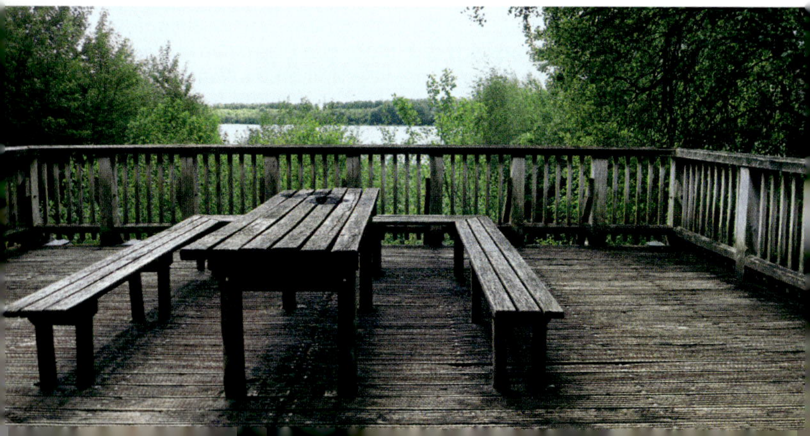

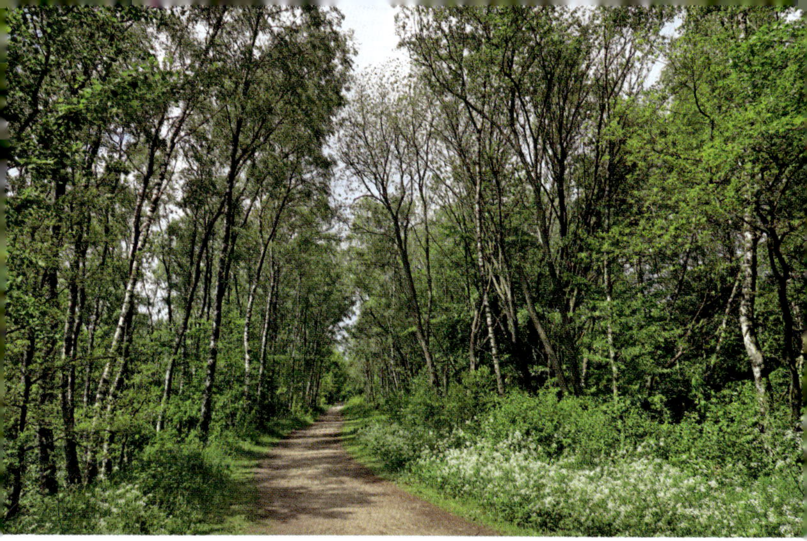

Oben: Der Seerundweg verläuft angenehm durch Wald, bietet aber selten Seeblick.
Links: Die östliche Holzplattform bietet einen guten Blick über den Dammer Bergsee.

Vom **ZOB** in **Damme** ❶ folgen wir der Lindenstraße stadteinwärts und biegen nach 200 m bei der Sparkasse mit der Kunstskulptur nach links in den gepflasterten Fußweg mit Jakobsweg-Markierungen ab. In einem Waldstück stoßen wir auf einen Radweg, der entlang der Trasse einer um 1900 erbauten, 7 km langen Bahnstrecke zwischen Damme und Holdorf führt, auf der bis 1953 Personen- und bis 1993 Güterzüge verkehrten. Der Trassenradweg begleitet uns nordwärts aus Damme heraus Richtung Bergsee, ehe wir 250 m nach Querung der kleinen Straße Bergmark bei grünen Hinweistafeln für eine Abwasserleitung rechts zusammen mit dem Pickerweg (P) den eher unscheinbaren Pfad aufwärts nehmen. Bei dem folgenden Anstieg weist das P den Weg leicht links durch ein Wohngebiet mit Treppenstufen und zuletzt über kleinem Pfad auf den Damm, der den Dammer Bergsee umgibt. Dort gehen wir beim **Knotenpunktschild 96** ❷ geradeaus

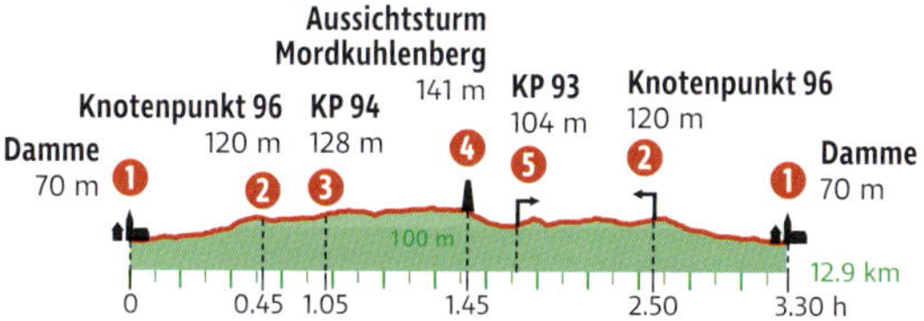

auf dem kleinen Waldpfad links um den See herum – im Falle einer Sperrung links auf dem breiten Seerundweg.
Im Nordosten des Sees nahe Knotenpunkt 97 bietet eine Plattform einen guten Blick auf den Bergsee, dessen Wasserspiegel seit Jahrzehnten sinkt, beschleunigt durch die letzten heißen, trockenen Jahre. Am Nordrand geleitet uns der Seerundweg ostwärts zu **Knotenpunkt 94** ❸ und von dort der Jakobsweg nach links und in einem Rechtsbogen zu einem Wanderparkplatz. Wir queren die Steinfelder Straße und folgen dem gut gekennzeichneten Weg 32 Richtung Bärental durch den Wald: Bei der T-Kreuzung vor einer Junganpflanzung links, nach kurzem Anstieg vor einer weiteren T-Kreuzung Forstweg wieder links und bei der nächsten Gabelung erneut links (immer 32). An der Kreuzung mit einer Schranke nehmen wir rechts den Radweg mit dem Signalberg, 146 m, zur Linken und biegen unterhalb vom Sendemast bei Radknotenpunkt 92 nach rechts auf den Räuberlehrpfad ab zum **Aussichtsturm Mordkuhlenberg** ❹ mit Picknicktischen und Schutzhütte. Der 20 m hohe und ursprünglich 1978 erbaute Turm wurde nach einem Brand in den 1990er-Jahren neu errichtet und 2013 mit Tafeln

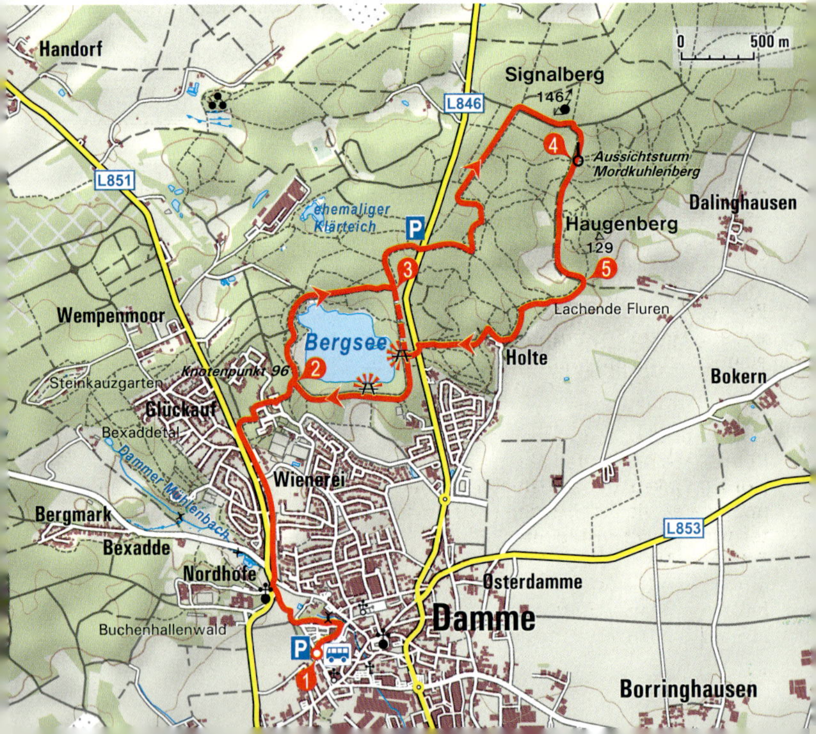

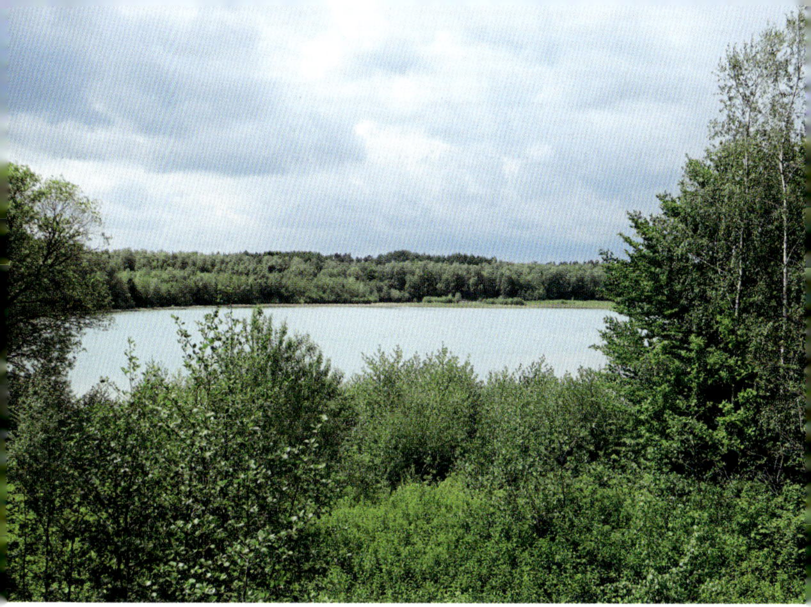

Der heute naturgeschützte Dammer Bergsee entstand im 20. Jahrhundert als Klärteich zur Erzwäsche.

zur Sage »Die Räuber vom Mordkuhlenberg« versehen, dessen Akteure mit den Skulpturen des Räuberlehrpfads dargestellt werden. Vom Turm führt der Hauptweg geradeaus abwärts, stellenweise steiler und ausgewaschen. Die Markierungen mehrerer Fernwege weisen den Weg: P, Jakobsmuschel und weißer Punkt auf schwarzem Grund.

Bei der T-Kreuzung mit einer Schutzhütte folgen wir den Markierungen entlang einem Forstweg und erreichen nach einer Passage am Waldrand eine Kreuzung am **Wanderknotenpunkt 93** ❺: hier scharf rechts auf den Pfad hinauf durch Wald, später tauchen P-Markierungen und gelbe Pfeile auf.

Unten im Tal gehen wir bei einer Kreuzung nach links (gelber Pfeil, später P), während rechts Weg 32 Richtung Bärental abzweigt. Wir passieren einen Hof zur Linken, gehen dahinter bei der T-Kreuzung links, Stufen hinunter und queren die Zufahrt zum Haus (immer P, JW). Am Wanderparkplatz halten wir uns kurz links, queren die Straße und nehmen den Pfad ostwärts zur östlichen Aussichtsplattform am Bergsee. Im Uhrzeigersinn führt der gut ausgebaute Dammweg links um den See wieder zurück zur vom Hinweg bekannten Gabelung **Knotenpunkt 96** ❷ im Südwesten des Sees und dort abwärts auf bekanntem Weg zurück nach **Damme** ❶.

↗ 40 m | ↘ 40 m | 3,3 km

28 Gattberg

1.00 h

Kurze Rundwanderung bei Belm zum Butterstein

Zwischen Belm und dem Nettetal erhebt sich der 127 Meter hohe Gattberg mit einem ausgedehnten Feld großer Gesteinsbrocken, darunter gewaltigen Granitfindlingen Saale-eiszeitlicher Gletscher – der größte ist der mehr als 40 Tonnen schwere und vor mehr als 120.000 Jahren abgelagerte Butterstein, in historischer Zeit genutzt als germanischer Gerichtsplatz. Im Vergleich zu den geologischen Zeiträumen nimmt sich der fast 100 Jahre lange Status als Naturschutzgebiet zwar bescheiden aus, das Steinerne Meer am Gattberg gilt aber mit dem Gründungsjahr 1924 als zweitältestes Schutzgebiet des Landes Niedersachsen.

Ausgangspunkt: Wanderparkplatz Gattberg, 130 m (Navi: Icker Landstraße in 49191 Belm).
ÖPNV: Bushaltestelle Belm-Hof Eistrup an Landstraße 300 m südlich von 1 mit günstigen Umsteigeverbindungen Richtung Osnabrück (Mo. – Sa. stündlich), alternativ Haltestelle Belm-Up de Heede mit Linie M4 und 1,8 km langem Zubringer aus Belm zu 2 (täglich alle 20 – 30 Minuten), www.vos.info; von der Haltestelle im Wohngebiet nordwärts entlang Up de Heede, am Ende rechts (Bremer Straße), nach 5 Minuten links (Im Gattberg), unter Bahn und Autobahn (AB) hindurch, 5 Minuten nach AB bei Kreuzung links und nach weiteren 5 Minuten rechts; nach 250 m wird die Route kurz vor 2 erreicht.
Anforderungen: Leichte Wanderung über Waldwege und -pfade, zuweilen durch Baumwurzeln etwas holperig.
Markierung: Großteils Terra-Track Gattberg (T) sowie stellenweise DiVa-Walk (blau-orange) und Mühlenweg M) sowie gelbe Punkte.
Einkehr: Keine.
Kombi-Tipp: Verlängerungsmöglichkeit mit Tour 22 als Streckentour von/nach Ostercappeln.
Varianten: 1. Abkürzung bei Kreuzung kurz nach 2 geradeaus über den Gattberg zu 4 (gesamt 2,4 km);
2. Verlängerung mit 1 km langer Extrarunde ab 3 durch Felder mit Waldstreifen, markiert mit blauem T.

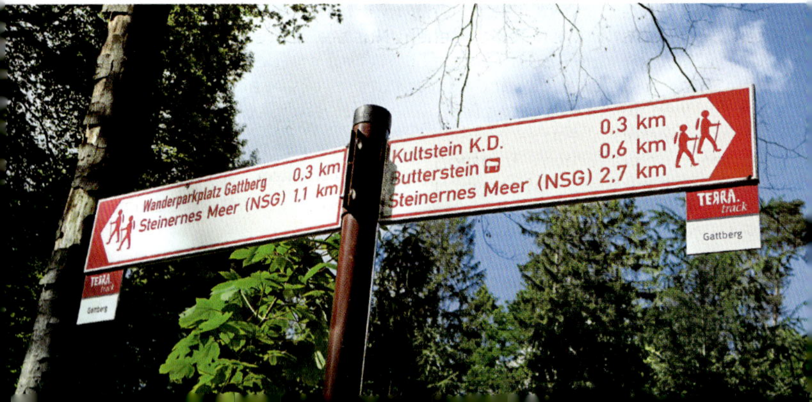

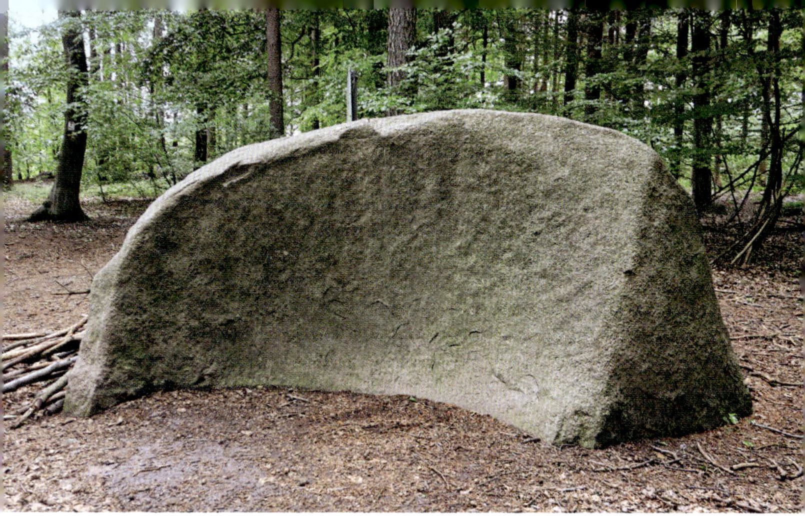

Oben: Ohne markante Ecken und Kanten ragt der rund 50 Tonnen schwere Butterstein aus dem Erdreich.
Links: Eine fast lückenlose Beschilderung lässt kaum Zweifel über die Wegführung zu.

Vom **Wanderparkplatz Gattberg** ❶ führt der mit einem T markierte TerraTrack u.a. Richtung Kultstein (0,3 km) und Butterstein (0,9 km) in den Wald und nach einer lang geschwungenen Linkskurve mit Kreuzung (geradeaus Richtung Butterberg 0,3 km) rechts an einem Findling mit kultischen Einmeißelungen und einem dahinterliegenden bronzezeitlichen Hügelgrab vorbei und in wenigen Minuten zum **Butterstein** ❷. Auf einer Infotafel wird dessen Gewicht auf 70 t (1400 Zentner) geschätzt, Fachliteratur gibt angesichts des vermuteten Volumens von 16,4 m^3 »nur« 42 t an (Geologie und Paläontologie in Westfalen, Heft 66) – aber immer noch beachtlich! Vom Butterstein, einem mittelkörnig-rötlichen Granit mit rekristallisierten Quarzen, ist nur ein Teil zu sehen: Nur der obere Abschnitt (1,40 m) des vermutlich rund 3,50 m langen Steins ragt aus der Erde. Den Namen »Butterstein« verdankt der Findling vermutlich seiner kanten- und eckenlosen weichen fließenden Form. Die Zurundung beruht auf der schleifenden Gletscherwirkung beim jahrtausendelangen eiszeitlichen Transport aus Skandinavien. Fantasievoller erzählt folgende Sage die Namensherkunft: Danach soll sich der unauffällig verkleidete Teufel auf dem Markt mit einer Butterverkäuferin gestritten haben, nachdem dieser

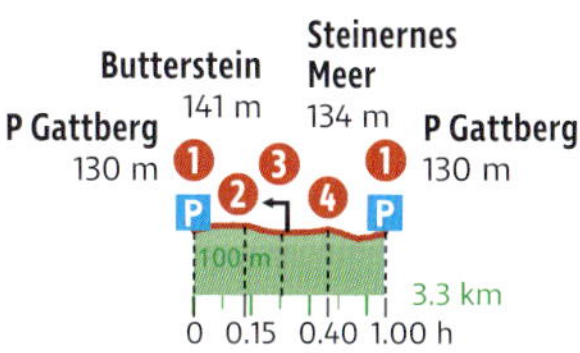

Im Frühjahr schmücken Pilze wie die Schmetterlings-Tramete so manchen Baumstamm.

ein Stück Butter probiert hatte. Der Teufel wollte den Preis für die angeblich minderwertige Butter drücken und soll daraufhin die nicht genügend verhandlungsbereite Frau samt Butterstück in einen Stein verwandelt haben – wo die versteinerte Verkäuferin steht, ist unbekannt.

Nach dem Butterstein schwingt sich der Terra-Track nach links und führt bei einer Kreuzung nach rechts, verlässt den Wald und folgt kurz darauf bei der **Abzweigung der Extrarunde 3** der kleinen Straße (Im Gattberg) nach links nordwärts. Nach 250 m biegen wir erneut nach links ab und erreichen kurz darauf wieder den Wald. Dort nach 200 m links und nach 50 m rechts (T, gelber Punkt).

Kurz darauf erreichen wir eine Abzweigung am **Steinernen Meer 4**, benannt nach den zahlreichen Findlingen an dieser Stelle. Hier wendet sich T nach links (u. a. Richtung Wanderparkplatz Gattberg 1,6 km) und führt durch Wald vorbei am Steinhauerplatz, wo einst die Findlinge gesprengt und bearbeitet wurden. An einem Findling kann man noch die gebohrten Sprenglöcher erkennen. Nach einer Rechtsabzweigung nähern wir uns am Waldrand westwärts einer kleinen Straße (Boltenweg), die uns zuletzt links zurück zum **Wanderparkplatz Gattberg 1** führt.

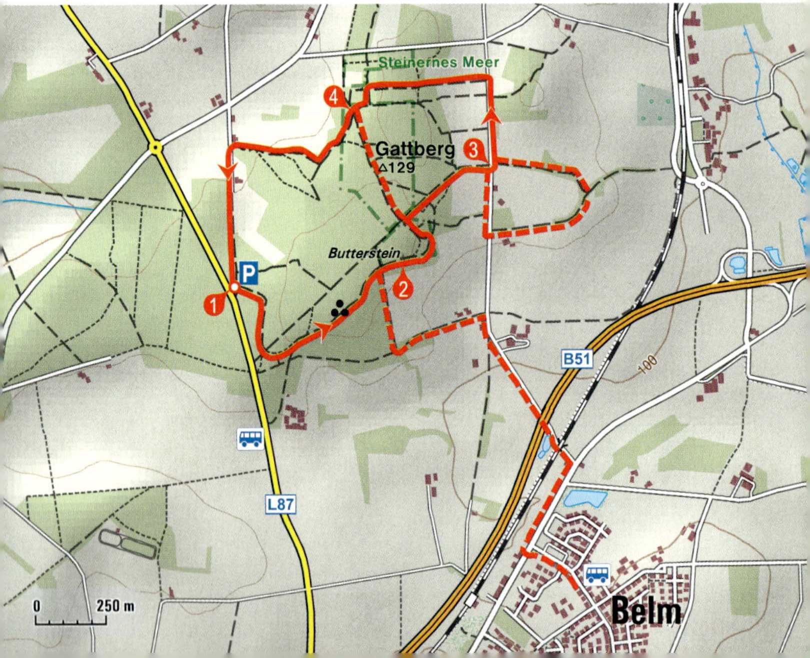

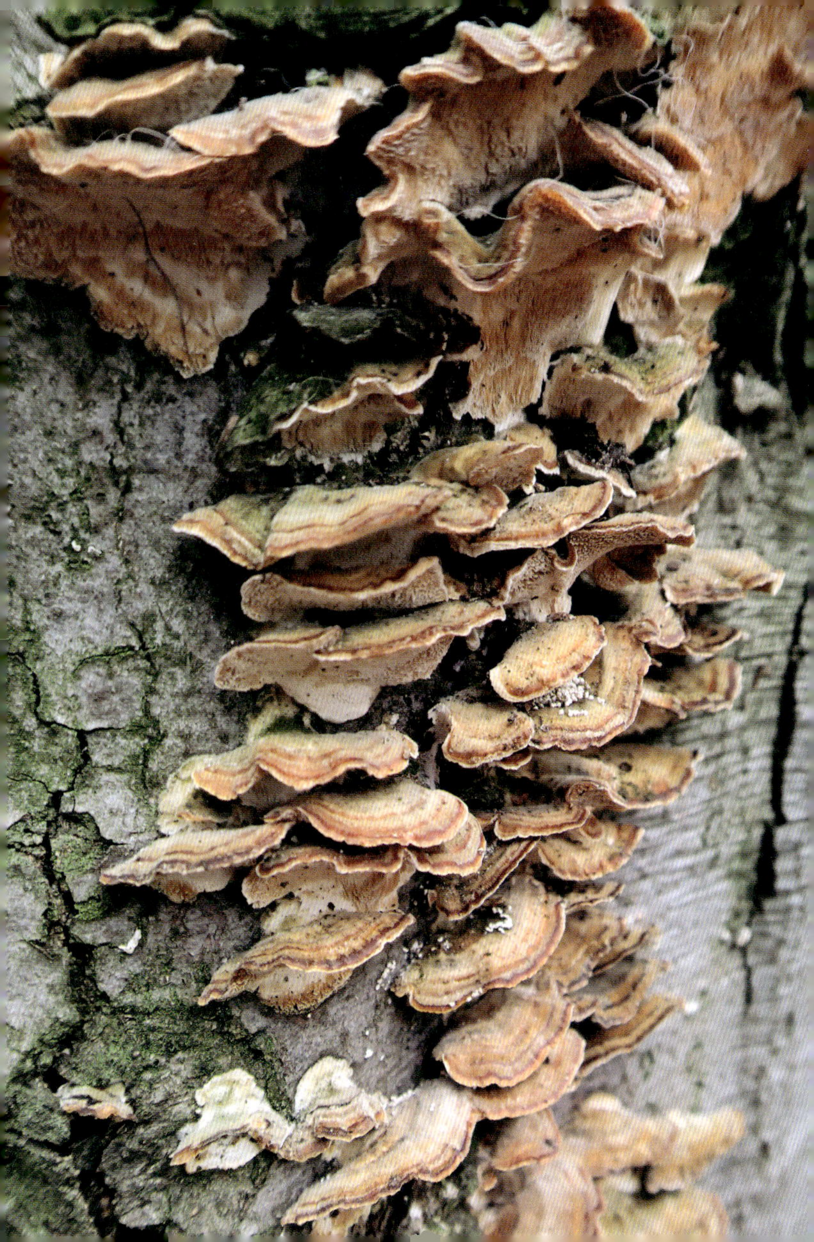

↗ 150 m | ↘ 150 m | 10,9 km

29 Haste und Nettetal

2.45 h

Wald, Wassermühlen und Wittekindsburg

Die Nette als Zufluss der Hase im Nordosten von Osnabrück hat kein großes Gefälle, aber ein ausreichendes für den Betrieb von Wassermühlen. Bei einer beginnt die Wanderung, eine andere bildet zusammen mit der Wittekindsburg deren Wendepunkt. Die beiden gehen vermutlich auf die Zeit Karls des Großen zurück. Ein besonders schöner Abschnitt durch das Nettetal gehört zu den landschaftlichen Höhepunkten der Region, daher verlaufen dort auch zahlreiche Wanderrouten: DiVa-Walk, Hünen- Mühlen- und Jakobsweg.

Ausgangspunkt: Nackte Mühle in Osnabrück-Haste, 80 m, mit Parkplatz am gegenüberliegenden Supermarkt (Navi: Östringer Weg 13, 49090 Osnabrück), alternativ Wanderparkplatz Bramheide ❻.
ÖPNV: Bushaltestellen Östringer Weg 150 m nordwestlich von ❶ und Warnemünder Straße u.a. mit Linie M1 Haste-Düstrup mit Verbindungen vom/zum Zentrum via Altstadtbahnhof (alle 10 – 30 Minuten), www.vos.info.
Anforderungen: Leichte Rundwanderung mit wenigen An- und Abstiegen auf gut befestigten Pfaden, Forstwegen und kürzere Abschnitte auf kleineren Straßen, zwischen ❷ und ❸ kann der Weg leicht überwuchert sein (Umgehung → Variante).
Markierung: Anfangs keine, später DiVa-Walk (DW) mit blau-orangem Logo, Mühlen- (M) und Hünenweg (H), TerraTrack Nettetal (T).
Einkehr: Bistro am Forellenhof Nettetal (So. und Mo. geschlossen), ggf. Gasthof Knollmeyer's Mühle (zuletzt nur Sommermonate), Gewerbegebiet bei Nackter Mühle.
Variante: 1. Zum Umgehen (zzgl. 0,5 km) einer möglicherweise leicht überwucherten Stelle nach ❷ ab der Kreuzung links auf Mühlenweg (M) zur Fachklinik vor den Forellenteichen.
2. Hälftige Unterteilung der Tour durch 0,8 km langen Verbindungsweg über die Nette zwischen ❸ und ❼ entlang Hünenweg- und Jakobsweg.
3. Verlängerung der Tour auf Uferwegen ab Ausgangs-/Endpunkt durch zusätzliche Runde an der Nette flussabwärts (zzgl. 2 km): ab ❶ auf Hünenweg Richtung Osnabrück, nach dem Nettebad rechts über die Nette und auf der anderen Flussseite zurück.
Kombi-Tipp: Anfang von Tour 30 als Zubringer vom Altstadtbahnhof (4,5 km).

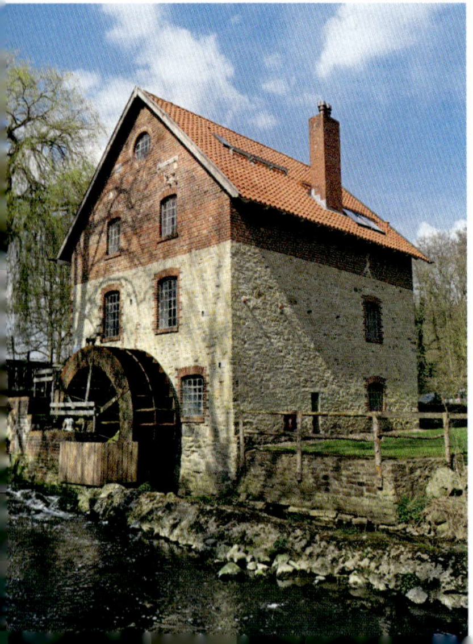

Die Wassermühle Knollmeyer ist bis heute in Betrieb.

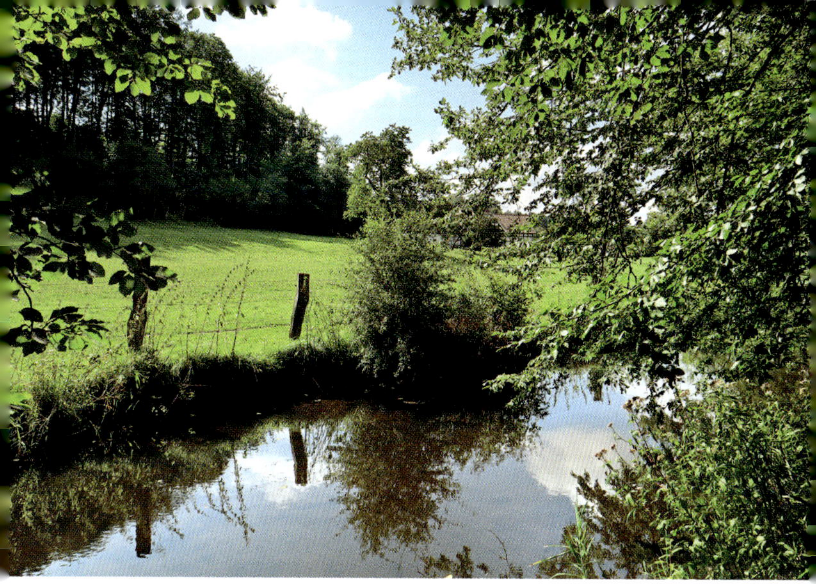

Idyllisch bahnt sich die Nette ihren Weg durch das Osnabrücker Land, hier hinter dem Forellenhof.

Die **Nackte Mühle** ❶ verdankt ihren Namen vermutlich der einst baum- und bautenfreien, also »nackten« Landschaft. Der Betrieb der Getreide- und Sägemühle wurde 1967 eingestellt, heute dient die Anlage als ökologischer Lernort und erzeugt umweltfreundlichen Wasserkraftstrom. Von der Mühle gehen wir kurz entlang dem Östringer Weg Richtung Nordosten und zweigen nach wenigen Metern links in die Rostocker Straße ab. In einer Straßenkurve geradeaus in Fußweg Richtung Warnemünder Straße, an Wohnblocks vorbei und sich rechts haltend zwischen Hecken zur Warnemünder Straße. An deren Ende links (Ruller Weg) und nach 50 m rechts (Verkehrsverbot). Der bald teils geteerte Fußweg – ein Kreuzweg – führt zunächst geradeaus zwischen Waldrand und Zäunen aufwärts und kurz darauf in den Wald. Bei einer Kreuzung folgen wir den Fernwanderwegen (M) nach rechts in den Mischwald und nach einer Straßenquerung und Schranke am **Haster Berg** ❷ geradeaus dem Forstweg (M, O).
Nach 5 Minuten nehmen wir bei einer Kreuzung den kleinen Weg geradeaus (alte O-Markierung) durch Buchen-Mischwald in leichtem Auf und Ab, stellenweise kann der Weg etwas überwuchert sein mit Brennnesseln und Brombeeren – eine Umgehung wäre links auf dem Mühlenweg möglich (→ Variante 1). Bei der Fachklinik Nettetal folgen wir zusammen mit dem von links einmündenden Mühlenweg der Straße rechts abwärts zum

Forellenhof ❸ mit Einkehrgelegenheit. Hinter dem Forellenhof schwenkt der Weg Richung Wittekindsburg nach links zunächst entlang der Nette und verläuft später etwas oberhalb vom Fluss durch Buchenwald. Eine schöne Passage, weshalb viele Markierungen den Weg säumen: M, H. T sowie gelegentlich die Jakobsmuschel. Mit Wasserrauschen kündigt sich **Knollmeyer's Mühle** ❹ an. Die noch funktionsfähige Wassermühle mit Ursprüngen bis möglicherweise aus der Zeit Karl des Großen wurde in den 1980er-Jahren und 2008 saniert und ist heute für Vollkornmehle im Einsatz. Das Gelände stand 2022 zum Verkauf, Zukunft ungewiss. Bei der Mühle queren wir die Nette, den Parkplatz, dahinter die Straße und folgen dem Weg Richtung Wittekindsburg und bei einer T-Kreuzung rechts aufwärts (u.a. M, DW). An der folgenden Kreuzung bietet sich nach links ein Abstecher an zur Wittekindsburg (0,2 km) mit noch erkennbaren Grundmauern. Die strategisch günstig auf einem Bergsporn des Wiehengebirges gelegene **Wittekindsburg** ❺ geht zurück auf das frühe Mittelalter zur Zeit Karls des Großen und diente möglicherweise als sächsische Fluchtburg. Nach einer Sage soll sich hier Herzog Widukind nach den verlorenen Sachsenkriegen versteckt haben. Tatsächlich gibt es mehrere Wittekindsburgen in der Umgebung mit ähnlichem Anspruch, daher ist der Wahrheitsgehalt der Sage fraglich. Beeindruckend ist auf jeden Fall die Größe der Burg als größtes frühmittelalterliches Festungswerk in Niedersachsen: Auf einer Fläche von 16 ha schützten Wälle, Gräben und Mauern die Haupt- und Vorburgen.

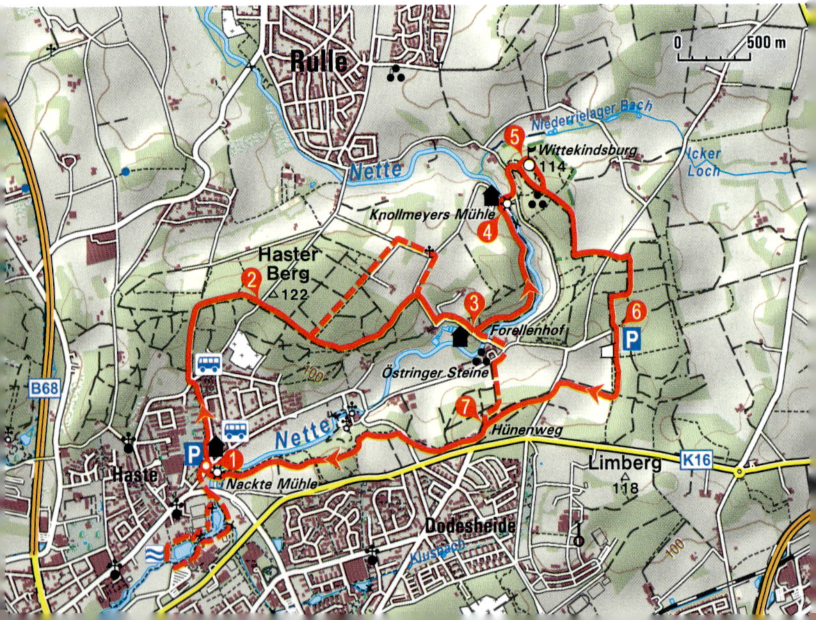

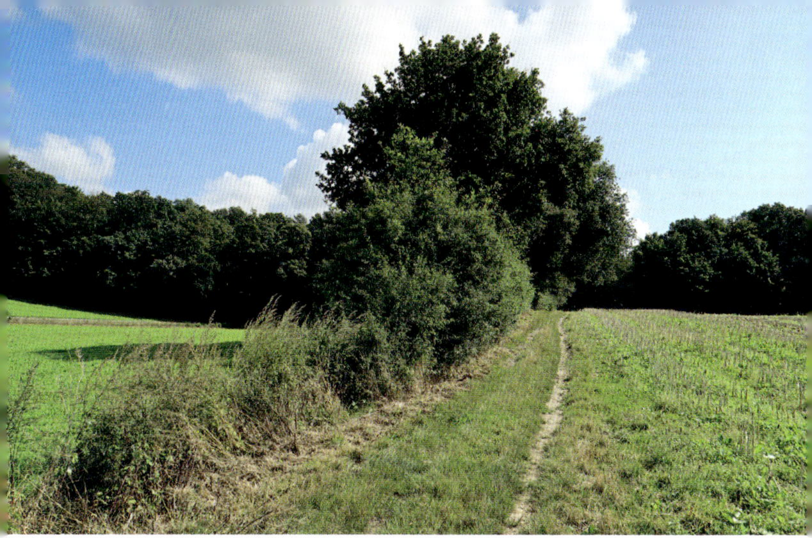

Feldweg oberhalb der Nette bei Bramheide.

Wir wandern wieder zurück zur Kreuzung und folgen dort DW und M nach links Richtung Belm (7,8 km). 200 m nach einer Straßenquerung gabelt sich der Weg: DW verabschiedet sich nach links, wir gehen rechts (M) über kleine Pfade durch den Wald und mit gelegentlichen Lichtungen.
Nach dem **Wanderparkplatz Bramheide** 6 ändert sich die Szenerie und vom Waldrand bietet sich nach rechts ein schöner Blick auf das Nettetal.
5 Minuten nach einer Schutzhütte verlassen wir M bei einer T-Kreuzung und folgen rechts dem Feldweg am Baumwall entlang und durch Felder zur Straße. Dort für 100 m links, dann rechts auf steinigem Weg in einen jungen Wald und nach weiteren 100 m bei einer Gabelung rechts. Nach 10 Minuten erreichen wir bei einem Haus den **Hünenweg** 7, der uns bis zum Ziel begleiten wird: links am Haus vorbei und am Waldrand entlang. Unten im Tal liegt das Kloster Nette der Missionsschwestern vom heiligen Namen Mariens. Durch Buchenwälder und später am Waldrand geht es wieder zur Nette mit der auf das Mittelalter zurückgehenden **Nackten Mühle** 1.

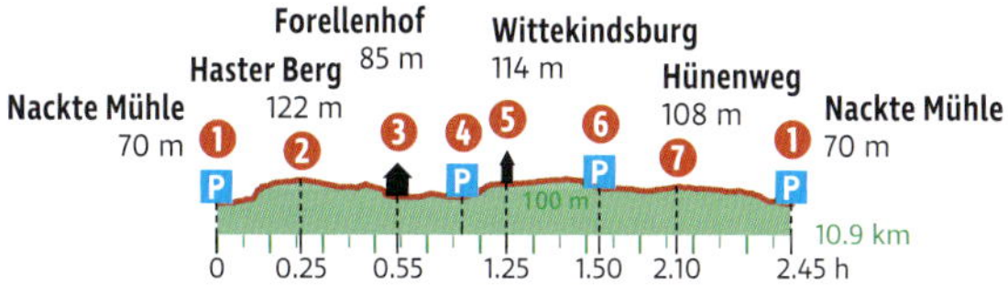

TOP

30 Osnabrück – Rulle

↗ 180 m | ↘ 160 m | 14,5 km

3.45 h

Auf dem Hünenweg durch das Nettetal

Der 2021 auf 324 Kilometer in das niederländische Groningen verlängerte Fernwanderweg Hünenweg folgt in seiner ersten Etappe von Osnabrück dem Tal der mäandernden Nette vorbei an zwei früheren Wassermühlen und jungsteinzeitlichen Großsteingräbern. Unsere dazu leicht abgewandelte Streckenwanderung führt großteils entlang dem Hünenweg und endet in Rulle, bekannt für seine Wallfahrtskirche.

Ausgangspunkt: Osnabrück-Hauptbahnhof, 75 m, mit (gebührenpflichtigem) Parkhaus Bahnhofsgarage (Navi: Theodor-Heuss-Platz, 49074 Osnabrück), alternativ Parkplatz am Nettebad (Navi: Im Haseesch 6 – 2, 49090 Osnabrück).
Endpunkt: Ortsmitte von Rulle, 95 m, östlich von der Wallfahrtskirche mit Parkgelegenheit (Navi: Klosterstraße, 49134 Wallenhorst).
ÖPNV: Zwischen dem Ausgangs- (Osnabrück Hbf.) und dem Endpunkt (Rulle-Apotheke) verkehrt täglich stündlich Buslinie 533 mit Haltestellen entlang der Strecke, etwa Nettebad, Saßnitzer Straße, Rulle-Wittekindsburg und -An der Nette, www.vos.info. Die Wanderung passiert außerdem den Regionalbahnhof Osnabrück-Altstadt, nahe ❷, der sich als Einstieg anbietet, wenn man mit Tour 31 verlängern möchte (→ Kombi-Tipp).
Anforderungen: Leichte Wanderung über gut ausgebaute Wege und Pfade durch Wald, Parks, entlang der Nette sowie am Start und Ziel Straßen.
Markierung: Fast durchgehend Hünenweg (H), großteils auch E11, Jakobsweg (Pilgermuschel), stellenweise Wittekinds- (W), Pickerweg (P, rot-weiß) sowie DiVa-Walk (blau-oranges Logo).
Einkehr: Gewerbegebiet vor Nackter Mühle, Bistro am Forellenhof Nettetal (So. und Mo. geschlossen), Gasthof Knollmeyers Mühle (zuletzt nur Sommermonate; Zukunft ungewiss wegen geplanten Verkaufs), Rulle.
Variante: Abstecher zur Wittekindsburg ab ❻ wie in Tour 29 beschrieben (hin und zurück 1,6 km).
Kombi-Tipp: Verlängerung mit Tour 31 zu insgesamt 32 km langer Etappe zwischen Osnabrück und Bramsche (ab Regionalbahnhof Osnabrück Altstadt 2 km kürzer).
Tipp: Nettebad (täglich), www.nettebad.de.

Während der Hünenweg regulär am Historischen Rathaus Osnabrücks beginnt, starten wir aus praktischen Gründen am **Hauptbahnhof Osnabrück** ❶ und gehen zunächst – bis kurz vor den Dom – denselben Weg wie bei Tour 50 (siehe dort) auf schönem Weg neben und über die Hase. Südlich vom Dom schwenken wir nach rechts und vor der »Hexengang« genannten tunnelartigen Gasse noch einmal nach rechts, queren jetzt zusammen mit dem Hünenweg noch einmal die Hase und folgen ihr links vorbei am spätmittelalterlichen **Pernickelturm** ❷ mit dem Altstadtbahnhof Osnabrück rechts jenseits der Straße. 100 m nach dem Turm gehen wir links über die Straße und kurz darauf rechts unter den Bahngleisen hindurch. H schwenkt nach der Bahnbrücke nach rechts, kurz darauf links aufwärts zum Gertru-

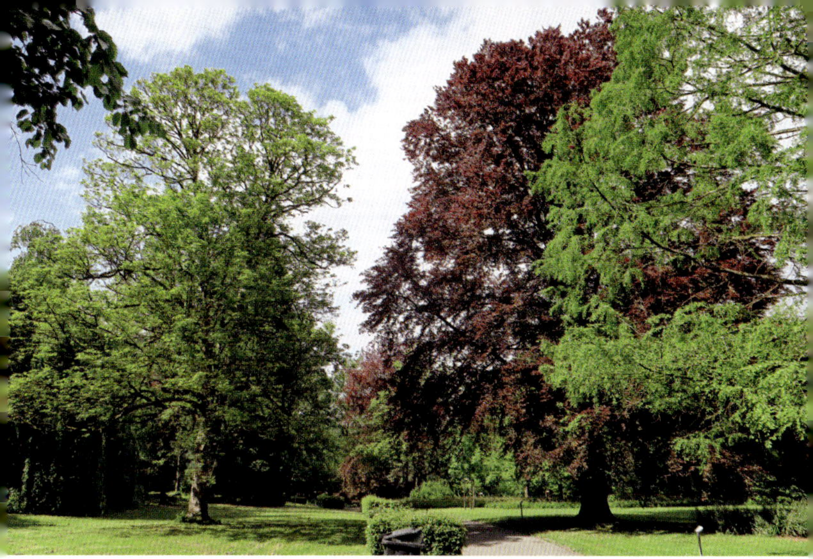

Der Osnabrücker Bürgerpark entstand im 19. Jahrhundert auf Initiative des Verschönerungsvereins.

denberg und vor der Gertrudenkiche links durch eine Allee neben der Mauer. Rechts ist die Gertrudenkirche erkennbar, früher die Kirche eines im 12. Jh. gegründeten Benediktinerklosters, das 1803 unter Napoleon aufgelöst wurde. Das Gotteshaus wird heute als Simultankirche von verschiedenen Konfessionen genutzt. An der Orgel soll einst der 1898 in Osnabrück geborene Schriftsteller Erich Maria Remarque nach der Rückkehr aus dem Ersten Weltkrieg gespielt haben.
Im Anschluss an die Allee geht es duch mehrere Grünanlagen: Erst durch das nach dem Park-Mitbegründer benannte Wagner-Tor in den **Bürgerpark** und nach Querung der Süntelstraße auf den **Hasefriedhof** 3, angelegt zu napoleonischen Zeiten, als innerstädtische Bestattungen verboten waren. Hinter der achteckigen neoromanischen Friedhofskapelle aus dem Jahr 1866 führt der Hünenweg nach rechts, dann nordwärts über das Friedhofsgelände und schwenkt an dessen Ende nach rechts. Hier verlassen wir den länger über Straßen verlaufenden Hünenweg und folgen stattdessen auf schönerem Verlauf dem rot-weiß markierten Pickerweg geradeaus, durch den Nordausgang des Friedhofs und nach Querung der Kornstraße durch weitere Grünanlagen.
100 m nach einem Spielplatz und der Querung der Erzbergstraße führt der von rechts einmündende H durch eine Kleingartenanlage und an deren Ende links entlang der Vehrter Landstraße, ehe uns 100 m später rechts

ein Radweg entlang der Nette aufnimmt. Um der Nette möglichst nahe zu bleiben, verlassen wir den Radweg und damit H nach 10 Minuten hinter einer Mauer links auf einem abzweigenden Pfad, der sich der Nette zuwendet und flussnah am Feldrand zur Nettebrücke vor dem Schwimmbad führt (falls Weg nicht zugänglich, weiter entlang H).
Bei der Brücke vor dem Nettebad queren wir die Straße und folgen H geradeaus am Fluss entlang mit rechts dem **Nettebad** ❹. Bei der folgenden Querstraße links über die Nette und gleich darauf rechts. H schwenkt vor dem Parkplatz eines Supermarkts nach rechts und quert bei der **Nackten Mühle** ❺ (Info → Tour 29) erneut die Nette. Durch das Nettetal sowie ab

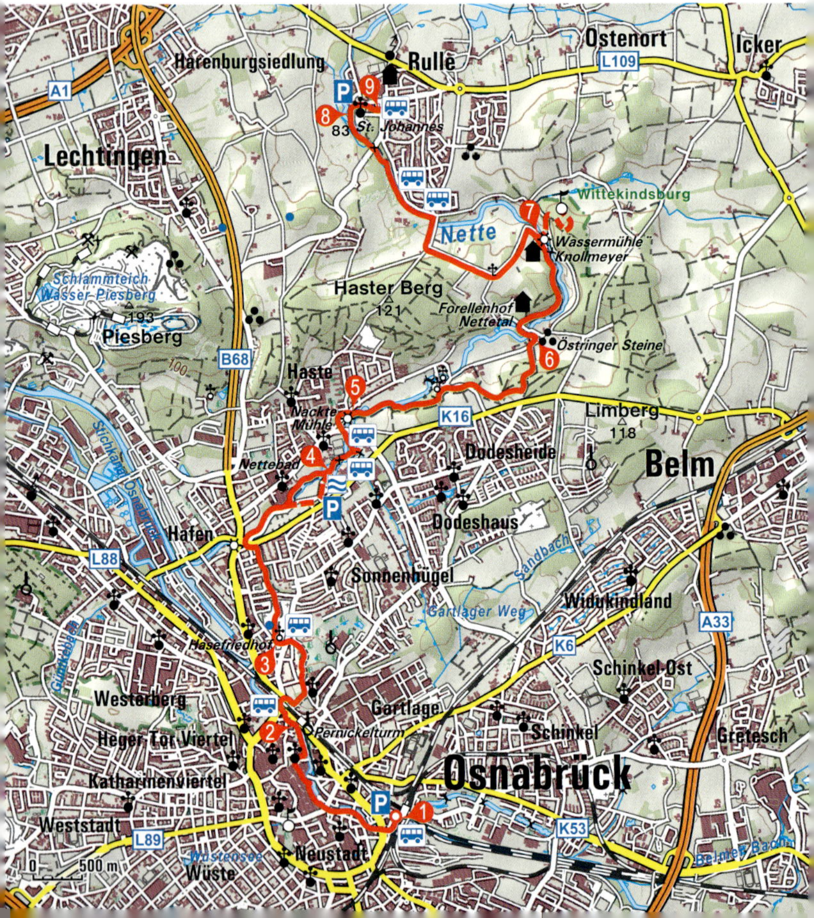

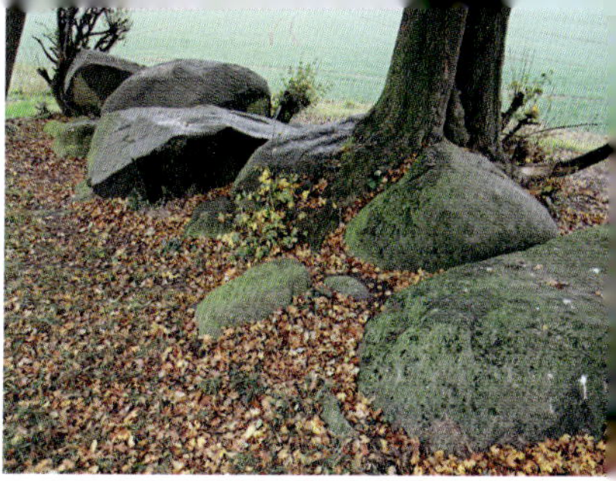

Die Östringer Steine sind die Reste zweier jungsteinzeitlicher Großsteingräber.

dem Kloster Nette (→ Tour 29) führt H etwas weiter aufwärts durch Felder und Wälder zu den **Östringer Steinen** 6, zwei stark beschädigten etwa 15 m langen Großsteingräbern aus der jungsteinzeitlichen Trichterbecherkultur. Hinter dem Hof bei den Östringer Steinen schwenkt H nach links und folgt vor dem **Forellenhof** mit Bistro rechts dem gewundenen Fluss auf dessen linker Seite.

Nächstes Zwischenziel ist die **Wassermühle Knollmeyer** 7 mit zuletzt wegen anstehenden Verkaufs nur im Sommer geöffneten Wirtshaus. Hier wäre rechts ein Abstecher zur Wittekindsburg möglich (→ Variante), während wir H geradeaus folgen, der 100 m nach der Mühle nach links schwingt Richtung Haster Berg, um später wieder sich rechts haltend auf kleinen Straßen die Nette zu erreichen. Nach deren Querung bei einem Klärwerk geht es zunächst 0,5 km links entlang der Straße (Am Haupthügel), ehe sich H bei der Bushaltestelle An der Nette links auf einem schönen Fußweg der Nette nähert. 150 nach einer Straßenbrücke zweigt H nach rechts ab, schöner ist aber der Pfad kurz weiter entlang der Nette und links am Friedhof vorbei, ehe wir bei einem Gatter die Anlage des Friedhofs und des ehemaligen Klosters betreten, einer im 13. Jh. gegründeten und 1803 aufgelösten Zisterzienserinnenabtei. Die um 1930 erbaute **Kirche St. Johannes** 8 integriert die ehemalige mittelalterliche Klosterkirche St. Ulrich und ist eine beliebte Wallfahrtskirche dank des »Blutwunders von Rulle« mit Boomzeiten im 15./16. sowie 19. Jh.: Danach wurde am 4. November 1347 auf dem Kirchenaltar gesammelter Gold- und Silberschmuck zusammen mit einer Hostiendose samt Oblaten gestohlen. Kirchgänger entdeckten zwei Wochen später die vom Dieb weggeworfene Dose, deren Oblaten sich rot verfärbt hatten – angeblich ein göttliches Zeichen zur Wesensverwandlung beim Abendmahl.

Zum Zentrum von **Rulle** 9 mit der Bushaltestelle Apotheke halten wir uns beim Friedhofsausgang rechts, kurz darauf links (Am Eichholz) und am Ende noch einmal links (Poststraße).

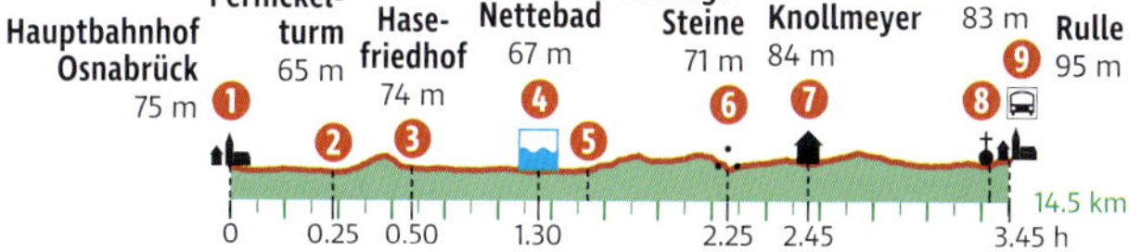

↗ 180 m | ↘ 220 m | 17,8 km

31 Rulle – Bramsche

4.45 h

Wald- und Wasserwanderung auf dem Hünenweg

Zwischen dem Wallfahrtsort Rulle mit seinem ehemaligen Kloster und der alten Tuchmacherstadt Bramsche erhebt sich das westliche Wiehengebirge als natürliche Barriere, das der Hünenweg auf einem Kammweg an der Schleptruper Egge begleitet, ehe er sich zum Stichkanal Osnabrück hinabsenkt und nach Querung des Mittellandkanals entlang der Hase nach Bramsche führt.

Ausgangspunkt: Ortsmitte von Rulle, 95 m, östlich von der Wallfahrtskirche mit Parkgelegenheit (Navi: Klosterstraße, 49134 Wallenhorst).
Endpunkt: Bahnhof Bramsche, 55 m, mit Parkplatz nördlich vom Bahnhof (Navi: Ladestraße, 49565 Bramsche), alternativ Parkplatz im Breuel (Navi: Im Breuel 10, 49565 Bramsche).
ÖPNV: Bushaltestelle Rulle-Apotheke mit u.a. Linien 533 und 14 Richtung Osnabrück Hbf., www.vos.info, mit Bahnanschluss nach/von Bramsche (beide täglich stündlich). Unterwegs Haltestelle Pente-Knapp ❺ mit u.a. Linie 580 Richtung Bramsche (Mo.–Sa. stündlich).
Anforderungen: Leichte Wanderung großteils über gut ausgebaute Wald-, Feld und Kanalwege, stellenweise auch Pfade und kleine Straßen.
Markierung: Hünenweg (H), anfangs auch Wittekinds- (W), Picker- (P) und Jakobsweg (Jakobsmuschel), später stellenweise Bersenbrücker Landweg (weißer Hügel auf rotem Grund).
Einkehr: Riverside bei ❾ (Do.–So. ab 12 Uhr) und Bramsche-Zentrum.
Varianten: 1. Abkürzung über Piusgarten (0,4 km kürzer); nach ❷ links auf Wittekinds- und Jakobsweg vorbei am Piusgarten, bei ❸ wird H wieder erreicht.
2. Am Schluss statt zum Bahnhof in das Zentrum von Bramsche zum Marktplatz (0,6 km kürzer): nach dem Pumpenhaus entlang H und Hase zum Marktplatz von Bramsche.
Kombi-Tipp: Verlängerung mit voriger Hünenweg-Etappe ab Osnabrück (→ Tour 30) zu insgesamt 32 oder 30 km langer Tour.

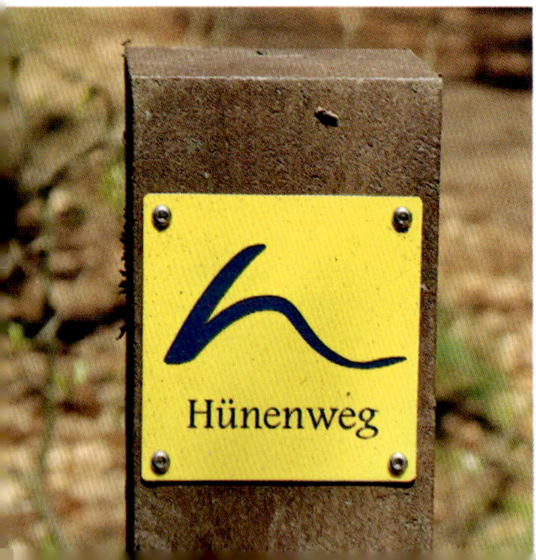

Von der Bushaltestelle Apotheke in **Rulle** ❶ gehen wir nordwärts und gleich links entlang der Klosterstraße zur Wallfahrtskirche St. Johannes. Davor rechts auf den Hünenweg, begleitet vom Jakobsweg-Abschnitt Bremen–Osnabrück der Via Baltica. 250 m nach Querung der Ruller Straße trennen sich die Wege bei der Abzweigung zum **Piusgarten** ❷, einer Begegnungsstätte, an der

Dieses Logo führt seit 2021 fast 325 km weit von Osnabrück nach Groningen.

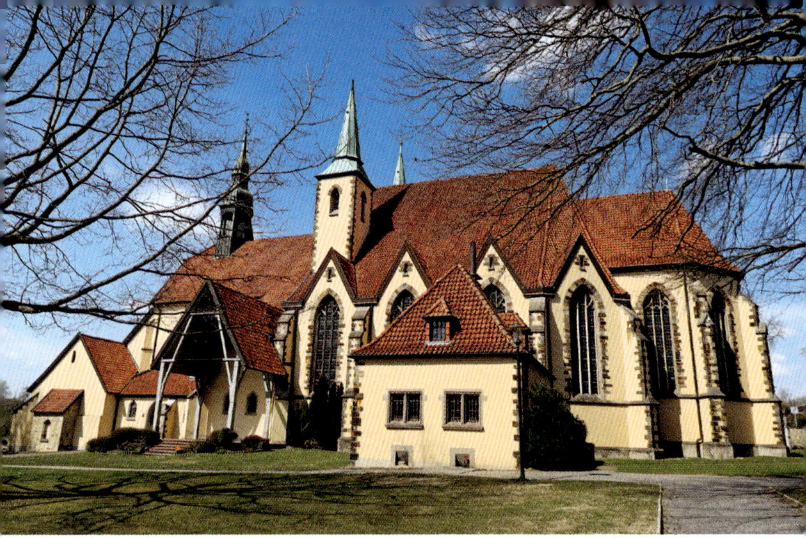

Die Ruller Kirche St. Johannes erhebt sich seit 1930 anstelle eines ehemaligen Klosters.

1871 ein Freudenfeuer anlässlich des 25jährigen Papstjubiläums von Pius IX. entfacht und der Gesangverein MGV gegründet wurde. Der Jakobs- sowie der Wittekindsweg zweigen links ab und führen direkt nordwärts vorbei am Piusgarten **zu** ❸, während H (und der Pickerweg) den Piusgarten auf landschaftlich schönerer Strecke rechts umgehen.

Bei der Kreuzung an der **Voßkühler Hütte** ❸ führen alle Fernwanderwege rechts (von der Variante kommend geradeaus) durch Wald und verzweigen sich wieder vor (und teilweise nach) der Arkenstette-Hütte, wo sich Picker-, Jakobs- und Wittekindsweg verabschieden. Beide Hütten sind benannt nach langjährigen Präsidenten des Wiehengebirgsvereins.

Wir folgen H bei der **Arkenstette-Hütte** ❹ nach dem Parkplatz dem Weg nach links, unter einer Stromleitung hindurch und bis zum Mittellandkanal, begleitet vom Bersenbrücker Landweg. An der Wallenhorster Straße kurz links, dann rechts am Waldrand aufwärts und später durch Wald, unter der A1 hindurch, links und aufwärts auf den bewaldeten Wiehengebirgskamm. Der höchste Punkt **Schleptruper Egge** ❺, 147 m, wird gekrönt von einem 234 m hohen **Stahlfachwerkfunkmast**. Vorbei an der Schutzhütte Auf der Egge steigen wir entlang dem Kamm gemächlich abwärts. Nach Querung der vierspurigen B68 und einer Landstraße schwenkt H bei der **Bushaltestelle Pente-Knapp** ❻ vor der gleichnamigen Übernachtungsgelegenheit nach rechts und führt durch Wald mit kurzer Unterbrechnung durch offene Landschaft bei dem für die Klinkerproduktion bekannten Bramscher Ortsteil Pente zum Stichkanal Osnabrück. Dort rechts auf den Kanalweg, nach 10 Minuten rechts neben dem Mittellandkanal und nach 20 Minuten vor der blauen **Sicherheitstoranlage III Pente** 7 bei einer Schranke rechts aufwärts (Kanalkilometer 31,7). Die Anlage ist eines von acht Toren am Mittellandkanal, die einzelne Abschnitte bei Bedarf absperren können. H führt entlang der kleinen Straße und links über die Kanalbrücke – eine von 300 –, anschließend nach links, schwenkt nach 250 m rechts auf die zur Hase füh-

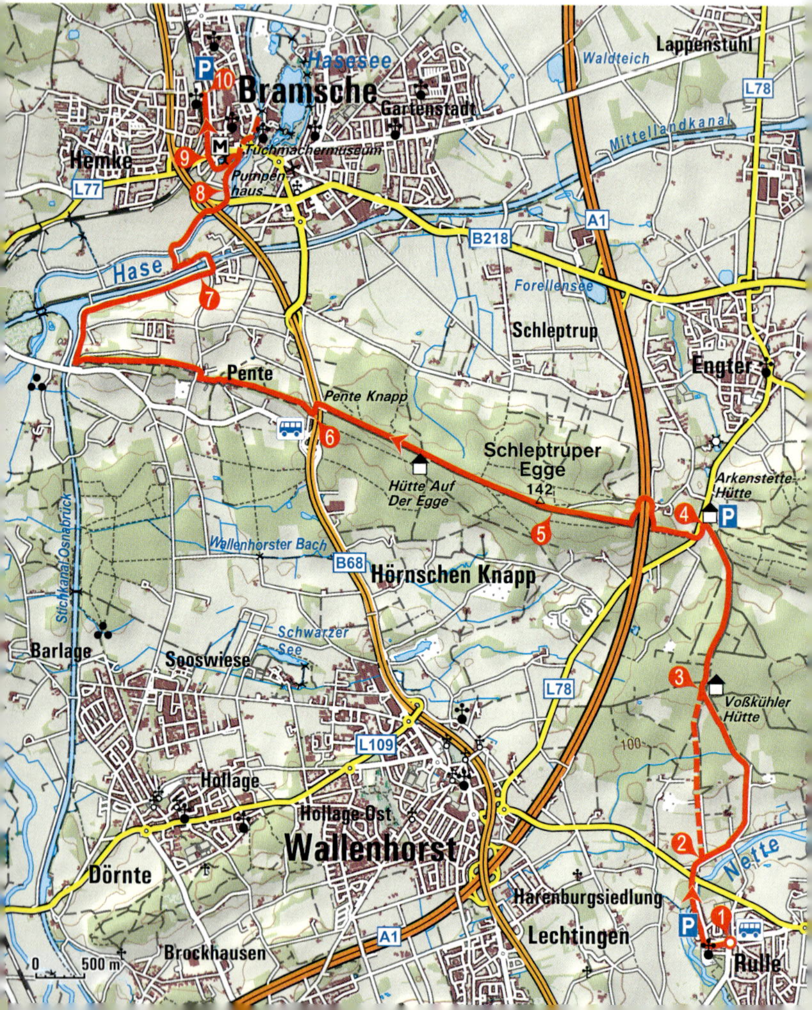

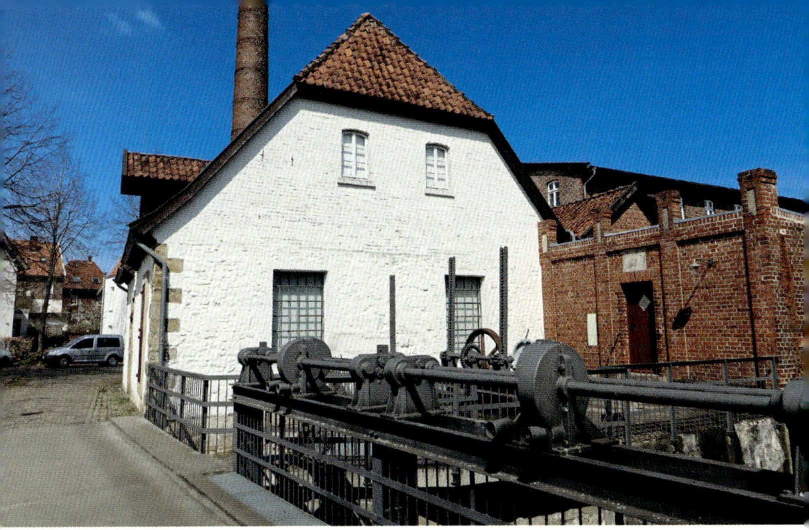

Das Tuchmachermuseum in Bramsche erinnert an eine jahrhundertealte Tradition.

rende Straße ein und quert diese. Nach der Hasebrücke erwartet uns eine schöne Passage durch offene Flusslandschaft links neben der Hase, unterbrochen von Straßenunterführungen bei der autobahnartig ausgebauten B 268 und einem Pumpenhaus. H führt entlang der Hase weiter zum Zentrum am Marktplatz (→ Variante 2). Als Tagestour mit Rückfahrtoption ab Bramsche ist der Weg vorbei am Tuchmachermuseum kürzer und schöner: Dazu verlassen wir den Hünenweg 5 Min. nach dem **Pumpenhaus** 8 mit Informationen zur Wasserregulierung links auf dem Rad-/Fußweg durch die Haseauen und biegen am Ende hinter dem Parkplatz nach rechts ab zum **Tuchmachermuseum** 9, an dem auch die folgende Etappe des Hünenwegs vom Marktplatz kommend (→ Tour 32) entlangführt. Es geht beim Museum halb links in die Gasse (Mühlenort) und nach Querung der Helmker Straße sich leicht rechts haltend geradeaus. Der Hünenweg schwenkt vor dem Supermarktparkplatz nach links, während wir der Breuelstraße geradeaus nordwärts folgen zum **Bahnhof Bramsche** 10.

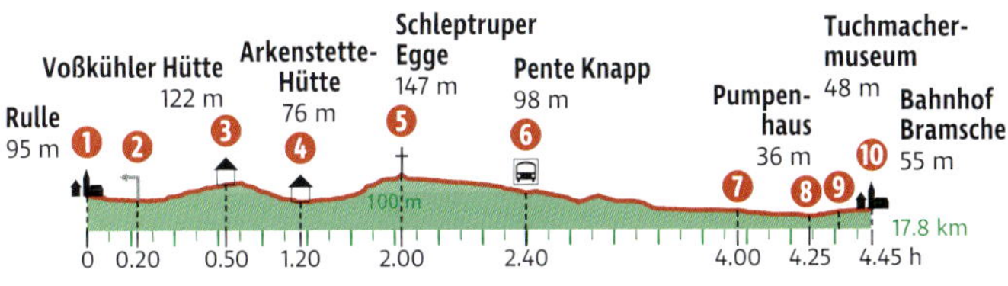

↗ 120 m | ↘ 100 m | 13,3 km

32 Bramsche – Ueffeln

3.30 h

Auf dem Hünenweg über den Gehn

Über die Gehnhöhe führt die dritte Etappe des Hünenwegs nach Ueffeln. Unterwegs sind Spuren des früheren Abbaus von Sandstein erkennbar, aus dem viele Gebäude der Region erbaut wurden. Der Quarzit-Steinbruch kurz vor Ueffeln ist noch in Betrieb – vor allem als Lieferant für den Straßenbau. Diese Etappe des Hünenwegs bietet viel Wald und Aussicht, allerdings keine Steinzeitgräber wie der Wegname erwarten lässt.

Ausgangspunkt: Marktplatz Bramsche, 45 m, mit Bushaltestelle Bramsche-Zentrum und Parkgelegenheit am Rathaus/ Krankenhaus (Navi: Poggenpatt, 49565 Bramsche), alternativ Parkplatz Am Tuchmachermuseum oder am Bahnhof.
Endpunkt: Ueffeln, 65 m, Parkplatz gegenüber der St.-Marien-Kirche im Norden des Ortes (Navi: Dorfstraße 44, 49565 Bramsche).
ÖPNV: Zwischen dem Ausgangs- (Bramsche-Zentrum) und Zielpunkt (Ueffeln-Am Alten Hof) verkehrt Buslinie 620 (Mo. – Fr. stündlich, Sa. 3×), www.vos.info. Dieselbe Linie bedient auch die Haltestelle Balkum-Grenzweg, erreichbar von 6 in 10 Gehminuten über den Terra-Track Kettelsberg und hält auch am Bahnhof Bramsche mit halbstündlichen Regionalbahnverbindungen nach Osnabrück und stündlichen Richtung Bremen und Oldenburg. Der 0,5 km lange direkte Zuweg vom Bahnhof Bramsche zum Hünenweg entspricht dem Anfang von Tour 39.
Markierung: Hünenweg (H), stellenweise auch Bersenbrücker Landweg und Terra-Track (T).
Einkehr: Nur Bramsche, in Ueffeln Bäckerei (So. Ruhetag) und Pizzeria (Mo. Ruhetag).
Variante: Oberhalb des Steinbruchs Abstecher bzw. Extraschleife zur Gehner Heide (0,3 km länger) – im August zur Heideblüte ein »Muss«. Dazu bei der Kreuzung nach 7 geradeaus entlang Terra-Track Gehnberg (T), nach der Heide rechts (nicht mehr T) und kurz darauf rechts zurück zum Hünenweg.
Kombi-Tipp: Verlängerung mit Etappe 4 des Hünenwegs (Tour 33) auf ingesamt 31,5 km, dann von Ankum zurück per Bus nach Bersenbrück, von dort Bahn nach Bramsche.
Tipps: Tuchmachermuseum, Turm des Ehrenmals (Info → Tour 38).

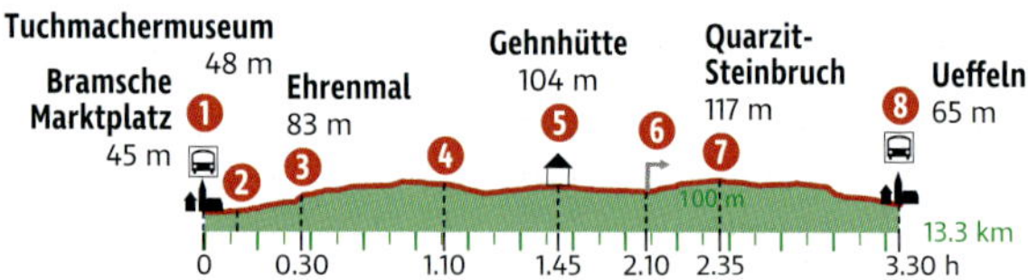

Vom **Marktplatz Bramsche** 1 führt der Hünenweg über Fußwege, kleine Gassen und Plätze durch die Ortsmitte von Bramsche, links vorbei an der St.-Martin-Kirche, deren älteste Teile wie das Hauptschiff und der Westturm auf das Mittelalter um 1200 zurückgehen. Hinter der Kirche schwen-

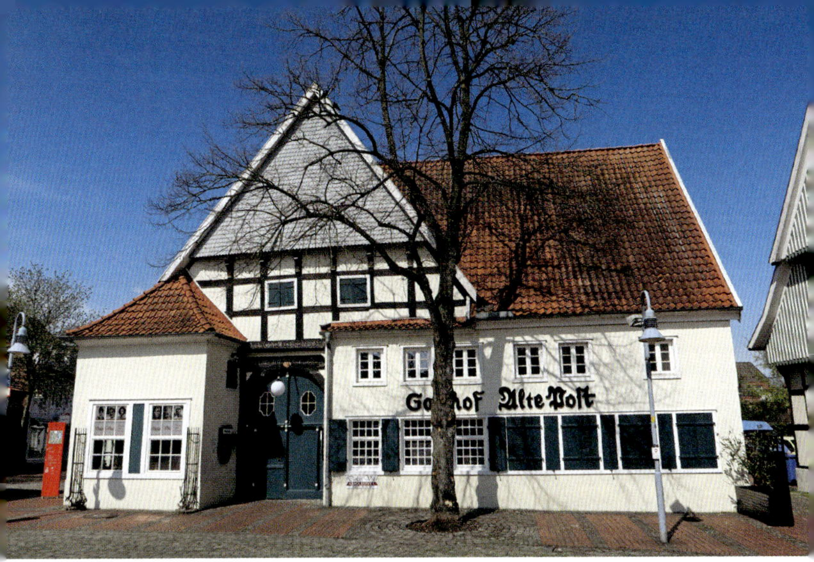

Der heutige Gasthof Alte Post am Markt diente seit dem 17. Jahrhundert Reisenden als Raststation.

ken wir nach links und gehen durch kleine Gassen (Münster-, Mühlenstraße, Mühlenort) zum **Tuchmachermuseum** ❷, das in historischen Fabrikgebäuden an den früher bedeutenden Wirtschaftszweig der Textilindustrie erinnert. Beim Museum rechts, bei der zweiten Kreuzung halb links, nach dem Supermarkt links über den Bahnübergang, gleich dahinter rechts. Die Bergstraße windet sich vor dem heute zu Wohnzwecken umgerüsteten Wasserturm nach links zur Schubertstraße. Die Hünenweg-Markierung ist deutlich und leitet erst rechts, dann links, über die Marienstraße und durch den Park des Bramscher Bergs mit dem **Ehrenmal** ❸ links, das an die Bramscher Gefallenen des Ersten Weltkriegs (1914 – 18) und des Deutsch-Französischen Krieges (1870/71) erinnert. Der 28 m hohe Aussichtsturm ist mit Schlüssel der Touristinfo zugänglich.
Der ausgezeichnet markierte Verlauf des Hünenwegs vom Ehrenmal hinaus aus Bramsche und bis zur **Kreuzung am nördlichen Heseper Berg** ❹ ist bei Tour 39 beschrieben. Anders als dort geht es bei der Kreuzung geradeaus weiter Richtung Gehnhütte (2,2 km), neben H entlang dem TerraTrack Kettelsberg und nach der folgenden rechten Einmündung in eine Straße auch entlang dem Bersenbrücker Landweg. Alle Wegmarkierungen leiten 100 m nach der Einmündung bei einer Kreuzung nach links. Auf der bewaldeten Gehnhöhe schwingt der Weg bald nach rechts und erreicht 10 Minuten nach einem Rastplatz die **Gehnhütte** ❺.

Das 28 Meter hohe Bramscher Ehrenmal gedenkt der Gefallenen zweier Kriege.

Dahinter zweigt H zusammen mit den anderen Markierungen nach links und nach 15 Minuten im Abstand von 250 m zweimal nacheinander nach rechts. In der folgenden Linksschleife ⑥ zweigt der Terra-Track rechts ab und führt dabei zur Bushaltestelle Balkumer Grenzweg, während H geradlinig in Richtung Südwesten führt, die Gehnstraße quert und links den **Ueffelner Steinbruch** ⑦ umgeht, in dem Quarzit für den Straßenbau abgebaut wird.
1,5 km nach der Gehnstraße zweigt H bei einer Kreuzung nach rechts – geradeaus wäre ein kurzer Abstecher möglich zur Gehner Heide entlang dem Terra-Track Gehnberg (→ Variante). Der Hünenweg senkt sich durch Wald und führt schließlich rechts über den Steinbruch, dessen Betreten verboten ist, auch wenn das Amtsgericht Bersenbrück 2021 in einem Fall dieses Verbot in Frage gestellt hat, nachdem Wanderer auf Schadenersatz verklagt worden waren.
Durch Wald und Felder geht es zuletzt nach Ueffeln, wo wir den Hünenweg am Ortseingang verlassen und uns halb rechts der Gehnhookstraße anvertrauen zur Ortsmitte von **Ueffeln** ⑧ mit der Dorfstraße, an der 100 m weiter rechts die Haltestelle für Busse zurück nach Bramsche liegt.

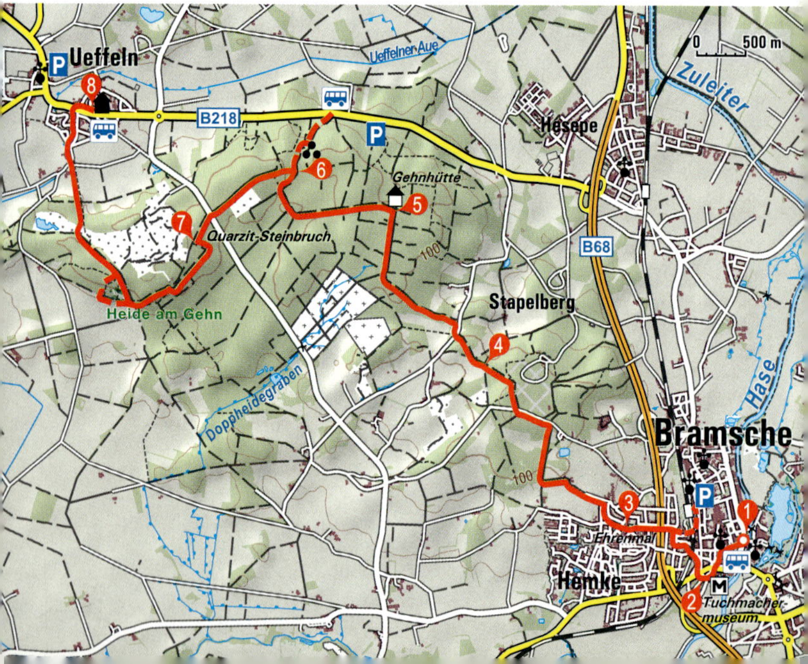

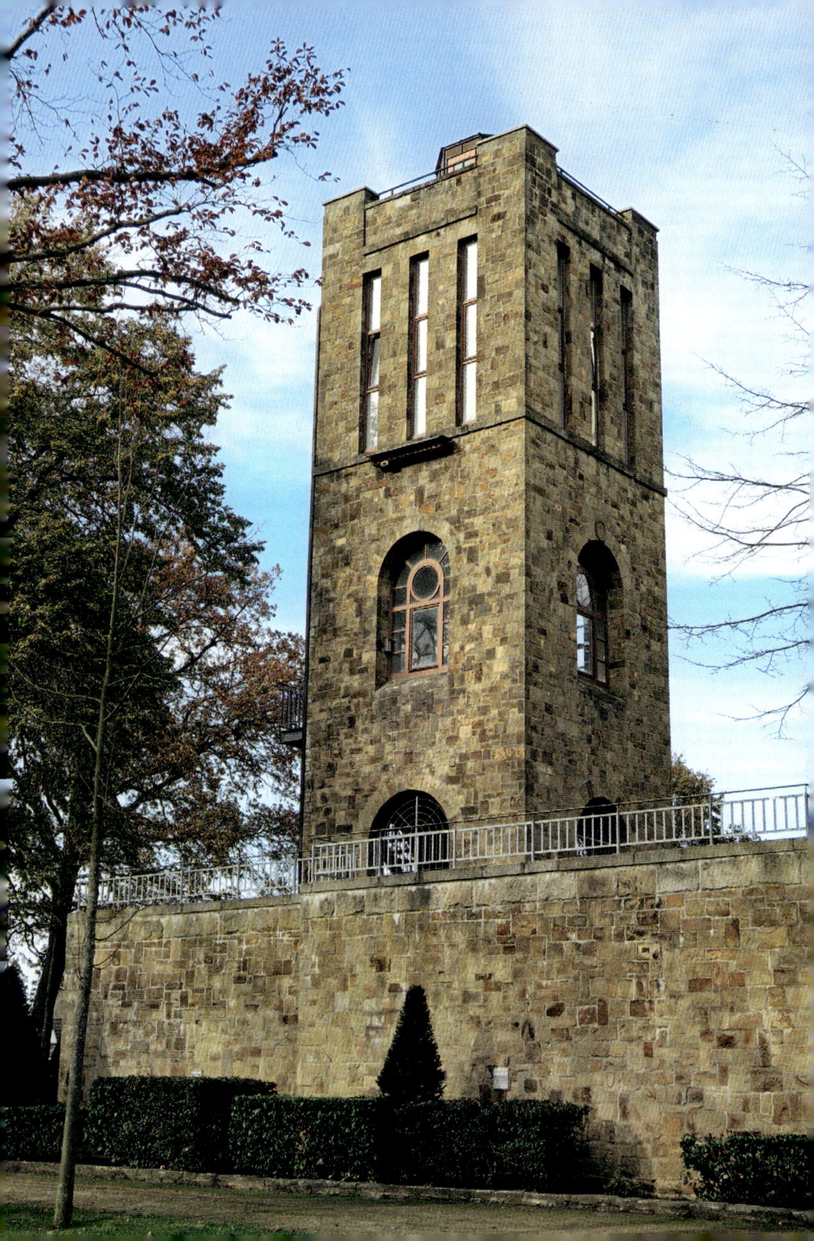

↗ 100 m | ↘ 100 m | 18,5 km

33 Ueffeln – Ankum

4.45 h

Auf dem Hünenweg zum Giersfelder Gräberfeld

Die vierte Etappe des Hünenwegs macht dem Fernweg-Namen alle Ehre: Unterwegs erinnern mehr als eine Handvoll Hünengräber an unsere vorgeschichtlichen Vorfahren, besonders groß ist die Konzentration beim Giersfelder Gräberfeld. Von dort führt der Hünenweg am Ostrand der Ankumer Höhe, einer eiszeitlichen Endmoräne, entlang und durch das Rüsseler Holz hinein in den historischen Marktort Ankum, wo uns zunächst der See und kurz darauf die Altstadt mit dem »Artländer Dom« empfängt.

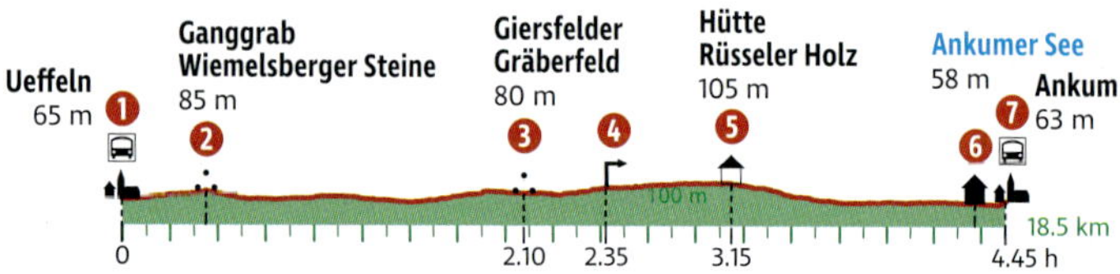

Ausgangspunkt: Ortsmitte von Ueffeln, 65 m, mit Bushaltestelle Am Alten Hof, Parkplatz gegenüber der St.-Marien-Kirche im Norden des Ortes (Navi: Dorfstraße 44, 49565 Bramsche).
Endpunkt: Ankum am Neuen Markt unterhalb der Altstadt mit der »Artländer Dom« genannten Kirche, 65 m, daneben Parkplatz vom Gewerbegebiet mit Supermarkt (Navi: Lindenstraße 1, 49577 Ankum).
ÖPNV: Für die Fahrt zwischen Ausgangs- und Endpunkt gibt es nur Umstiegsverbindungen, die aber direkt aneinander anschließen und rund eine Stunde dauern (Mo.–Sa.); zwischen Ueffeln (Am Alten Hof) und Bramsche-Bahnhof Linie 620, zwischen Ankum (Neuer Markt) und Bersenbrück-Bahnhof Linie 650, www.vos.info. Die Bahnhöfe Bersenbrück und Bramsche sind im Stundentakt miteinander verbunden (10 Minuten Fahrzeit).
Anforderungen: Leichte Wanderung über Wald- und Feldwege, stellenweise auch Pfade und Straßen.
Markierung: Bis auf die Städte durchgehend Hünenweg (H), bei Variante über Ankumer Höhe auch Ems-Hunte-Hase-Weg (weißer Kreis).
Einkehr: Ueffeln, Restaurant Giersfeld am Golfplatz (Mo. Ruhetag), Ankumer See, Ankum.
Varianten: 1. Erweiterung mit Giersfelder Gräberweg bei ❸ zu weiteren Steingräbern (zusätzlich 0,8 km); dazu bei ❸ geradeaus, dann rechts zum Golfrestaurant mit gegenüberliegend Grumfeld-West, dem größten Grab der Anlage, und weiter auf der Zufahrtsstraße, vorbei am Steingrab Rickelmann I. Nach 10 Minuten rechts und vorbei an weiteren Steingräbern wieder auf den Hünenweg.
2. Verlängerung über Ankumer Höhe (2,4 km länger): ab ❹ geradeaus auf Ems-Hase-Hunte-Weg (weißer Kreis) über die Ankumer Höhe, 2 km nach deren höchster Erhebung (Trillenberg, 142 m), vor einem Weiher mit der Mooshütte rechts auf Hünenweg (Etappe 5) und auf diesem dann rechts in 4,3 km zum Ankumer See ❻.
3. Der Nordteil der Tour wäre zusammen

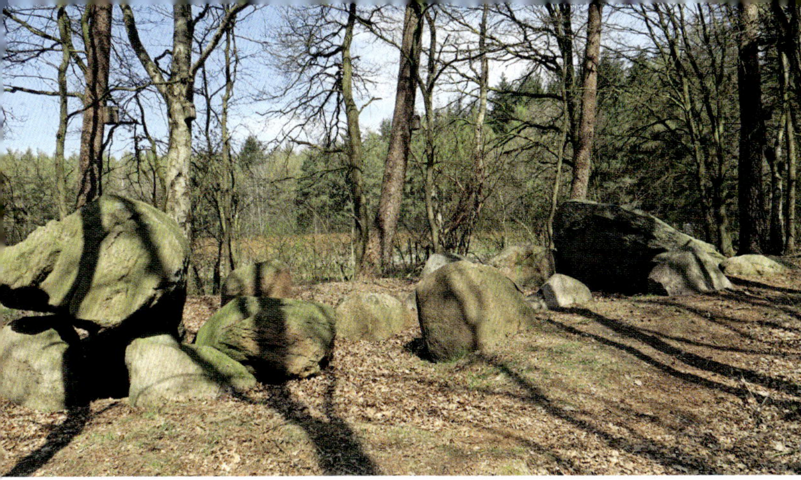

An einem Golfplatz liegen die sechs urgeschichtlichen Gräber des Giersfelder Gräberfeldes.

mit der Schleife über die Ankumer Höhe auch als 19 km lange Rundtour ab Ankum denkbar, eventuell mit 4,5 km langem Abstecher zum Giersfelder Gräberfeld und dortigem Rundweg.
Kombi-Tipp: Verlängerung mit Etappe 3 des Hünenwegs ab Bramsche (→ Info Tour 32).

Die Dorfstraße von **Ueffeln** ❶ führt uns zunächst in westliche Richtung, ehe wir nach der Rechtskurve links in die Neuenkirchener Allee und dann in die zweite Straße nach rechts (Am Wiemersberg) abbiegen. Beim beginnenden Waldstück zur Linken zweigt H nach rechts (Steingräberweg) und bietet nach 5 Minuten links einen Abstecher (100 m) zum ersten Megalithgrab: Das **Ganggrab Wiemelsberger Steine** ❷ mit seinen sechs noch vorhandenen Deck- und Tragsteinen der sechs Joche gilt als eines der am besten erhaltenen Megalithgräber im Osnabrücker Land. Anschließend setzt sich H geradlinig nordwärts fort am Waldrand und später zwischen Feldern. Nach Querung der Bottrumer Straße und dem Bührender Wald schwingt H zur Querung des Thiener Mühlenbaches weit ostwärts und nähert sich durch Wald dem **Giersfelder Gräberfeld** ❸, einer Ansammlung von sechs stein- und bronzezeitlichen Großsteingräbern am Rand eines Golfplatzes. Anfangs liegt links vom Weg eine bronzezeitliche Steinkiste und rechts das jungsteinzeitliche Grab Grumfeld Ost, dessen Kammer einst 19 m lang gewesen sein soll. Vor dem Golfclub, an dem ein 3,5 km langer Rundweg zum Gräberfeld vorbeiführt, schwingt H nach rechts. Nach 1 km geraden Verlaufs nordwärts durch Wald mündet nahe dem Großsteingrab Meyer der Rundweg ein. Bei der folgenden Kreuzung geradeaus, bei Kreuzung am **Waldrand** ❹ rechts und bei der folgenden Kreuzung links.

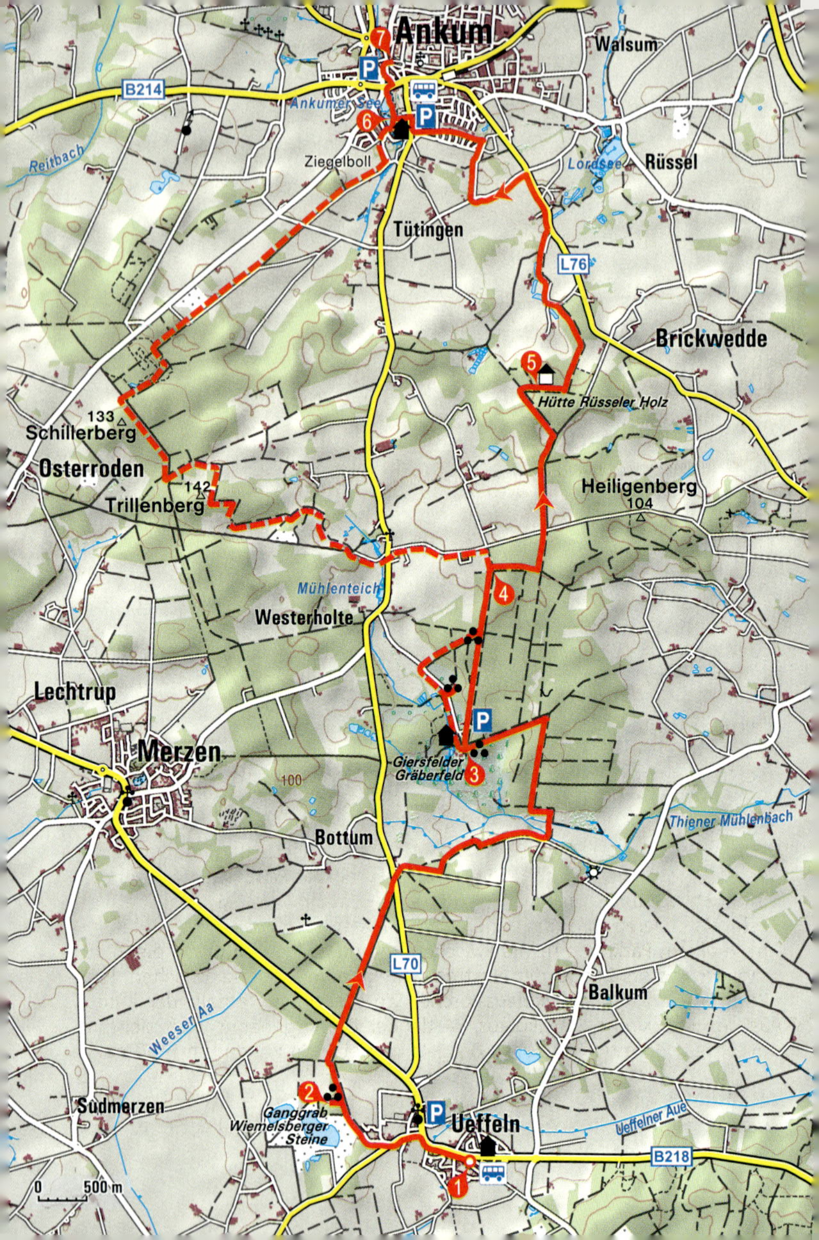
Ankum
Walsum
B214
Ankumer See
Reitbach
Ziegelboll
Lordsee
Rüssel
Tütingen
L76
Brickwedde
Hütte Rüsseler Holz
133
Schillerberg
Osterroden
142
Trillenberg
Heiligenberg
104
Mühlenteich
Westerholte
Lechtrup
Merzen
100
Giersfelder Gräberfeld
Thiener Mühlenbach
Bottum
L70
Balkum
Weeser Aa
Südmerzen
Ganggrab Wiemelsberger Steine
Ueffeln
Ueffelner Aue
B218
0 500 m

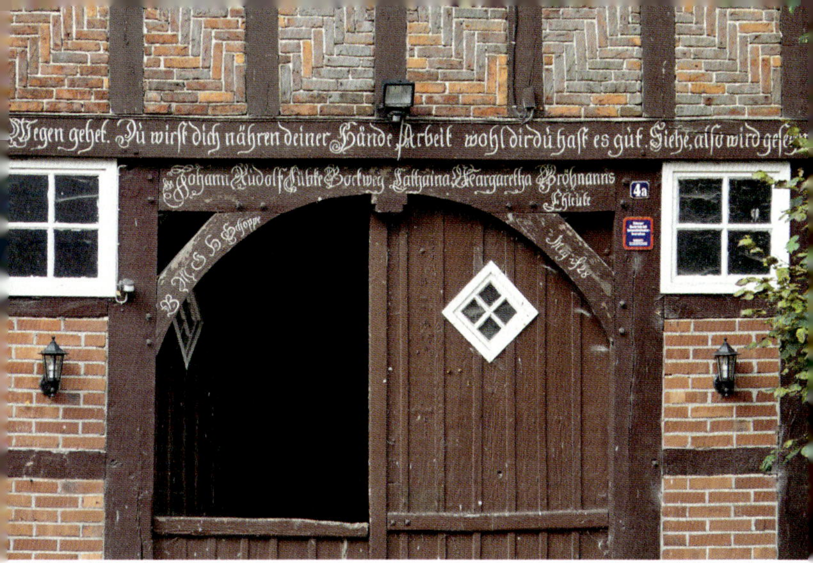

Verzierungen und Weisheiten an einem Fachwerkhof am Wegrand.

5 Minuten nach Querung einer Straße (Am Langen Esch) geht es im Zickzack durch das **Rüsseler Holz**, vorbei an einer **Schutzhütte** ❺, ehe wir oberhalb von Fischteichen die Landhausener Straße erreichen und ihr nach der Querung nordwärts auf dem Radweg folgen. Rechts liegen die Rüsseler Teiche der Artländer Forellenzucht.

Bei der nächsten Kreuzung schwenkt H nach links (Fürstenauer Weg) und bei der nächsten Gelegenheit nach rechts (Alte Ziegelei). Am Ortsrand von Ankum links in den Radweg durch das Wohngebiet, dann rechts und links vorbei am Sporthotel zum **Ankumer See** ❻, entstanden durch die Ausbaggerung von Sand. Dort wenden wir uns nach rechts und verlassen den See nordwärts auf dem Zuweg zur Ankumer Altstadt. Die kleine Straße (Am Schusterboll) führt sich rechts haltend zur B 214 links vom Kreisverkehr. Nach deren Querung gehen wir geradeaus (Beckers Stiege) und 50 m nach einem Parkplatz rechts zwischen und unter Mauern durch die 2020 sanierte Pastors Stiege, der einstmals direkten Verbindung zwischen dem Pastorat und der St.-Nikolaus-Kirche. Diese endet unterhalb der katholischen Pfarrkirche St. Nikolaus, »Artländer Dom« genannt, weit sichtbar mit ihrem 79 m hohem Turm. Das jetzige Gebäude wurde um 1900 nach dem Brand der Vorgängerkirche erbaut. Bereits im frühen Mittelalter soll es hier eine Kirche gegeben haben. Die Pfarrkirche bildet den Mittelpunkt der Kleinstadt **Ankum** ❼, die Bushaltestelle Neuer Markt liegt unterhalb von Pastors Stiege.

↗ 120 m | ↘ 120 m | 14,2 km

34 Bippener Maiburg

3.45 h

Rundwanderung durch einen schluchtenreichen Wald

Die naturgeschützte Bippener Maiburg bietet viele geologisch bedeutende Formationen, die in vorgeschichtlicher Zeit bearbeitet wurden. Sagen ranken sich um alte Steine, worauf Namen wie »Hexentanzplatz« hindeuten. Die waldreiche Rundtour zwischen Bippen und dem Queckenberg erschließt einige dieser Stätten und folgt dabei stellenweise dem Hünenweg. Landschaftlich erwartet uns überwiegend Wald, aufgelockert mit Bächen und Kerbtälern – durch Wasserläufe der Maiburg sind mehrere Schluchten entstanden, hier als »Tangen« bezeichnet.

Ausgangspunkt: Bippen-Draisinenbahnhof, 55 m, mit Bushaltestelle, Parkmöglichkeit auf Dorfplatz 100 m weiter westlich bei der Kirche (Navi: Am Schützenplatz, 49626 Bippen), alternativ Wanderparkplätze an der Maiburger Straße bei 6 oder 7.
ÖPNV: Bushaltestelle Bippen-Draisinenbahnhof am Ausgangspunkt mit überregionaler Linie 640 Richtung Quakenbrück und Fürstenau (Mo. – Sa. vormittags stündlich, So. sehr selten), www.vos.info.
Anforderungen: Leichte Wanderung über Forstwege und Waldpfade, in Bippen Radwege und kleine Straßen.
Markierung: Stellenweise blauer Pfeil für 15 km lange Rundtour Queckenbergweg, Hünenweg (H) sowie bei Tangenschlucht Terra-Track Vosspäddke, gelegentlich auch grüner Pfeil für den Sültemühlenweg sowie Fuchs für den 1968 eingerichteten Vosspäddken – zwei 3,6 km lange Naturlehrpfade in der Maiburg.
Einkehr: Nur in Bippen mit wenig wanderfreundlichen Öffnungszeiten (ab 17 Uhr), sonst einfache Bäckerei-Café im Ort.
Varianten: 1. Mehrere Abkürzungsmöglichkeiten,etwa bei 2 links auf kleiner Straße bzw. Bersenbrücker Landweg zur Maiburgstraße (5,3 km kürzer) oder bei Kreuzung 0,7 km nach 3 links (2,5 km kürzer).
2. Zwischen 1 und 2 Verlängerung östlich auf kleinen Waldpfaden auf dem Queckenbergweg (blauer Pfeil) statt dem eher langweilig-geradlinigen Leikenweg (0,8 km länger).
Tipps: Draisinenfahrten vom Ausgangspunkt nach Fürstenau, www.hasetal.de → Angebote Draisinen.

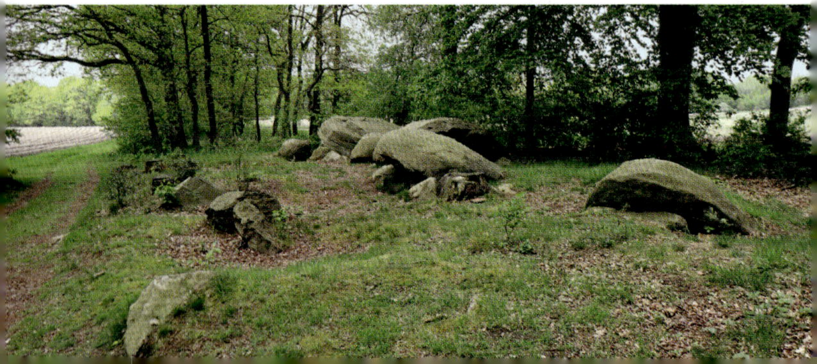

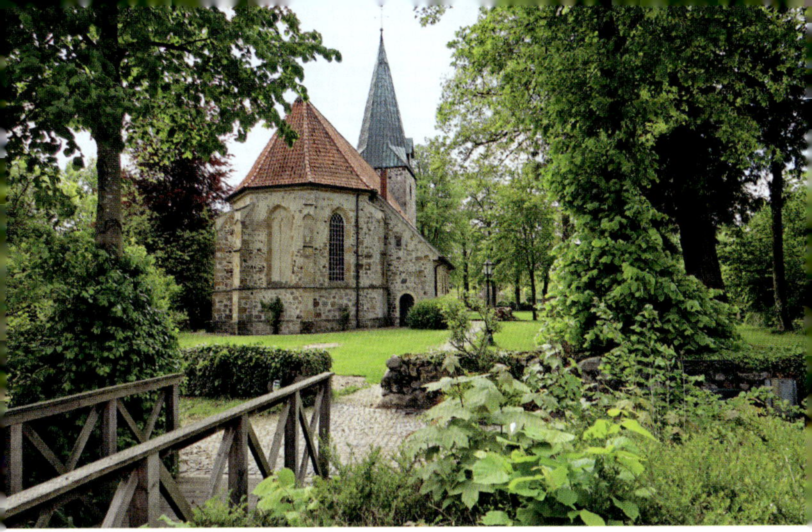

Oben: Die Bippener St.-Georg-Kirche geht auf das 12. Jahrhundert zurück.
Links: Das Großsteingrab Dalum ist eine 5000 Jahre alte Megalithanlage der Trichterbecherkultur.

Der **Draisinenbahnhof Bippen** ❶ bietet heute Draisinen-Ausflugsfahrten nach Fürstenau an auf der für Bahnbetrieb 1997 stillgelegten Strecke zwischen Quakenbrück und Spelle. Nach Querung der Bahn folgen wir links dem gepflasterten Weg neben den noch vorhandenen Gleisen und an dessen Ende rechts der Straße (Am Schützenplatz) zum Dorfplatz mit Park- und Rastgelegenheit. Dort halten wir uns links. Farbige Pfeile weisen den Weg links an der auf das 12. Jh. zurückgehenden St.-Georg-Kirche vorbei auf nettem Weg am Dorfteich entlang.
Hinter der Kirche leitet uns der gepflasterte Kirchweg in leichtem Linksbogen hinunter; wir folgen den blauen und grünen Pfeilen links unter der Bahn hindurch und anschließend der Straße geradeaus, auch nach Kreuzungen (Zur Glockenkuhle, später Am Sportplatz). 200 m nach dem

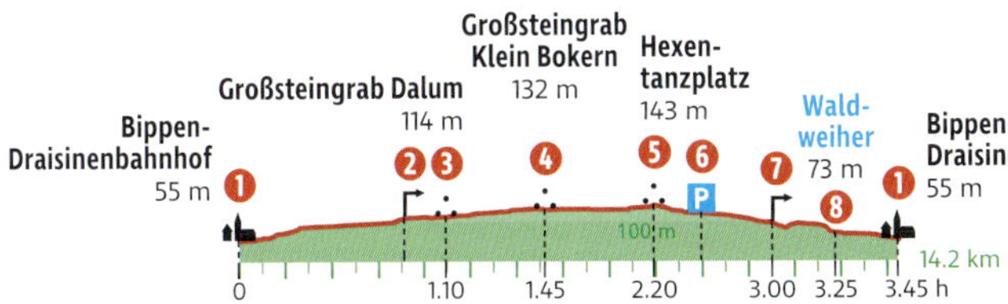

Sportplatz schwingt die Straße am Ortsende nach rechts und führt bald als verkehrsgesperrter Weg durch Wald und am Waldrand entlang, links vorbei am Campingplatz Maiburg und der Bippener Siedlung Rullengersberg. Durch Wälder und Felder gelangen wir südwärts zu einer **T-Kreuzung** ❷ vor dem Waldgebiet der Marburg, biegen rechts in die kleine Straße (Dalum, Bersenbrücker Landweg) und nach 10 Minuten bei der Kreuzung nach links Richtung Klein Bokern und Großsteingrab. 5 Minuten später passieren wir das jungsteinzeitliche nur lückenhaft erhaltene **Großsteingrab Dalum** ❸ und folgen weiter dem schnurgerade verlaufenden Forstweg in südöstliche Richtung (blauer Pfeil). Nach etwa 20 Minuten führt uns der mit dem blauen Pfeil markierte Queckenbergweg nach links und kurz darauf rechts über einen Waldpfad. Nach gemäßigtem Anstieg auf den Queckenberg und mehreren Kurven erreichen wir den gelb markierten Hünenweg, der uns links bis kurz vor Bippen begleiten wird, vorher lohnt sich nach rechts ein kurzer Abstecher zum **Großsteingrab Klein Bokern** ❹, dessen 22 m lange Grabkammer mit sieben Decksteinen von Erde bedeckt ist.

Wir wandern durch das Waldgebiet der Maiburg, ein Naturschutzgebiet, dessen naturferne Waldbestände an den Hängen in den nächsten Jahrzehnten zu einem bodensauren Buchenwald umgebaut werden sollen. Nach 2 km erreichen wir einen Granitfindling, der wegen eines Spaltes an der Vorderseite einem Brotschrank ähneln soll und daher die Bezeichnung »Deuvels Brotschapp« trägt; die Verbindung mit dem Teufel geht vermutlich auf die frühere Nutzung als Opfer- oder Kultstein zurück. Wenige Minuten später säumen am **Hexentanzplatz** ❺ zahlreiche Findlinge den Weg, vermutlich Reste eines Hünengrabs oder eine zufällige Ansammlung nach Abschmelzen der eiszeitlichen Glet-

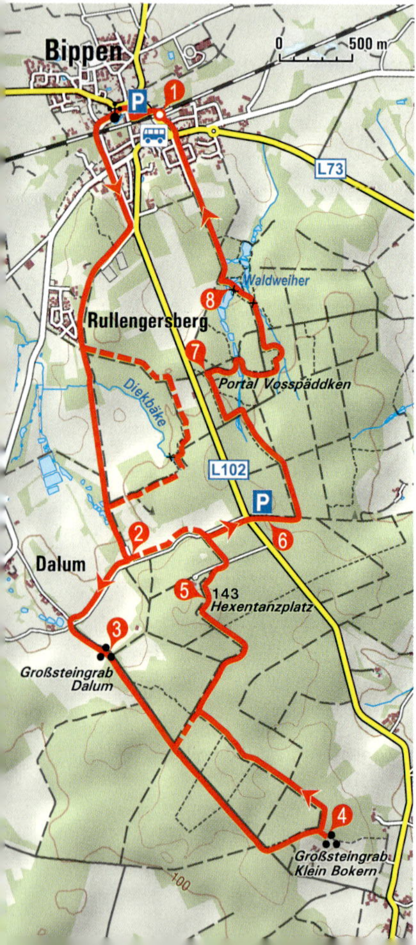

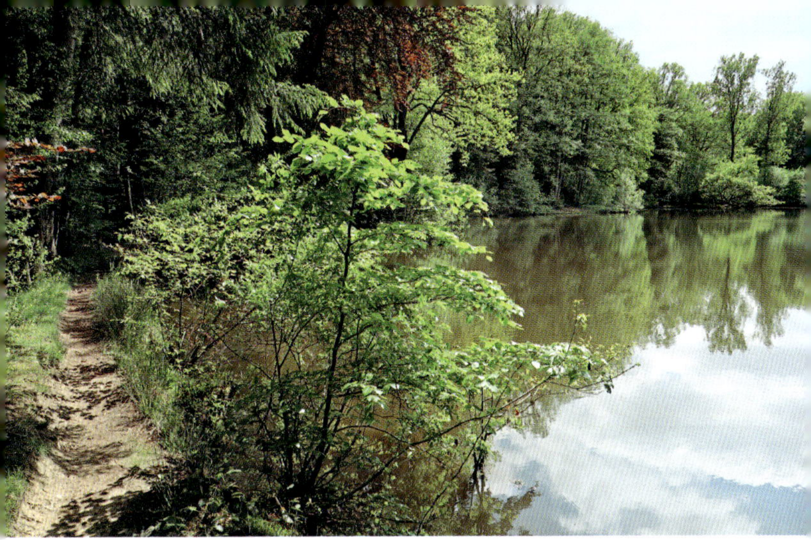

Südlich von Bippen lockern Fischteiche die Waldlandschaft auf.

scher. Der Sage nach sollen hier Hexen zur Walpurgisnacht in den Mai hinein getanzt haben – daher auch die Bezeichnung Maiburg für das Gebiet.
Nach einem Abschnitt am Waldrand quert H zusammen mit dem Bersenbrücker Landweg die Maiburger Straße, schwingt 200 m nach einem **Wanderparkplatz** 6 links in den Wald und erreicht nach 1 km mit einigen Abzweigungen das hölzerne **Portal** 7 zum Beginn der Nordvariante des Vosspäddken. Dort wendet sich H nach rechts und führt an der Waldschule mit -spielplatz vorbei – jetzt zusammen mit dem Vosspäddken und dem gleichnamigen Terra-Track hinunter in das abenteuerliche von Wasserläufen vertiefte Kerbtal mit idyllischem Weiher zur Rechten. H und weitere Markierungen führen uns rechts und gleich darauf links aus dem Tal heraus aufwärts und im Linksbogen durch den Wald mit einem weiteren Tal zur Rechten.
Kurz hinter einem Unterstand zweigen bei einem Wegweiser und dem Standortschild »westliche Tangenschlucht / Bip 015« H und der Vosspäddken rechts ab, während wir geradeaus gehen auf dem Queckenbergweg Richtung Bippen (blaue Pfeile); abwärts durch Wald mit Schild, das beim Begehen auf eigenes Risiko hinweist, über eine Holzbrücke und auf einladendem Dammweg vorbei an den aufgestauten **Waldweihern** 8. Bei der folgenden T-Kreuzung schwenkt der Queckenbergweg nach rechts und führt nordwärts erst auf Waldweg, ab dem Ortsanfang entlang Straßen (Zu den Gründen, später Bahnhofstraße) zurück zum **Draisinenbahnhof Bippen** 1.

↗ 20 m | ↘ 20 m | 7,4 km

35 Alfsee

2.00 h

Rundwanderung um das Hase-Hochwasserrückhaltebecken

Nördlich von Bramsche bietet der Alfsee entspanntes Uferwandern rund um das 1982 fertiggestellte Hochwasserrückhaltebecken der Hase, das den häufigen Überflutungen des Flusses im Unterlauf ein Ende machte. Entstanden ist ein Paradies für Wasservögel mit mehr als 90 Arten und seit 2001 ein EU-geschütztes Natura2000-Gebiet. Der Rundweg führt über den 8 Meter hohen Ringdeich, am Nordufer entlang einem Teil des Storchenpfades, der an 10 Stationen Wissenswertes zur Natur erzählt. Nördlich davon liegt ein als Naturschutzgebiet ausgewiesenes Reservebecken, das mit seinem Feuchtgrünland und Auwäldern optional auf dem Terra-Track Alfsee umgangen werden kann.

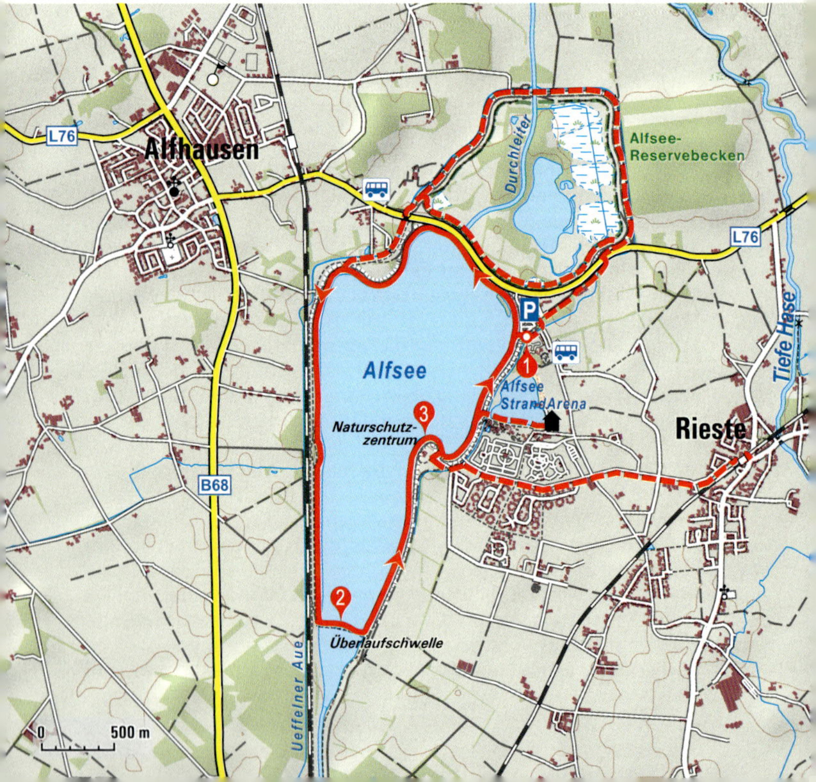

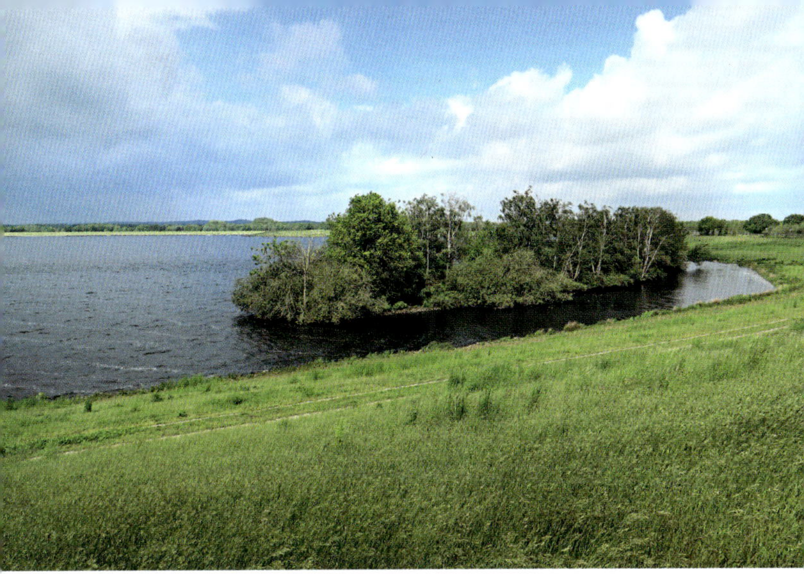

Der Alfsee entstand in den 1980er-Jahren als Hochwasserrückhaltebecken der Hase.

Ausgangspunkt: Parkplatz Alfsee, 40 m (Navi: Westerfeldstraße 76, 49597 Rieste).
ÖPNV: Bushaltestellen Rieste-Jugendherberge 0,3 km von ❶ oder Alfhausen-Alfseestraße mit täglich wenigen Verbindungen der Linien 620 und 671 Richtung Bramsche und Rieste-Bahnhof, www.vos.info.
Nächstgelegener Regionalbahnhof mit stündlichen Verbindungen Richtung Osnabrück und Bremen ist Rieste mit 2,4 km langem Zuweg zu ❸: Von Nordseite des Bahnhofs Richtung Südwest (Bahnhofstraße, Fußweg, Auf den Fiening), bei T-Kreuzung rechts westwärts entlang Barlanger Straße zum See, dort sich links haltend auf Deich.
Anforderungen: Leichte Wanderung auf gut ausgebautem Deichweg.
Markierung: Im Norden Naturerlebnispfad Storchenpfad und Terra-Track (T), im Osten Bersenbrücker Landweg (weiße Welle auf rotem Grund).
Einkehr: Einkehrgelegenheiten im Ferienpark Alfsee (auch für Nichtgäste) mit 0,5 km langem Zuweg 0,5 km nach ❸; dazu rechts abwärts und auf Brücke über Graben.
Varianten: Verlängerung nördlich über 1. den jenseits der Straße verlaufenden Teil des Storchenpfads (zzgl. 1,5 km) oder 2. weiter auf dem Terra-Track Alfsee in großem Bogen um das naturgeschützte nördliche Reservebecken (zzgl. 2,5 km). Für beide Varianten geht es von ❶ zunächst in nordöstliche Richtung und nach 0,5 km links unter der Straße hindurch; danach links entlang dem Storchenpfad oder rechts Terra-Track (T); letztere mündet kurz vor der Straßenquerung wieder in den Storchenpfad ein und jener 10 Minuten nach Querung der Straße wieder in den Seerundweg.
Tipps: Naturschutz- und Bildungszentrum Alfsee mit Ausstellung zum See und seiner Umgebung (derzeit Wiederaufbau nach einem Brand 2020), www.nbz-alfsee.de.

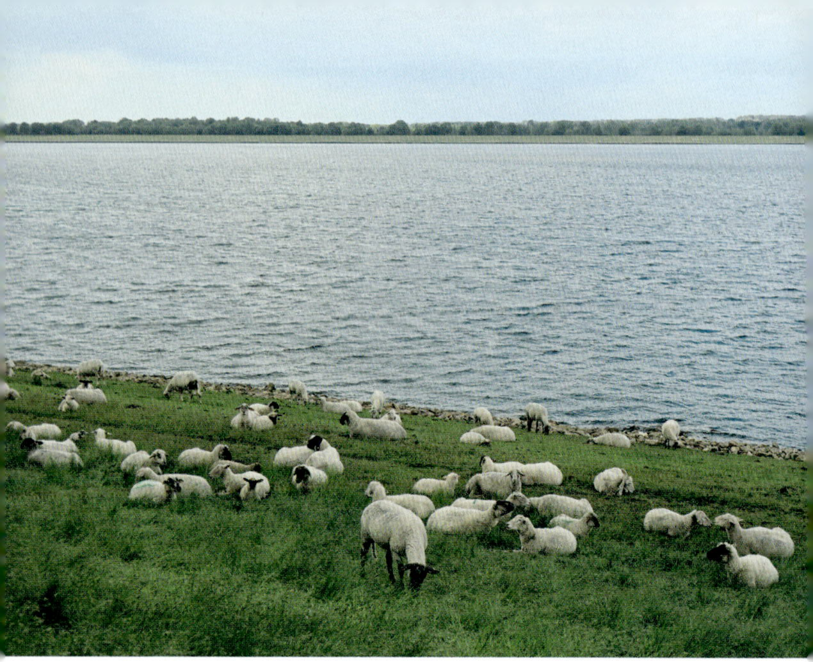

Schafe halten das Gras an dem 8 Meter hohen Ringdeich des Alfsees kurz.

Auf der (südlichen) straßenabgewandten Seite vom **Parkplatz Alfsee** ❶ führt der Aufgang auf den Seedeich, dem wir rechts entgegen dem Uhrzeigersinn um den See herum folgen. Anfangs informieren einige Tafeln des Naturerlebnispfads Storchenpfads über die Natur, dieser zweigt aber später nach rechts ab, während wir dem Seerundweg entlang dem Westufer in südliche Richtung folgen.

Nach einer halben Stunde eher meditativen Wanderns schwenkt der Seerundweg links über die 330 m lange **Überlaufschwelle** ❷, die zusammen mit dem rechts vorgelagerten 10 ha großen Absetzbecken die Versandung des Sees verhindern soll. Weiter geht es links wieder nordwärts und in einer Schleife vorbei am dem 2020 abgebrannten (und derzeit im Neubau befindlichen) **Naturschutzzentrum** ❸ und dem dahinterliegenden ehemaligen Café Seeterrassen. Der Deich gibt weiter den Weg vor und führt links vorbei am großen Ferien- und Erlebnispark zurück zum Ausgangspunkt am **Parkplatz Alfsee** ❶.

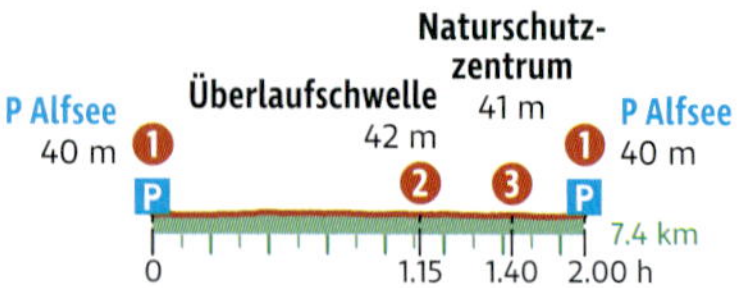

↗ 20 m | ↘ 20 m | 6,7 km

1.45 h

Kloster Malgarten und Hase

36

Flusswanderung in der Haseniederung

Das im 12. Jahrhundert gegründete ehemalige Benediktinerinnenkloster Malgarten (1194 – 1803) bietet unweit der A1 klösterliche Ruhe und Idylle. Das Kloster mit seinen einst 10 – 12 Nonnen diente nach seiner Aufhebung von 1815 bis 1936 als Amtsrichtersitz und ist seit 1986 in privater Hand. Die Gebäude wurden baubiologisch saniert und die Grünanlagen naturnah entwickelt. Wir wandern anfangs über das Klostergelände und dann durch Wiesenlandschaft großteils entlang den Läufen der Hohen und Tiefen Hase, die kurz vor dem Kloster von der jetzigen Hase abzweigen und ihr nördlich vom Alfsee wieder zufließen.

Ausgangspunkt: Kloster Malgarten mit Parkgelegenheit, 40 m (Navi: Am Kloster 2, 49565 Bramsche).
ÖPNV: Bushaltestellen Malgarten-Bockstiegel bei ❶ und -An der Hase bei ❷ Richtung Bramsche mit Linien 680/681 (Mo. – Fr. wenige Verbindungen täglich), www.vos.info. am Ausgangspunkt mit sehr wenigen Verbindungen (v.a. Mo. – Fr. nachmittags), www.vos.info.
Anforderungen: Leichte Wanderung über Feld- und Wiesenwege sowie Straßen.
Markierung: Selten, am Ende Birkenweg (B).
Einkehr: Am Start/Ziel; Amtsrichter auf dem Klostergelände (Do./Fr. ab 16, Sa./So. ab 12.30 Uhr), LFamilia gegenüber dem Torhaus vom Kloster (täglich)., beide mit Biergarten.
Variante: Abkürzungsmöglicheit (Gesamtlänge 3 km): 70 m vor ❸ rechts auf Feldweg.
Kombi-Tipp: Verlängerung der Tour ab ❹ wie in Tour 37 beschrieben nach Bramsche.

Die Seitenarme der Hase sind ein beinahe ständiger Wegbegleiter dieser Tour.

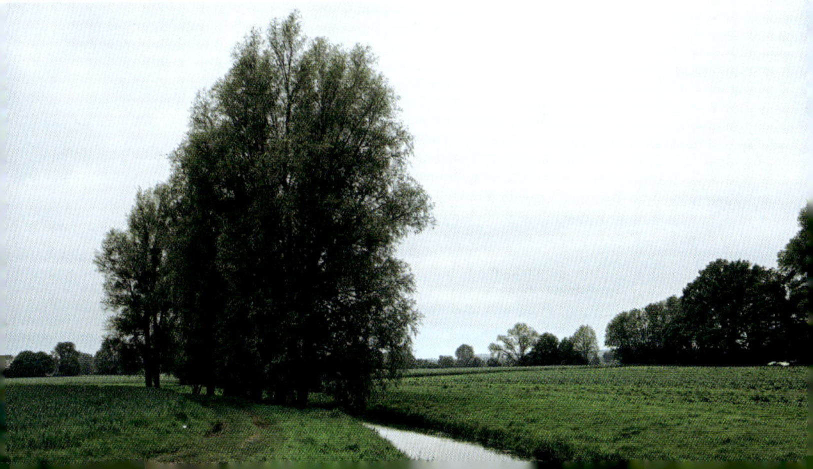

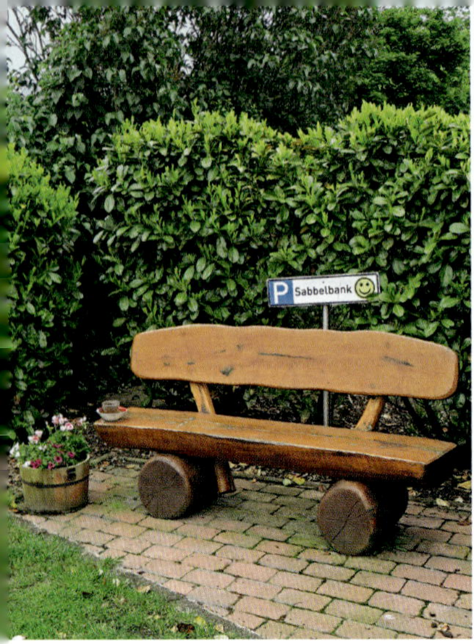

Diese Bank bei einem Hof in Malgarten lädt ausdrücklich zur Kommunikation ein.

Vor der Wanderung lohnt sich ein kurzer Spaziergang über die 4 ha große Anlage des ehemaligen **Klosters Malgarten** ❶, wo Wanderer willkommen sind. Konvent, Kreuzzugang und Kirche sind noch erhalten, die spätromanische ehemalige Klosterkirche dient seit 1815 als Pfarrkirche. Das ehemalige Kloster wird heute vielseitig genutzt; kulturell, kreativ, kulinarisch mit Klosterkonzerten, Keramik, Kunst, Musikwerkstatt, Museumsscheune, Malerei sowie als Seminar- und Gästehaus mit Gastronomie.

Die Tour verläuft hinter dem Klosterfriedhof und verlässt das Klostergelände an der Rückseite der Kirche ostwärts. Hinter dem Klostergraben schwenken wir nach rechts auf den Pfad durch das kleine Waldstück, an dessen Ende uns rechts ein Weg am Feldrand aufnimmt. Bei einem Hof queren wir nach rechts die Hase, gehen halb links an Stallgebäuden vorbei, folgen nach dem Hof mit der **Sabbelbank** ❷ der Straße (An der Hase) links und nach 120 m durch eine Rechtskurve zur Hauptstraße. Dort links auf dem Radweg und nach 10 m vor der Brücke über die **Hohe Hase** ❸ rechts auf den breiten Grasweg neben dem

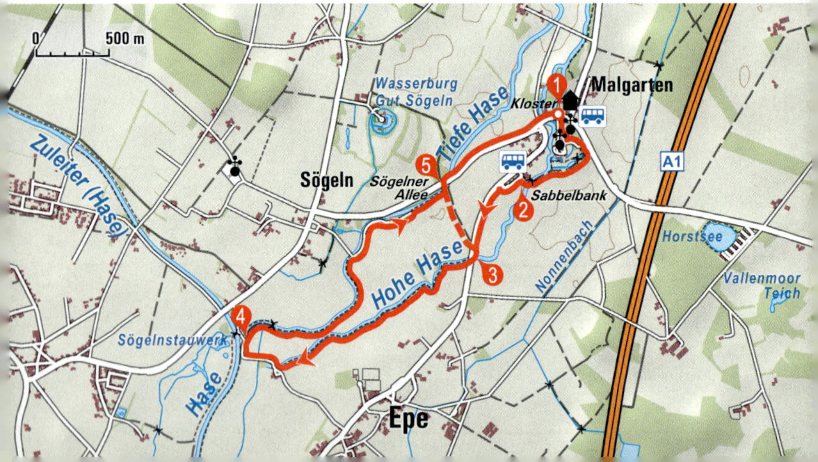

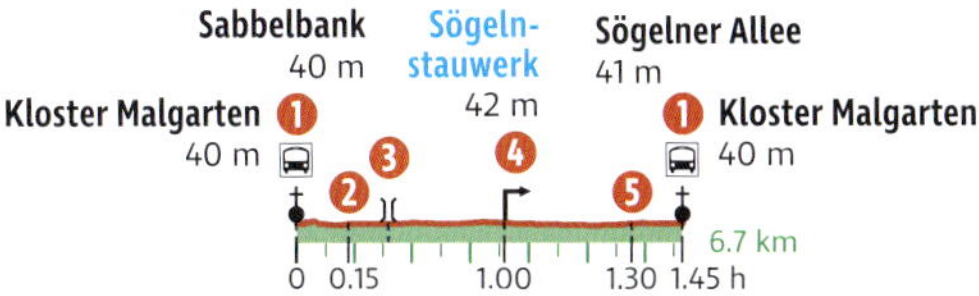

Flussarm, der sich später verengt. Nach 1,6 km nimmt uns geradeaus die Schlippenstraße auf und führt nach einer Rechtskurve zum **Sögelnstauwerk** ④, an dem sich die Hase aufteilt; die Tiefe Hase – mit dem Nebenarm Hohe Hase – umfließt im ursprünglichen Hase-Flussbett östlich den Alfsee, während der (kanalisierte) Hauptfluss als Zuleiter dem Alfsee zufließt und ihn nördlich wieder verlässt.
Vor dem Sögelnstauwerk wenden wir uns rechts und folgen dem anfangs gepflasterten Uferweg rechts neben der Hohen Hase, jetzt (bis zum Ziel) begleitet vom »B« des Birkenwegs. Bei der folgenden Brücke bleiben wir auf der rechten Seite. Schließlich erreichen wir eine Querstraße, die uns links bei der Brücke über die Tiefe Hase an die **Sögelner Allee** ⑤ heranführt, der wir – leider alternativlos – rechts knapp 1 km zurück zum **Kloster Malgarten** ① folgen.

Die sanierte alte Scheune des Klosters Malgarten dient kulturellen Veranstaltungen.

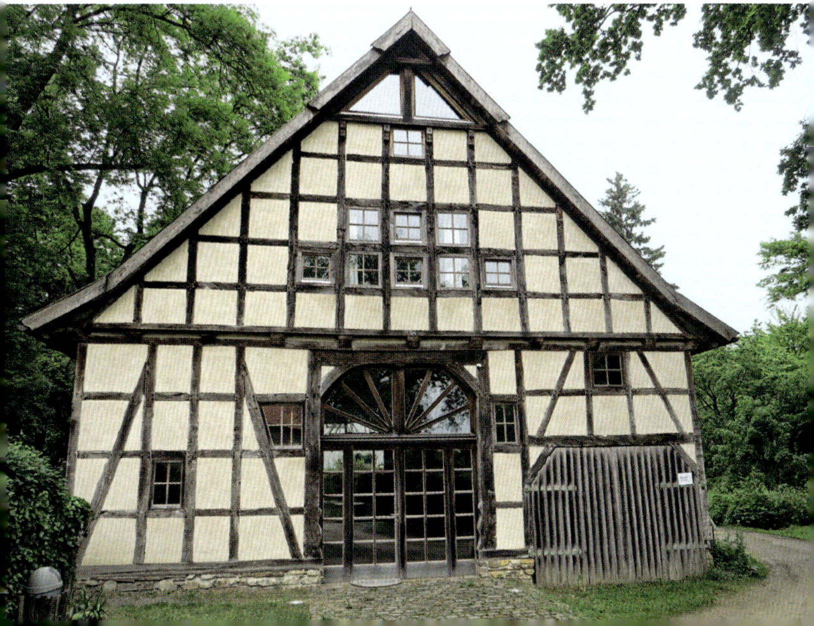

↗ 20 m | ↘ 20 m | 6,9 km

37 Kloster Malgarten – Bramsche

1.45 h

Flusswanderung an der Hase

Entlang der stellenweise renaturierten Hase führt diese kurze Streckenwanderung von der idyllischen Ruhe rund um das ehemalige Kloster Malgarten in die alte Tuchmacherstadt Bramsche. Nach dem Klostergelände erwarten uns Weideland, Deiche, viel Wasser und zuletzt die Grünanlage rund um den Hasesee der Stadt Bramsche.

Ausgangspunkt: Kloster Malgarten mit Parkgelegenheit, 40 m (Navi: Am Kloster 2, 49565 Bramsche).
Endpunkt: Marktplatz Bramsche, 45 m, mit Parkgelegenheit am Rathaus/Krankenhaus (Navi: Poggenpatt, 49565 Bramsche).
ÖPNV: Bushaltestellen Malgarten-Bockstiegel am Ausgangspunkt und Bramsche-Zentrum am Endpunkt. Zwischen beiden verkehren die Linien 680/681 (Mo. – Fr. wenige Verbindungen täglich), www.vos.info. Von Bramsche-Zentrum zum Bahnhof mit halbstündlichen Regionalbahnverbindungen Richtung Osnabrück ist es 1 km.
Anforderungen: Leichte Wanderung über Gras- und Feldwege sowie (verkehrsarme) Straßen.
Markierung: Fast durchgehend Birkenweg (B).
Einkehr: Café am Hasesee nahe 5 (Mo. Ruhetag) sowie am Start und Ziel.
Kombi-Tipp: Tour 36 rund um Kloster Malgarten oder Tour 38 rund um Bramsche.

Das Rathaus Bramsche am Ende der Wanderung.

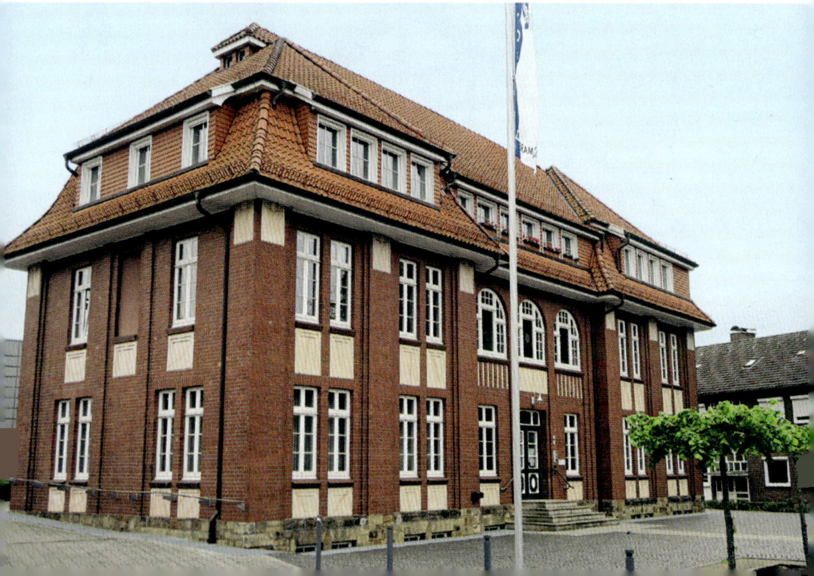

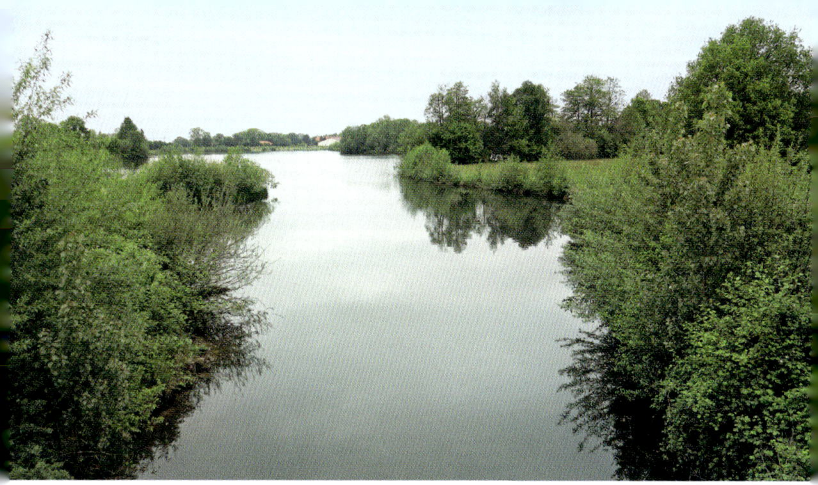

Der Hasesee soll mit Beteiligung der Bramscher Bevölkerung erweitert werden.

Vom **Kloster Malgarten** ❶ (Info → Tour 36) führt uns der Fernwanderweg Birkenweg zunächst weniger schön nach Querung der Hohen Hasebrücke in südwestliche Richtung entlang der Sögelner Allee, wechselt nach knapp 1 km vor der **Straßenbrücke** ❷ über die Tiefe Hase links in einen Feldweg und schwenkt sofort nach rechts auf einen Pfad ein, der links neben der Tiefen Hase entlang eines schmalen Waldstreifens verläuft. Der Pfad mündet bald in die kleine Riester Straße ein, der wir aber nicht bei der folgenden Brücke über die Tiefe Hase folgen. Der Birkenweg bleibt auf der linken Seite der Tiefen Hase und führt zum **Sögelnstauwerk** ❸, wo sich die Hase aufteilt (Info → Tour 36).

Beim Stauwerk bleibt der Birkenweg auf der linken Flussseite und begleitet jetzt die Hase; dazu passieren wir das Metallgatter auf dem Deich und berücksichtigen den Hinweis auf die Leinenpflicht für Hunde. Nach einem Waldstück und folgender Querung der **Nordtangente** ❹ geht es geradeaus weiter und vor einem großen Gatter nach links zur Umgehung stellenweise gefluteter Sandabbaugruben, die nach Ablaufen der Konzession in das Naherholungsgebiet mit dem Hasesee integriert werden sollen.

Der Birkenweg leitet nach 120 m unter der (zweiten) Hochspannungsleitung nach rechts mit einem Teich zur Rechten, nach 170 m beim Warn-

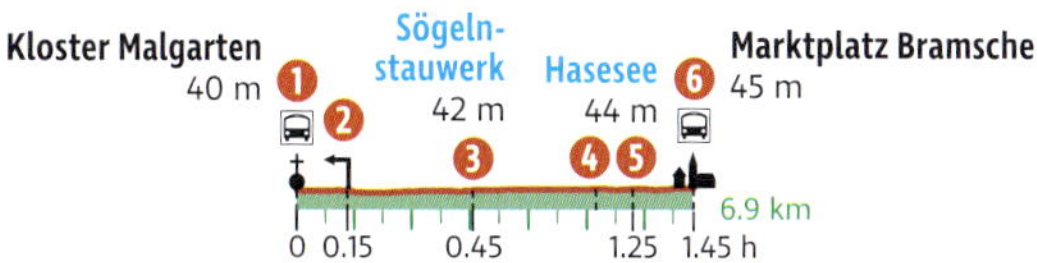

schild »Abbruchkante« nach links und führt heran an den **Hasesee** 5, den wir rechts umgehen Richtung Bramsche-Zentrum (B) – nach links wäre ein 5-minütiger Abstecher zum **Café Hasesee** möglich. Der 13 ha große Hasesee wurde 2010 angelegt als Teil einer 4 Mio. € teuren Hochwasserschutzmaßnahme: Eine Flutmulde östlich der Bramscher Innenstadt mit 2 m hohen Dämmen soll ein Hochwasser der Hase aufnehmen und verzögert weitergeben. Bei der Brücke über den Hasesee schwenken wir nach rechts und folgen der Straße zwischen Krankenhaus (rechts) und Rathaus (links) zum **Marktplatz Bramsche** 6.

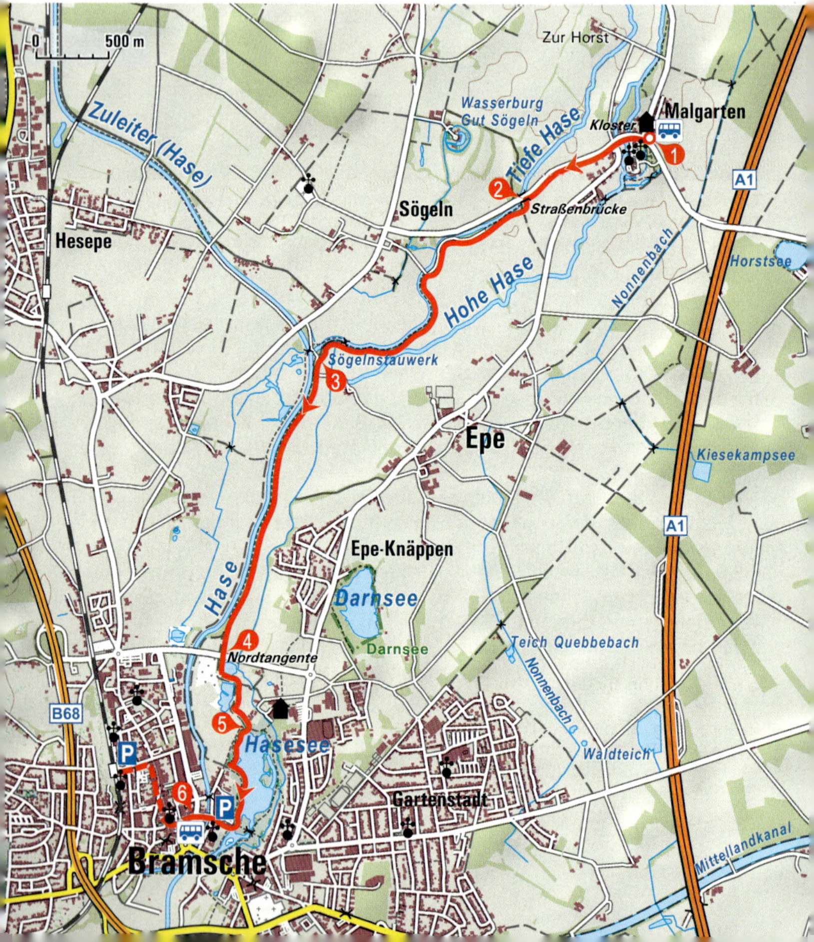

Rundwanderung um die alte Tuchmacherstadt und den Hasesee

Die bedeutende Vergangenheit Bramsches als Tuchmacherstadt zeigt sich in der Bezeichnung »Bramscher Rot« für einen im 18. Jh. enwickelten Farbton: ein Scharlachrot aus der Wurzel der Krapp-Pflanze, das bei den Uniformen der hannoverschen und englischen Soldaten bekannt wurde. Bramsche bietet ein abwechslungsreiches Umfeld für eine kombinierte Stadt/Land-Wanderung mit gleichermaßen Kultur und Natur: Bramsches Zentrum mit Kirche, Tuchmachermuseum, Ehrenmal, Wald- und Feldpassagen Richtung Stapelberg sowie der Flussniederung im Hasetal mit dem Hochwasserbecken.

Ausgangspunkt: Marktplatz Bramsche, 45 m, mit Parkgelegenheit am Rathaus/Krankenhaus (Navi: Poggenpatt, 49565 Bramsche), alternativ Parkplatz Am Tuchmachermuseum oder am Bahnhof.
ÖPNV: Bushaltestelle Bramsche-Zentrum am Ausgangspunkt mit zahlreichen überregionalen Verbindungen, etwa Linie 610 Richtung Osnabrück und Fürstenau (Mo. – Sa. stündlich), www.vos.info. Der Bahnhof Bramsche mit häufigen Regionalbahnverbindungen (→ Tour 39) ist über rund 0,5 km lange Zuwege erreichbar: entweder via Bahnhofstraße und Große Straße (Fußgängerzone) zur St.-Martins-Kirche oder Breuelstraße und Bahn-Fußgängerunterführung Friesenstraße zur Route nahe dem Wasserturm.
Anforderungen: Leichte Wanderung großteils über gut ausgebaute Wege durch Wald, am See und Deich, in Bramsche großteils verkehrsarme Straßen.
Markierung: Anfangs Hünenweg (H).
Einkehr: Café am Hasesee, Bramsche.
Varianten: Mehrere Abkürzungen sind möglich: 1. am Hasesee durch Verzicht auf Umrundung, indem man ab 6 rechts geht (1,4 km kürzer).
2. Durch Weglassen des südlichen Seebeckens durch Rückweg rechts auf Seebrücke direkt zum Zentrum (0,5 km kürzer).

Kombi-Tipp: Tour 39 Richtung Stapelberg mit der nördlichen Schleife (etwa zzgl. 8 km) ab 4.
Tipp: Tuchmachermuseum in Bramsche (Mo. Ruhetag), www.tuchmachermuseum.de. In der dortigen Touristinfo kann der Schlüssel zur Turmbesteigung des Ehrenmals ausgeliehen werden.

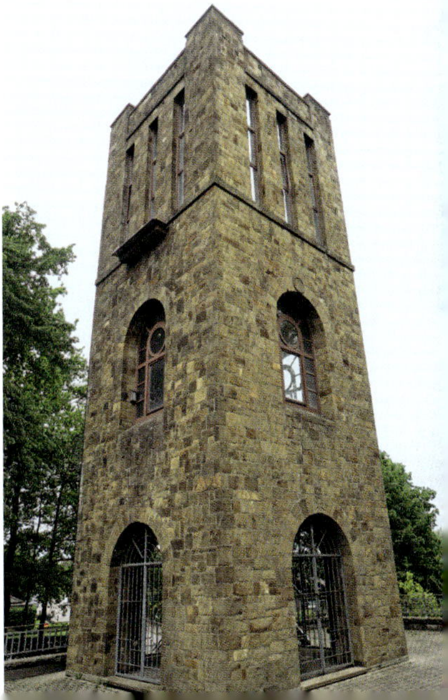

Kurz hinter dem 28 Meter hohen Ehrenmal verlässt die Tour die Stadt Bramsche.

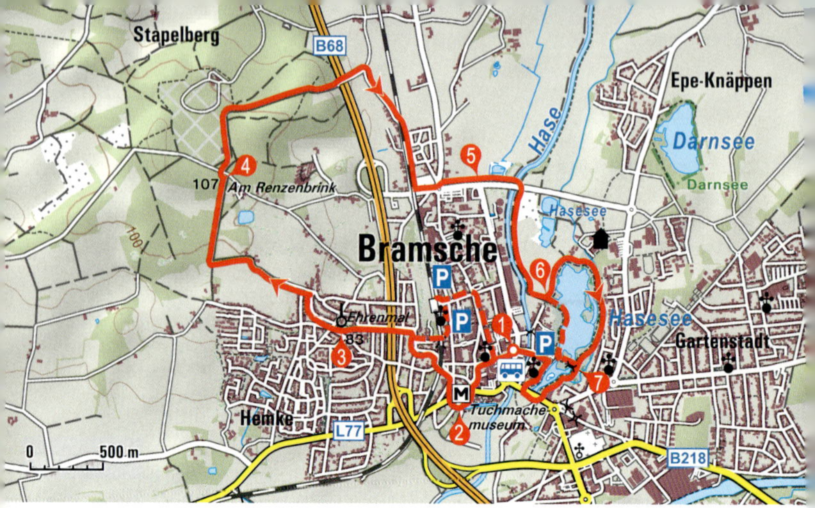

Vom **Marktplatz Bramsche** ❶ folgen wir zunächst dem Verlauf des Hünenwegs (H) durch Bramsche (→ Tour 32), vorbei an der St.-Martins-Kirche, dem **Tuchmachermuseum** ❷ sowie **Ehrenmal** ❸ und schließlich über Feld- und Waldwege zur Straße **Am Renzenbrink** ❹ mit einem ehemaligen Gasthof rechts. Zusammen mit dem Hünenweg wenden wir uns hier zunächst nach links, verlassen aber die Straße und den Fernwanderweg, indem wir nach 20 m den rechts abzweigenden Feldweg nehmen und uns nach weiteren 100 m links halten, rechts vorbei am umzäunten FBG-Tanklager (Info → Tour 39) und nach wenigen Minuten auf dem Forstweg durch eine Rechtskurve. Kurz nach einer Schranke geht es unter der A1 hindurch, nach einem Linksschwenk der Straße neben Bahngleisen südwärts zur Hauptstraße und entlang dieser auf weniger schönem Abschnitt 0,5 km auf dem Radweg neben dem Gewerbegebiet über die Bahnlinie und vorbei am Kreisver-

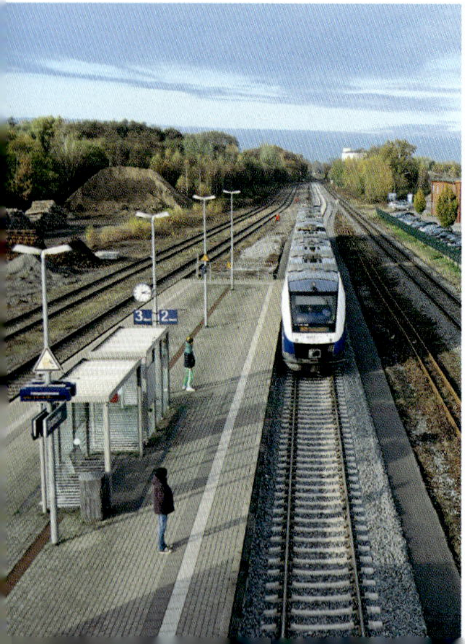

Der Bahnhof Bramsche bietet halbstündliche Verbindungen von/nach Osnabrück.

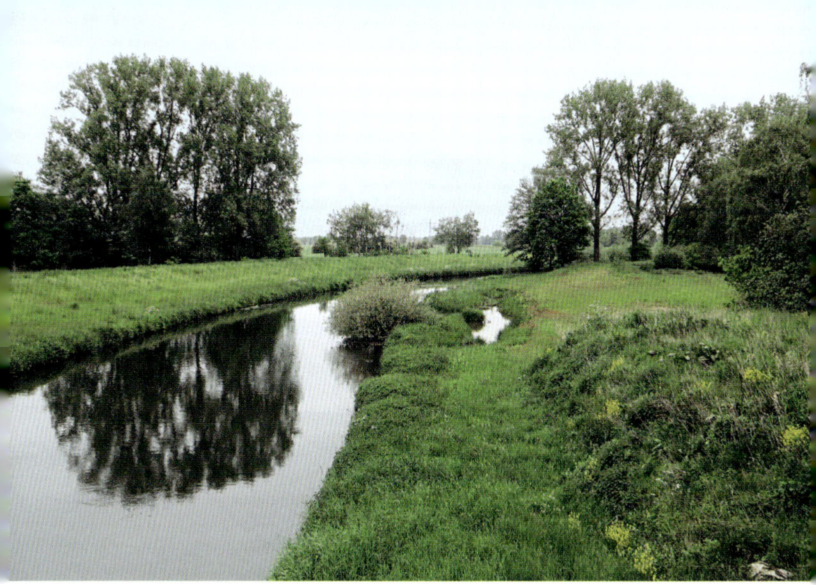

Die Hase war früher ein wichtiger Standortfaktor für die Bramscher Tuchmacher.

kehr. 250 m nach dem Kreisverkehr links in die kleine **Straße** 5, in Linkskurve hinauf auf Hasedeich, rechts zur Nordtangente-Brücke, auf dieser links über die Hase und gleich rechts vorbei am Gatter und südwärts auf dem Hasedeich. Sandhügel zur Linken erinnern an den im Hasetal betriebenen Sandabbau, der bis etwa 2035 dauern und danach zur Entstehung eines weiteren Hasesees führen soll. Nach einer Linkskurve erreichen wir den 2010 als Hase-Hochwasserbecken angelegten **Hasesee** 6 (Info → Tour 37) und umgehen ihn links Richtung **Café Hasesee**, das nach 5 Minuten 100 m links vom Weg liegt.

Der südliche Teil des am 2 m hohen Damm verlaufenden Rundweges um den 13 ha großen Hasesee könnte bei der **Poggenpatt-Brücke** 7 abgekürzt werden. Beim Rathaus führt der Poggenpatt nach der Seepassage links Richtung Zentrum vorbei am Parkplatz zur Hase, und nach Querung der Hase die Marktstraße zurück zum **Marktplatz Bramsche** 1.

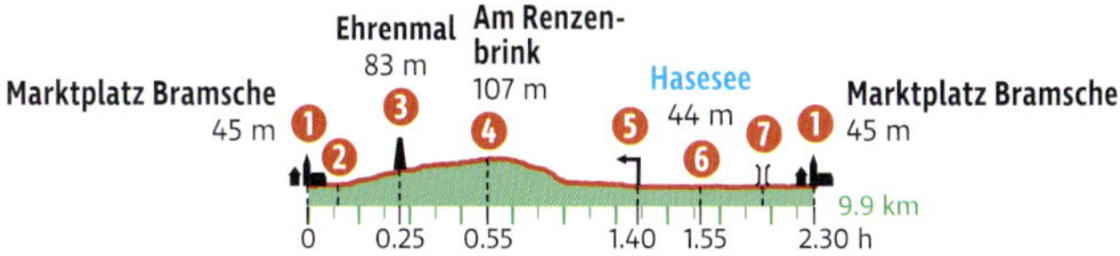

↗ 150 m | ↘ 150 m | 13,7 km

39 Bramsche – Stapelberg

3.30 h

Rundwanderung auf den Gehn

Zwischen Bramsche und Ueffeln erhebt sich der Gehn als nördlicher Ausläufer der Mittelgebirgsschwelle. Die Rundwanderung führt von Bramsche auf diesen 5 Kilometer langen Höhenzug aus jurazeitlichem Gestein, das in der Kreidezeit aufgewölbt wurde. Uns erwarten Laubmischwälder mit zwischenzeitlich weiten Blicken über Felder bei Stapelberg.

Ausgangspunkt: Bahnhof Bramsche, 54 m, mit Parkplatz nördlich vom Bahnhof (Navi: Ladestraße, 49565 Bramsche), alternativ Parkplatz im Breuel (Navi: Im Breuel 10, 49565 Bramsche).
ÖPNV: Bahnhof Bramsche mit häufigen Regionalbahnverbindungen; halbstündlich von/nach Osnabrück und jeweils stündlich Richtung Bremen und Oldenburg, www.bahn.de. Am Schluss in Bramsche mehrere Haltestellen mit Linie 610 Richtung Osnabrück und Fürstenau (Mo. – Sa. stündlich), bei Verlängerung (→ Variante) Bushaltestelle Balkumer Grenzweg mit Linie 620 Richtung Bramsche und Ueffeln (Mo. – Fr. mehrmals täglich), www.vos.info.
Anforderungen: Leichte Wanderung überwiegend über breite Waldwege, stellenweise auch Pfade, am Anfang und Ende in Bramsche Straße durch Wohngebiet. Abschnitte des Rückweges ab ❸ können bei und nach Regen sowie im Winterhalbjahr infolge Bodenverdichtung durch schweres forstwirtschaftliches Gerät schlammig sein, alternativ zurück auf dem Hinweg.
Markierung: Stellenweise Terra-Track Kettelsberg (T, Hünenweg (H) und Bersenbrücker-Land-Weg (stilisierte weiße Hügel auf rotem Grund).
Einkehr: Bäckerei-Café und in Bramsche kurz vor dem Ende.
Varianten: Verlängerung mit Runde im Nordwesten auf Hünenweg und Terra-Track Kettelsberg (5 km); dazu bei ❹ rechts und nach der Gehnhütte links auf Hünenweg, der nach 1,7 km nach einem Rastplatz links Richtung Ueffeln abzweigt. Ab dort geradeaus auf mit T gekennzeichnetem Terra-Track Kettelsberg mit zahlreichen Kurven und Abzweigungen wieder zu ❹.
Kombi-Tipp: In anderer Richtung große Runde zusammen mit Tour 38 via Hasesee (etwa 18 km).
Tipp: Tuchmachermuseum in Bramsche (Mo. Ruhetag), → Tour 38.

Vom Kreisel vor dem **Bahnhof Bramsche** ❶ folgen wir kurz der Bahnhofstraße abwärts, biegen rechts in die Breuelstraße und nach 250 m bei einem Zebrastreifen rechts in den Radweg, unter der Bahnlinie hindurch und rechts an dem ehemaligen Wasser- und heutigen Wohnungsturm vorbei. Auf der westlichen Seite folgen wir dem Hünenweg rechts, auf der Marienstraße durch eine Linkskurve und nach Querung der Autobahn geradeaus in den Park mit dem **Ehrenmal** ❷, wo seit 1934 der Gefallenen des Ersten Weltkrieges (und später auch des Deutsch-Französischen Krieges) gedacht wird. Der 28 m hohe Aussichtsturm ist zugänglich; den Schlüssel dazu bekommt man gegen ein Pfand bei der Touristinfo.
Nach dem Ehrenmal geradeaus durch die Kochstraße, an deren Ende links

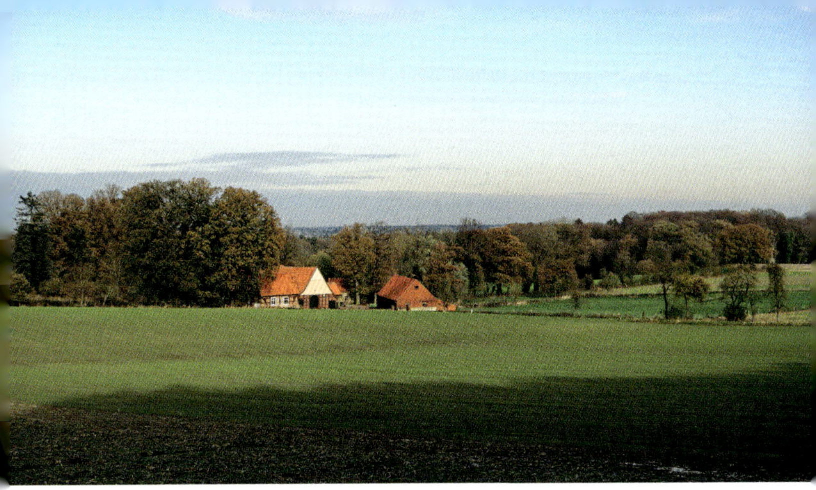

Blick vom Waldrand über die Felder am Stapelberg.

(Im Dussteil) und auf dem Feldweg aus Bramsche heraus. Die H-Markierungen leiten vorbei an Feldern und bei einer T-Kreuzung nach rechts auf einen breiten Waldweg nordwärts zu einer kleinen Straße (Am Renzenbrink). Dort links und am Ende des umzäunten Militärgebietes rechts. Hinter den Zäunen rechts befindet sich eines von fünf FBG-Tanklagern der NATO, die die Versorgung mit Treibstoff vor allem für Militärflugzeuge in Krisenzeiten sicherstellen sollen.

Der Pfad entfernt sich nach 5 Minuten nach einer Linkskurve von dem Zaun und erreicht eine **Kreuzung** 3 am nördlichen **Heseper Berg**, die wir später wieder erreichen werden. Der Hünenweg führt geradeaus weiter, wir aber zweigen nach rechts ab und folgen dem gut markierten Terra-Track Kettelsberg Richtung Wanderparkplatz Stapelberg (2,6 km) durch einen Hohlweg im Wald, nach wenigen Minuten mit weitem Blick über freie Fläche bei Stapelberg. Der Terra-Track führt in großem Bogen entgegen dem Uhrzeigersinn um das auf einer großen Lichtung liegende Stapelsberg herum und 200 m nach einem Weiher namens Vogelpohlsgraben in der Linkskurve des Stapelberger Heuwegs geradeaus vorbei am Rastplatz und ansteigend auf die Höhe des bewaldeten Gehn.

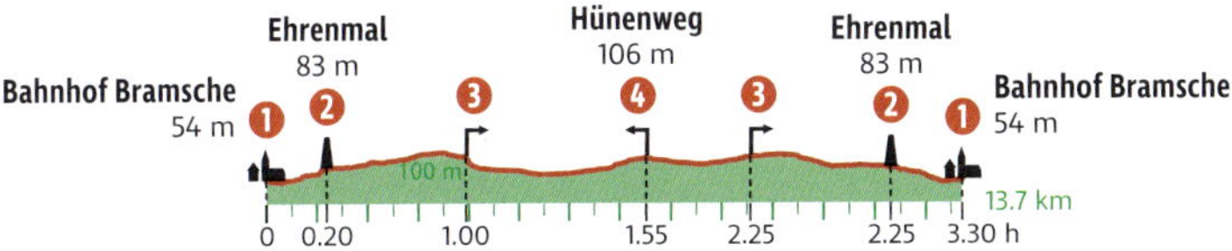

Kurz vor der ausgeschilderten Gehnhütte erreichen wir bei einer T-Kreuzung wieder den **Hünenweg** ❹ und folgen ihm links zusammen mit dem Terra-Track Kettelsberg und anfangs dem Bersenbrücker-Land-Weg zurück zur **Kreuzung** ❸ am nördlichen **Heseper Berg**. Dort rechts auf Forstweg und bei einer Kreuzung mit kleiner Straße und Schranken geradeaus. Nach 500 m folgen wir dem Forstweg durch die Rechtskurve; die möglicherweise schlammigen Passagen des bei Nässe aufgeweichten Wegs können links oder rechts umgangen werden. Bei der Kreuzung vor einem Haus halten wir uns nach links leicht aufwärts nach Bramsche, wo ein neues Wohnviertel mit Einfamilienhäusern des eher gehobenen Segments durchquert wird. Am Park mit dem **Ehrenmal** ❷ gehen wir geradeaus rechts am Ehrenmal vorbei (Grünegräser Weg) und queren nach der Bäckerei-Café die Autobahn und nach einer Linkskurve die Bahngleise. Kurz nach dem Bahnübergang führt uns links die Breuelstraße zurück zum **Bahnhof Bramsche** ❶.

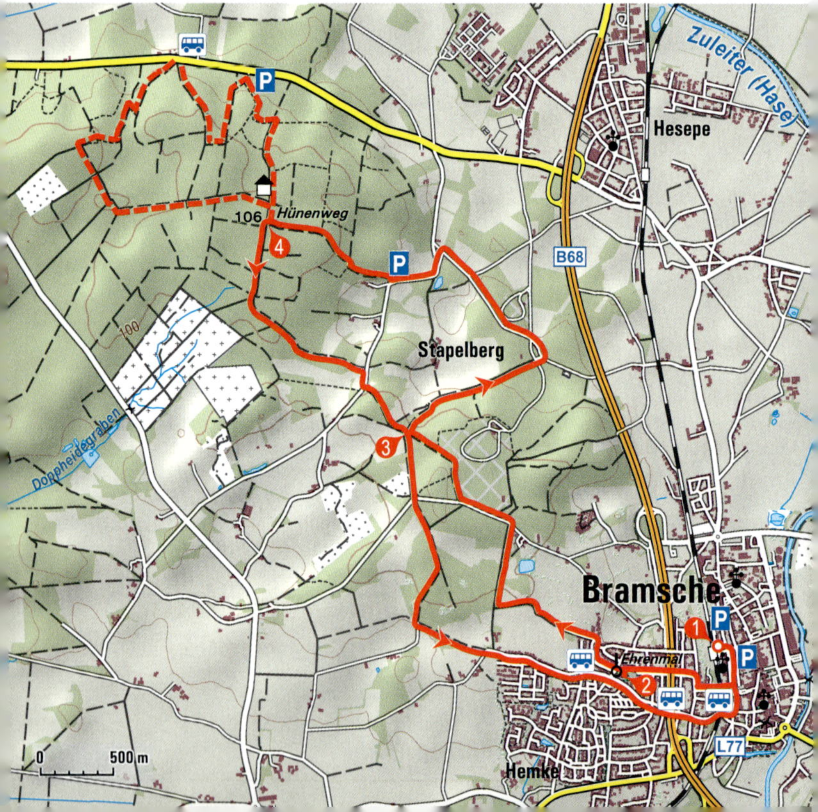

↗ 50 m | ↘ 50 m | 4,7 km

1.15 h

Achmer – Grasmoor

40

Moorwanderung bei Bramsche

Zwischen Grasmoor, Bühnerbach und Achmer erstreckt sich zu Füßen der Larberger Egge ein 86 Hektar großer landschaftlich abwechslungsreicher Verbund ökologisch wertvoller Flächen, darunter das 33 Hektar große Naturschutzgebiet Grasmoor mit Moorwäldern, Mooren, Teichen und Heide. Auf alten Dünen gedeihen Kiefernbestände sowie Eichen- und Birkenwälder. Damit zeigt dieses Gebiet im Kleinen die einstmals weit verbreitete Dünen- und Moorheidelandschaft im Nordwesten Niedersachsens. Der abwechslungsreiche Rundwanderweg mit sieben Infotafeln der Stiftung Hasemann illustriert diese kleinräumige Weidelandschaft mit Naturhecken, Wald, Heideinseln und Felshängen am Westrand des Wiehengebirges.

Ausgangspunkt: Parkplatz am Friedhof Achmer, 50 m (Navi: Fledderweg 6a, 49565 Bramsche).
ÖPNV: Bahnhof Achmer 1,5 km von der Route mit stündlichen Regionalbahnverbindungen Richtung Osnabrück und Bremen oder Bushaltestelle Achmer-Volksbank 0,9 km von der Route, mit u. a. Linie 610 Richtung Fürstenau und Osnabrück via Bramsche (Mo. – Fr. stündlich, Sa./So. seltener), www.vos.info. Zuweg: Vom Bahnhof Achmer Lange Straße nordwestwärts in den Ort, 100 m nach dem Kreisverkehr links (Am Wall) und gleich rechts (Birkenweg) in Ortsmitte mit der Bushaltestelle Achmer-Volksbank. Von der Bushaltestelle weiter Richtung Nordwest (Birkenweg), nach 100 m geradeaus und Schulweg nach Linkskurve folgen. Am Ortsende geradeaus (Larberge) zur Route kurz vor 1.
Anforderungen: Leichte Wanderung über Feld- und Forstwege mit kurzen steileren An- und Abstiegen, stellenweise auch (verkehrsarme) Straße.
Markierung: Fast durchgehend grauer Pfeil (Schilder der Stiftung Hof Hasemann) entlang dem als Terra-Track-Grasmoor ausgewiesenen Rundweg.
Einkehr: Keine.

Am Westhang der Larberger Egge erstreckt sich diese Heidefläche.

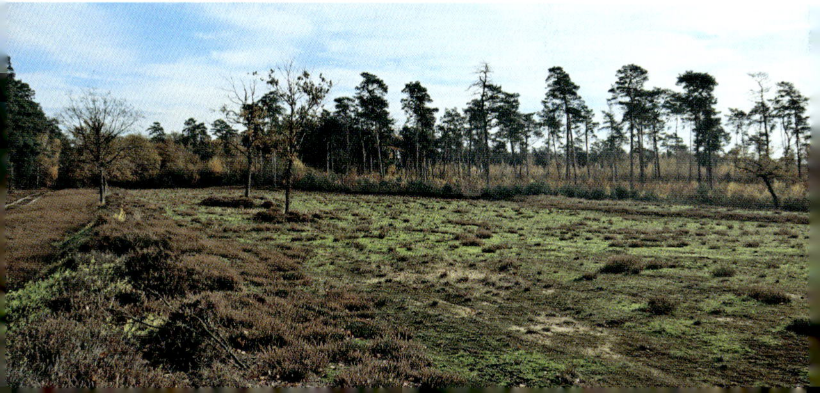

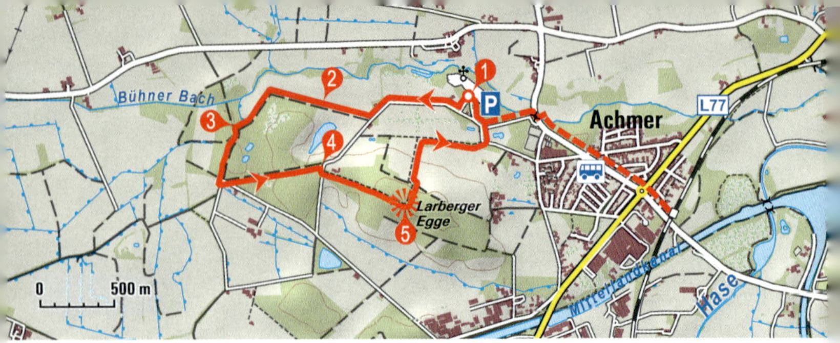

Die Zufahrtsstraße vom **Parkplatz** am **Friedhof** ❶ führt zurück zur Vorfahrtsstraße Fledderweg, der wir rechts durch die kleinräumige Weidelandschaft folgen. Gegenüber von Haus Nr. 5 weist nach 10 Minuten ein Wegweiser der Stiftung Hof Hasemann mit grauem Pfeil nach rechts. Der Feldweg passiert nach 200 m eine Infotafel über **Wallhecken** als **Station 6** ❷ des Naturlehrpfads

Der zunächst leicht befestigte Weg wandelt sich am Waldrand in einen Spurweg. Bei einer Gabelung an einem Tal folgen wir dem Pfeil halb links und erfahren kurz darauf bei **Station 5** ❸ Wissenswertes zum **Moor**. Nach 5 Minuten erreichen wir eine Straße (Fürstenauer Damm), die die Südgrenze des Naturschutzgebietes (NSG) markiert). Halb rechts sind die neun Windräder des 2006 errichteten Windparks Achmer-Vinte mit zusammen 20 Megawatt installierter Leistung erkennbar.

Wiesen- und Heckenlandschaft bei Grasmoor.

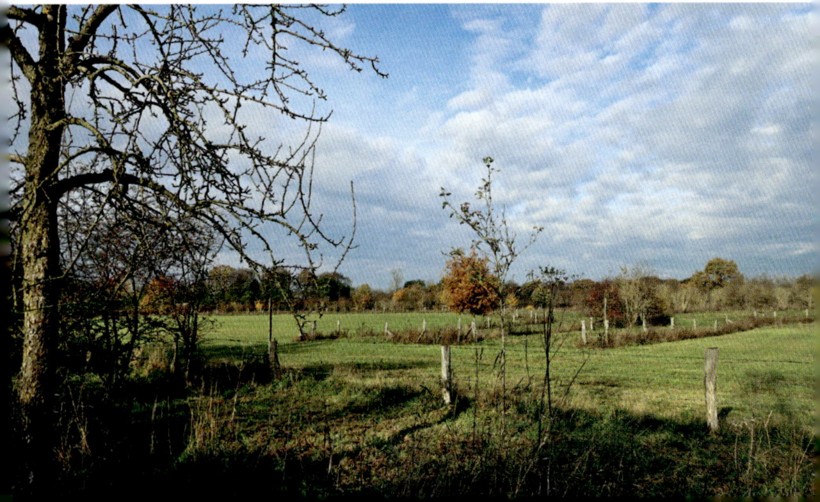

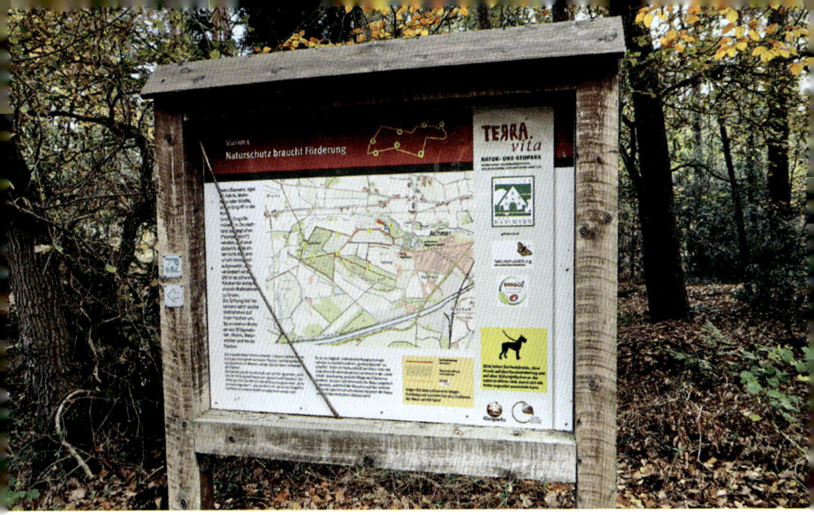

Am Startpunkt informiert diese Tafel des Geoparks über Naturschutz und die Route.

Bei der Kreuzung gehen wir links an der Schranke vorbei in das NSG mit **Station 4** (Kultursteppe) und kurz darauf Heideflächen zur Rechten. Links lichtet sich bald der Wald zugunsten einer Wiese, auf der ein Stillgewässer angelegt wurde, dessen Sand links davon der Dünenbildung dient. Die folgende **Station 3** ❹ erläutert dieses **Landschaftsmosaik**; dort gehen wir rechts und gleich danach links Richtung Fledderweg 7 in einen Schotterweg, der hinter dem Haus als Grasweg aufwärts in den Wald führt. Kurz vor dem höchsten Punkt der **Larberger Egge** ❺, 82 m, wandern wir bei einer Gabelung links hinunter, kurz sehr steil, dann vorbei an **Station 2** (Wiehengebirge).

Vor einem Feld mit weiter Sicht nimmt uns nach links ein Plattenweg auf, ehe der Naturpfad rechts über den Feldweg abwärtsführt. Unten weist der Pfeil nach rechts entlang dem Grasweg vorbei an einer Weide mit Obstbäumen und Hecken. Der Weg mündet in eine Straße: dort links (Verkehrsverbot) und nach 100 m bei einer T-Kreuzung wieder links Richtung Voltlage. Bei der folgenden Abzweigung wandern wir rechts entlang der ausgeschilderten Zufahrt zurück zum **Parkplatz** am **Friedhof** ❶.

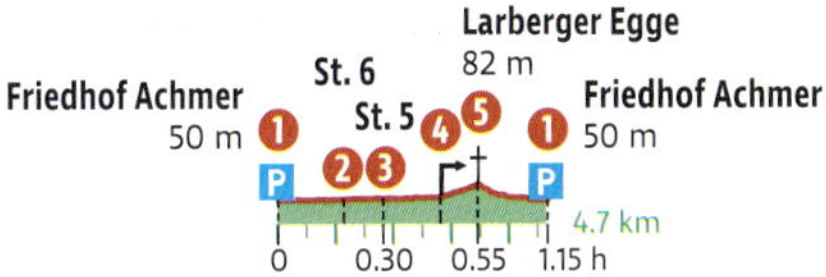

↗ 20 m | ↘ 20 m | 6,5 km

41 Mittellandkanal bei Seeste

1.30 h

Teutoschleifchen Schachselwiesen

Am Mittellandkanal, der mit 325 Kilometer längsten künstlichen Wasserstraße Deutschlands, bietet dieses Teutoschleifchen abwechslungsreiche Feld- und Waldlandschaften sowie viel Ruhe, unterbrochen vom gleichmäßigen Tuckern der Frachtschiffe. Namensgeber dieser prämierten Rundwanderung ist der 82-Meter-Kalkhügel Schachsel, zu dessen Füßen sich die Feuchtwiesen der Düsterdieker Niederung erstrecken.

Ausgangspunkt: Wanderparkplatz Schachselstraße, 60 m; öffentliches Parken nur am Straßenrand (Navi: Schachselstraße 16, 49492 Westerkappeln).
ÖPNV: Kaum sinnvoll.
Anforderungen: Hauptsächlich kleinere Waldwege und Pfade, die stellenweise etwas sandig sind.
Markierung: Durchgehend Teutoschleifchen Schachselwiesen (abgekürzt TS) mit entsprechendem Logo.
Einkehr: Keine.

Am östlichen Ende vom **Wanderparkplatz Schachselstraße** ❶ führt bei der Infotafel ein Pfad Richtung Mittellandkanal, wo wir dem Teutoschleifchen nach rechts folgen. Bei einem **Rastplatz unter einer Hochspannungsleitung** ❷ verlässt TS den Kanal rechts, führt über eine Betonbrücke und dahinter nach links auf dem Grasweg am Nierenbruchgraben entlang Feldern mit der Hochspannungsleitung zur Rechten. Bei den beiden folgenden T-Kreuzungen halten wir uns rechts und folgen kurz darauf dem Weg in den Wald, in dem sich kaum merklich rechts der 82 m hohe Schachsel erhebt. Nach einer **Straßenquerung** mit **Parkplatz** ❸ führt TS geradeaus weiter auf dem Schotterweg durch Felder und später über einen Sandweg am Wald-

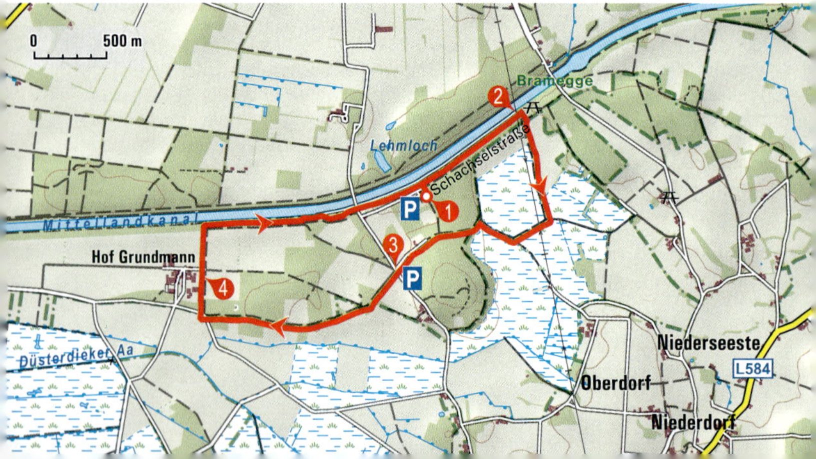

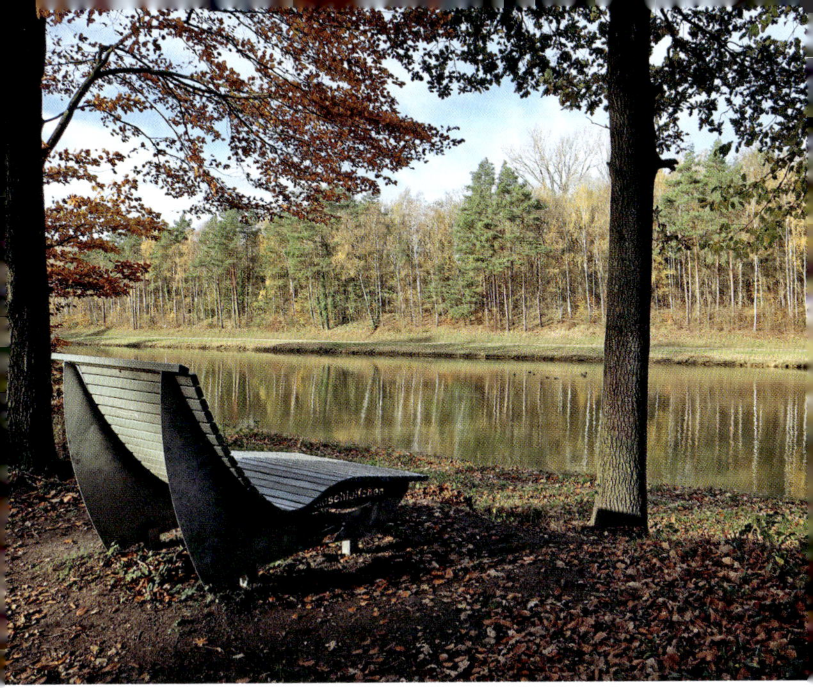

Diese Teutoschleifchenbank bietet Ruhe am und Aussicht auf den Mittellandkanal.

rand und durch lichten Wald. Vor der folgenden Straße zweigt TS rechts auf einen Schotterweg ab Richtung Campingplatz Weißes Moor (2,2 km). Links liegt der **Erlebnishof Grundmann** 4 mit breitem Angebot: Ponyreiten, Partyservice und Weihnachtsbaumverkauf. Vor dem Waldstreifen am Kanal wendet sich TS nach rechts und verläuft zunächst auf einem Sandweg mit links dem bewaldeten Deich und rechts Wiesen. Optional wäre auch der weiter links direkt am Kanal verlaufende Treidelweg möglich. Bei einer Bank zweigt TS nach links ab und führt durch Wald zur Schachselstraße bei einer Kanalbrücke. Wir queren die Straße, gehen leicht links versetzt geradeaus weiter durch den Wald und nach 5 Minuten rechts zurück zum **Wanderparkplatz Schachselstraße** 1.

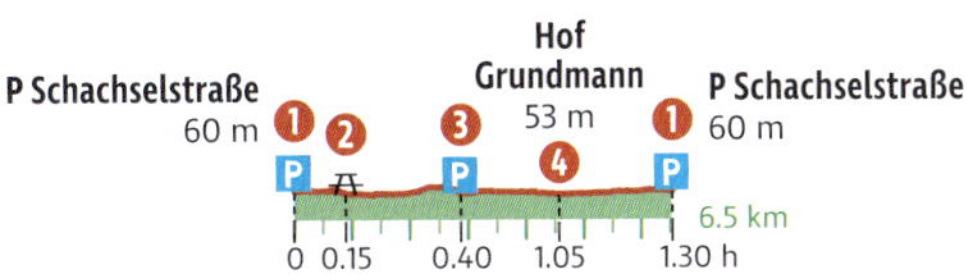

TOP

↗ 50 m | ↘ 50 m | 6,8 km

42 Sloopsteener Seerunde

1.45 h

Teutoschleife zwischen Westerkappeln und Halle

Die steinzeitlichen Sloopsteene sowie der Sundersee mit Steilufer und Sandstrand bilden die Höhepunkte dieser als Premiumweg zertifizierten Wanderung. Kleinere Waldwege und Pfade führen durch das Wersener Holz mit Eichen-Buchen-Mischwald. Ein schöner Uferweg umrundet den Niedringhaussee, dazwischen bieten sich weite Blicke über Felder.

Ausgangspunkt: Kleiner Wanderparkplatz Sloopsteinweg, 65 m (Navi: Sloopsteinweg, 49492 Westerkappeln), alternativ kleiner Parkplatz bei Picknicktischen nach 3.
ÖPNV: Bushaltestelle Zu den Sloopsteenen 0,5 km vom Weg mit Linien R16 und S10 täglich mehrmals stündlich Richtung Osnabrück und Westerkappeln, www.rvm-online.de. Von der Haltestelle nordwärts, dann links Napoleondamm und nach 130 m rechts in den Wald zu 2. Alternativ Bahnhof Halen 3 km vom Weg bei 3 mit stündlichen Regionalbahnverbindungen Richtung Osnabrück und Bremen. Zuweg auf dem mit »M« markierten Mühlenweg, der nach 2,3 km bei Einmündung in den Sonnenkamp verlassen wird; dort rechts entlang Wersener Damm zu den Picknicktischen nach 3.
Anforderungen: Leichte Wanderung großteils über kleine Wege und Pfade, stellenweise mit Baumwurzeln, daher festes Schuhwerk empfohlen.
Markierung: Durchgehend Logo Teutoschleife.
Einkehr: Keine.
Varianten: Unterwegs mehrere Möglichkeiten zum Abkürzen auf querenden Wegen.
Kombi-Tipp: Verlängerung mit Tour 43 Richtung Westerkappeln (ab 1 4,4 km) oder Osnabrück (etwa 15 km) .

Herbstliche Farben am Waldrand kurz nach den Sloopsteenen.

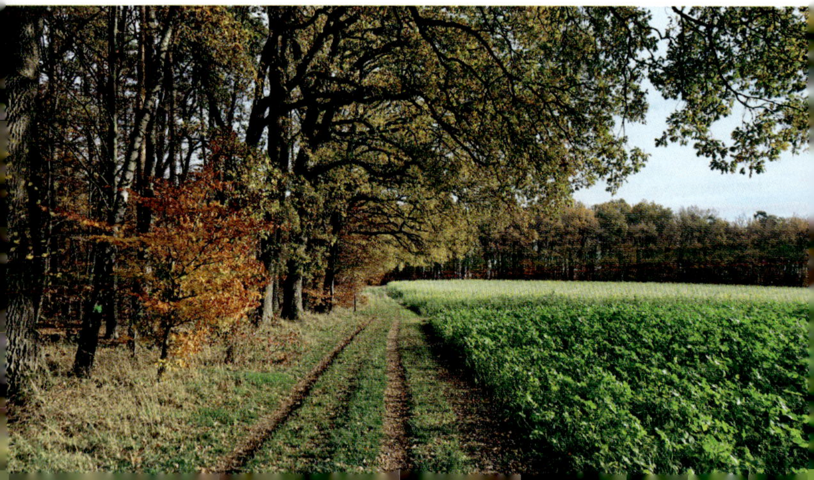

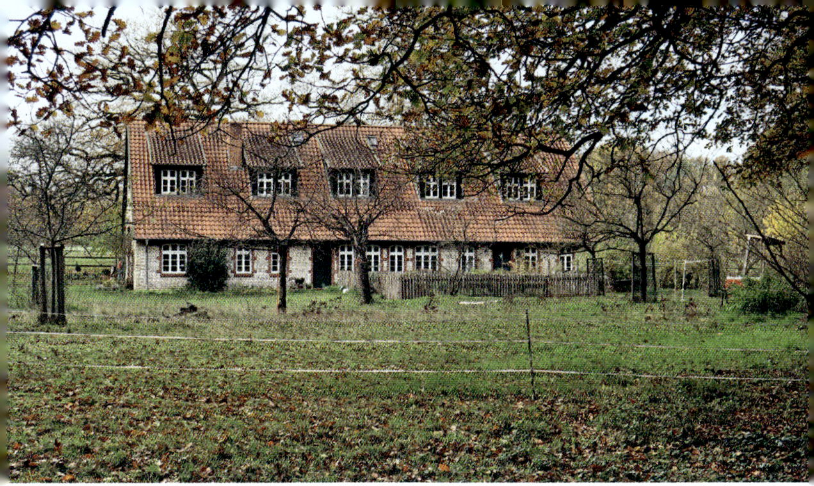

Das Doppelheuerhaus entstand vor 200 Jahren aus regionalem Material: Eiche und Sandstein.

Vom **Parkplatz Sloopsteinweg** ❶ führt die Teutoschleife ostwärts in den Wald und nach rechts, vorbei an der Schutzhütte. Nach 70 m erreichen wir das für die Straße und Teutoschleife namensgebene Steinzeitgrab; das fast 20 m lange **Großsteingrab Sloopsteene** gilt als eines der besterhaltenen Megalithgräber Westfalens, deren 1,8 m breite Kammer einst von elf Decksteinen überdacht wurde, von denen noch fünf auf den Tragsteinen liegen. Bei der Kreuzung an den Sloopsteenen nehmen wir rechts den Weg Richtung Doppelheuerhaus (2,8 km) und am Waldrand den Pfad nach links. Die Markierungen führen uns kurvig durch den Wald, vorbei an einem **Haus** ❷ und anschließend am Waldrand entlang auf einem Feldweg, ehe die Teutoschleife nach 200 m wieder links in den Wald eintaucht.

Bei der folgenden T-Kreuzung rechts, weiter auf dem Feldweg am Waldrand und 100 m nach einer Straßenquerung wieder links in den Wald. Bei einer Bank erreichen wir eine kleine Straße, der wir links folgen Richtung Doppelheuerhaus (1,1 km). Nach der Querung des Hunterorther Eschweges geradeaus abwärts und abwechselnd über Felder und durch Wald. 5 Minuten nach Querung der stillgelegten Bahnstrecke der Tecklenburger Nord-

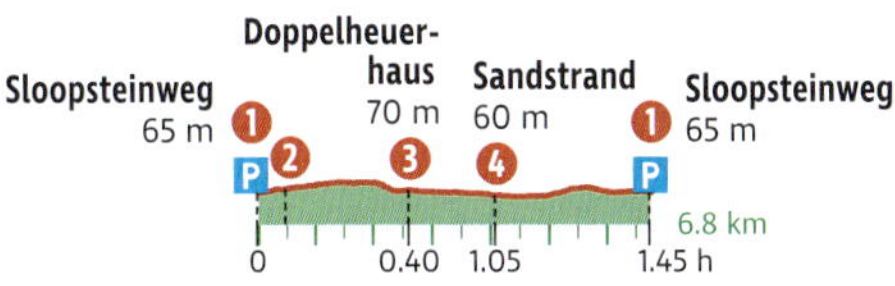

Die Sloopsteene sind eines der am besten erhaltenen Steinzeitgräber Westfalens.

bahn erreichen wir das **Doppelheuerhaus** **3**, ein denkmalgeschütztes 200 Jahre altes Zweiständergerüstgebäude aus massivem Eichenholz, das mit Wänden aus Bruchsandstein regionaler Herkunft ausgemauert ist.
Die Teutoschleife zweigt vor dem Doppelheuerhaus nach rechts ab und bei **Picknicktischen** links in die Straße Richtung Sloopsteenen (3,8 km). Am Straßenende wechselt die Teutoschleife beim Verkehrsverbotsschild auf einen breiten Pfad durch Mischwald, der bald entgegen dem Uhrzeigersinn um den Niedringhaussee herumführt, einen bis zu 14 m tiefen Baggersee mit schönem Steilufer. Der stellenweise sandige und mit Baumwurzeln durchwachsene Uferweg bietet schöne Blicke auf das im Volksmund **Sundermannsee** genannte Gewässer, benannt nach der damaligen Baggerfirma. Bei einem **Sandstrand** **4** mit Badeverbot folgen wir weiter den Markierungen um den See herum, später auf einem Schotterweg. Hinter einer Schranke queren wir die Straße und gehen vorbei an einem Gebäude und Picknicktisch geradeaus in den Wald, an einer weiteren Schranke vorbei Richtung Sloopsteene (1,4 km). Hinter den Bahngleisen zweigt die Teutoschleife nach rechts ab und 150 m nach der Rechtskurve der Straße als Pfad unauffällig halblinks in den Wald. Kurz nach dem Megalithgrab erreichen wir wieder den **Parkplatz Sloopsteinweg** **1**.

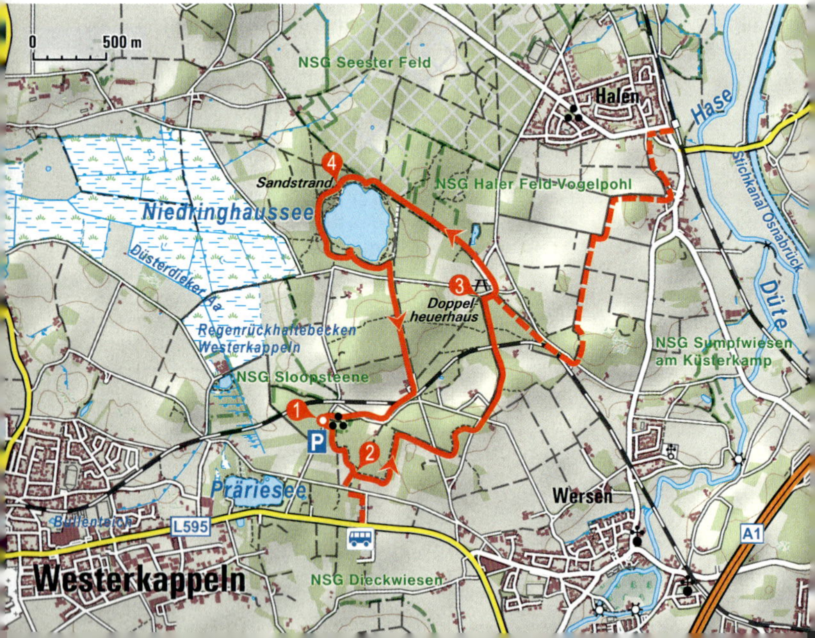

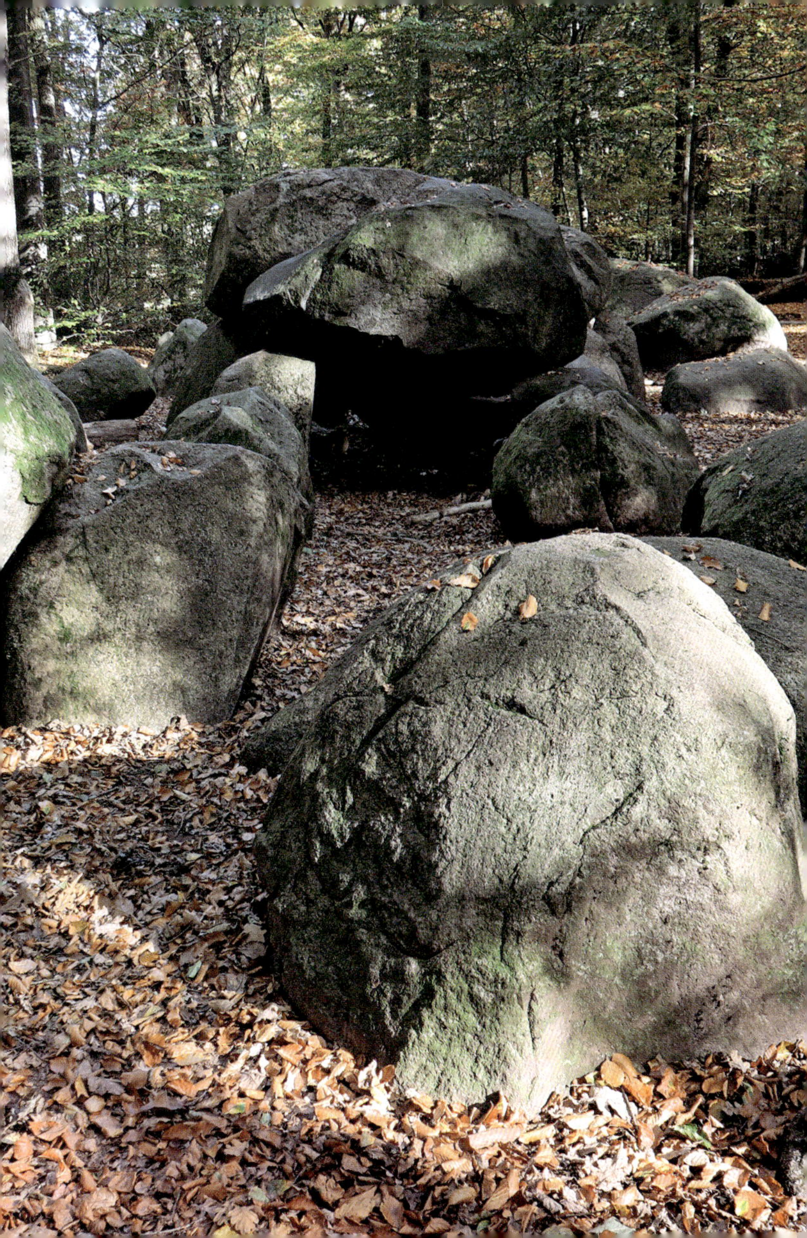

↗ 140 m | ↘ 140 m | 18,9 km

43 Osnabrück – Westerkappeln

4.45 h

Streckenwanderung auf den Spuren der Textilhändler

Der Töddenweg verbindet als ehemaliger Handelsweg der Textilhändler die alten Hansestädte Osnabrück und Oldenzaal miteinander und ist benannt nach den Tödden, fußreisenden Kaufleuten im 17. bis 19. Jh. Diese Tour folgt der ersten Etappe nach Westerkappeln über den aussichtsreichen Westerberg, vorbei an zwei Seen und den steinzeitlichen Sloopsteenen. Zwischen beiden Städten verkehren viele Busse, daher ist man bei dieser Streckenwanderung schnell zurück am Ausgangspunkt.

Ausgangspunkt: Heger Tor im Westen der Osnabrücker Innenstadt, 65 m, nördlich davon (gebührenpflichtiger) Parkplatz am Stadthaus (Navi: Natruper-Tor-Wall 2, 49076 Osnabrück).
Endpunkt: Westerkappeln, 70 m, Bushaltestelle Friedhof. Parkplatz am Kirchplatz (Navi: Kirchstraße 10, 49492 Westerkappeln).
ÖPNV: Zwischen den Bushaltestellen Osnabrück-Heger Tor ❶ und Westerkappeln-Friedhof ❽ verkehrt täglich stündlich Linie S10, weiter Richtung Osnabrück Hbf. und Recke. Ebenfalls stündlich fährt zwischen Westerkappeln und Osnabrück Linie R16, www.rvm-online.de. Unterwegs zwischen ❸ und ❹ Haltestelle Storkamp mit Linie 17 (täglich mehrmals stündlich) sowie bei ❻ Haltestelle Wersen-Schulzentrum mit Linie R16 (Mo. – Sa. stündlich), beide Richtung Osnabrück , www.vos.info.
Anforderungen: Leichte Wanderung über großteils kleine Straßen sowie breite Feld- und Waldwege, selten Pfade. Die Strecke ist fast durchgehend fahrradfähig.
Markierung: Töddenweg (T) und Europäischer Fernwanderweg E11.
Einkehr: Hotel-Restaurant Busch in Atter sowie am Start bzw. Ziel.
Variante: Am Anfang von Westerkappeln weiter entlang der Bahngleise statt des Schlenkers durch das Wohngebiet (0,5 km kürzer).
Tipp: Freibad am Attersee (3 €).

Blühendes Rapsfeld entlang des Töddenweges vor Gut Leye.

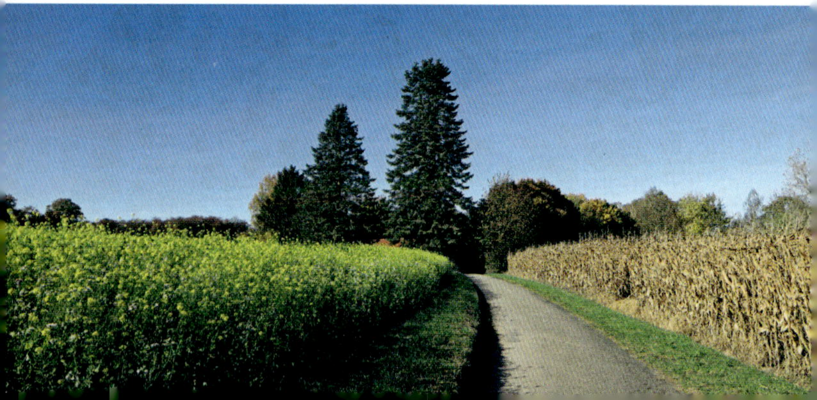

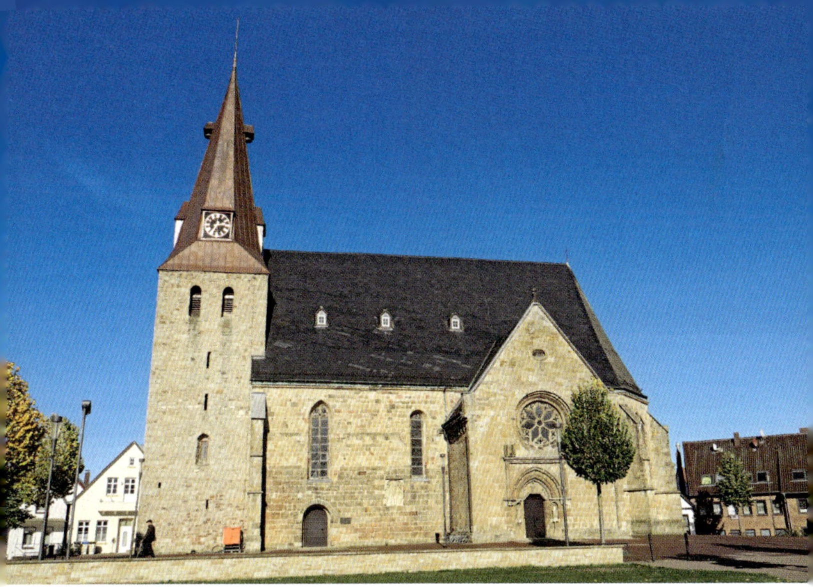

Die Tour endet in der Ortsmitte von Westerkappeln bei der evangelischen Stadtkirche.

Das **Heger Tor** ❶ im Rücken geht es nach Querung der Ringstraße Rolandsmauer auf Stufen hinaus zum VHS-Gebäude Stüvehaus, links daran vorbei in die Bergstraße, nach der Bergkirche weiter geradeaus aufwärts (Bismarckplatz, Edinghäuser Straße), zuletzt auf einem Rad-/Fußweg links vorbei am ehemaligen Steinbruch Westerberg, in dem früher Kalkstein abgebaut wurde – etwa für die Rolandsmauer und das Heger Tor in Osnabrück. Nach dem Steinbruch leitet der Töddenweg über den aussichtsreichen **Westerberg** ❷ und senkt sich nach diesem in das Heger Holz.
Der Forstweg führt uns dort nordwestwärts zum künstlich angelegten **Rubbenbruch-See** ❸, den wir nördlich umgehen, vorbei an einer Infotafel über die alten Landwehr-Wallanlagen. Bei einer Gabelung folgen wir dem Töddenweg nach rechts (Schild: Aeroclub Osnabrück) und halten uns bei einer Annäherung an eine Straße rechts, um zusammen mit dem Töddenweg dem Eichenkamp nordwärts zu folgen (Tempo-30-Schild) und bei einer Gabelung geradeaus zu gehen (Storkamp). Bei der folgenden Querstraße (Leyerstraße) kurz links und hinter der Bushaltestelle Storkamp rechts. Bei der nächsten Kreuzung rechts und bei der folgenden links zum Herrenhaus **Gut Leye** ❹. Die barocke Anlage wurde im Jahr 1703 erbaut und nach 1900 erweitert mit u.a. einem Teich und Tennisplatz. Der ehemalige Gutshof beherbergte nach den Weltkriegen ein Kinderheim, die Adelsfamilie bewirtschaftet das Gut wieder seit 1964 bis heute.

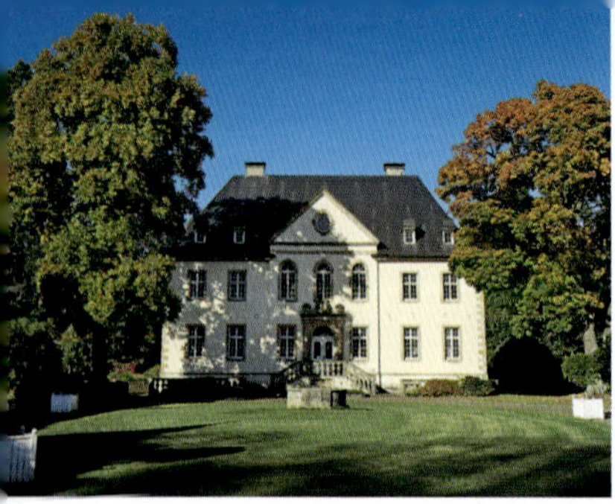

Das Haupthaus von Gut Leye ist heute nicht mehr bewohnt.

Der Töddenweg schwenkt nach dem Gutshof nach rechts und führt zusammen mit einem Radweg durch den Wald. Nach der Querung der Bahnlinie halten wir uns beim **Hotel-Restaurant Busch Atter** links und folgen der Straße links vorbei am Gelände einer Großbäckerei. Am Ende links, unter der A1 hindurch und rechts vorbei am umzäunten **Attersee** 5. Das Gelände direkt am See mit Strand und Rundweg ist nur gegen Eintritt zugänglich (3 €, 2022). Nach dem See führt der asphaltierte und später geschotterte Radweg unter der Evesburger Straße hindurch und erreicht Wersen. Dort am Ortsrand rechts (Hohe Esch), vor einer Leitplanke und Wassergraben am Waldrand links und bei der Kreuzung geradeaus in den Privatweg mit Verkehrsverbot. Nach der Holzbrücke über die Düte führt der Töddenweg nach links zunächst entlang der Düte und später durch ein Wohnviertel zur **Gesamtschule** 6, wo wir zweimal rechts und gleich darauf links gehen (Auf der Lage) und kurz darauf Wersen verlassen. Der Töddenweg folgt der kleinen Straße Hunterother Eschweg zwischen Feldern. 500 m nach einer Kreuzung nahe einem Bahnübergang zweigt der Töddenweg unvermittelt halb links in den Wald ein zu den **Sloopsteenen** 7, einem steinzeitlichen Großsteingrab der Trichterbecherkultur (→ Tour 42). Kurz darauf bei der Straße links, gleich wieder rechts auf einen Spurweg und 5 Minuten später über die Gleise der 1970 stillgelegten Tecklenburger Nordbahn. Nach einem Linksknick bietet sich rechts ein weiter Blick über die Düsterdieker Niederung – eines der größten Feuchtwiesenschutzgebiete in NRW. Bei einer Hochspannungsleitung folgen wir dem unvermittelt links abzweigenden Töddenweg auf ei-

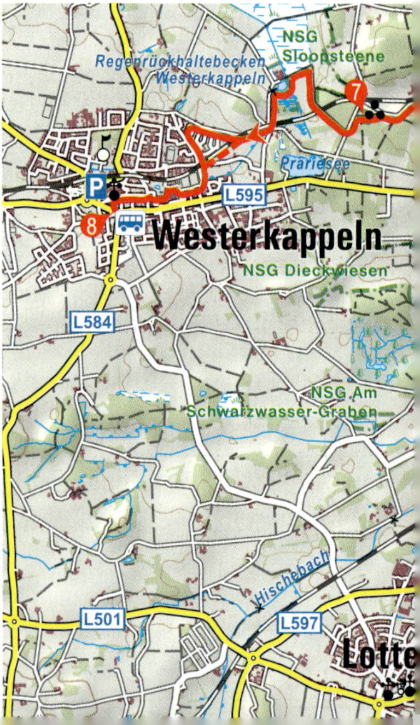

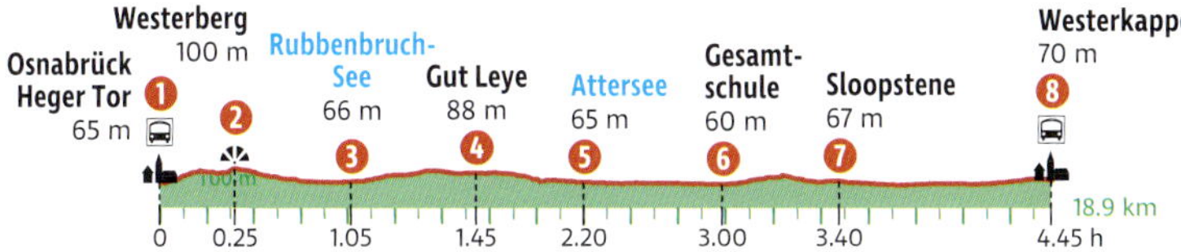

nem Pfad um ein Wasserreservoir herum, danach dem Fußweg links neben der Speckenstraße und nach der Querung der Bahnstrecke rechts der Sandstraße neben den Gleisen.

Bei einer erneuten Querung der Bahn warnt ein gelbes Schild Radfahrer vor dem Einfädeln bei den Schienen. Danach bei einer Gabelung halb rechts am Ortsrand eines Wohnviertels – oder abkürzend links weiter, neben der Bahnstrecke. Nach 500 m entlang der Straße am Ortsrand zweigt T links in einen Graspfad neben einem Graben ab. Kurz darauf geradeaus (Am Königsteich) und wieder über die Bahngleise. Vor einer Kindertagesstätte schwenkt T nach rechts und führt westwärts – zunächst auf Fußwegen links an Sportanlagen und dem Freibad vorbei, später entlang der Konrottstraße zur Ortsmitte von **Westerkappeln** 8 mit rechts der Kirche und links dem Parkplatz und der Bushaltestelle Friedhof.

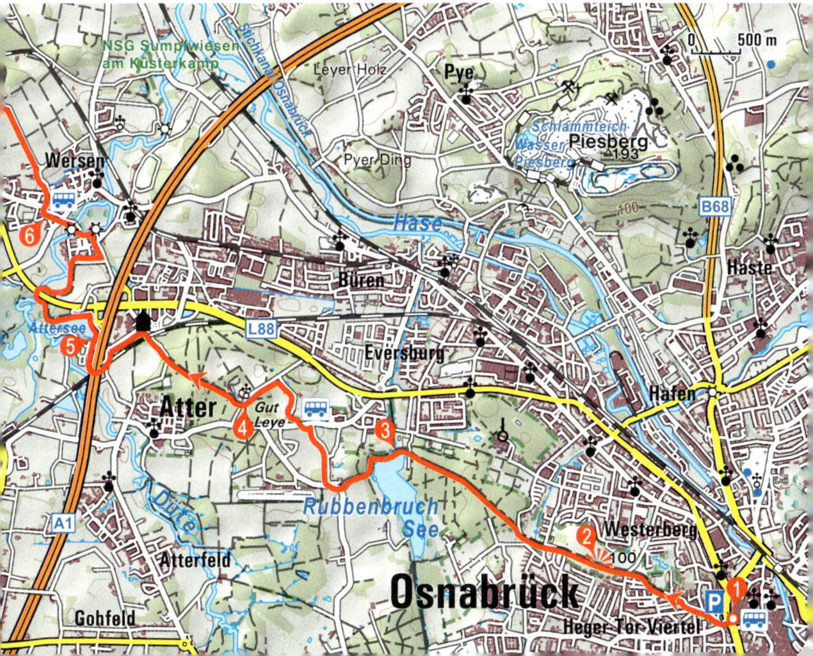

↗ 110 m | ↘ 110 m | 6,1 km

44 Mettingen – Köllbachtal

1.30 h

Rundwanderung mit Teutoschleifchen

Südlich von Mettingen führt diese kurze Rundwanderung durch das stellenweise schluchtartige Köllbachtal und Buchenwälder darüber. Die Tour beginnt in der Ortsmitte von Mettingen, bekannt als Stammstadt der (niederländischen) C&A-Gründerfamilie Brenninkmeyer, heute mit einem geschätzten Vermögen von mehr als 25 Milliarden € eine der reichsten Familien Europas, deren Vermögen sich allerdings auf Hunderte Personen verteilt. Die zwölf Stämme der Familie sind bis heute mit jeweils einem Domizil in Mettingen mit dem Stammsitz verwurzelt.

Ausgangspunkt: St.-Agatha-Kirche in Mettingen mit Parkplatz, 70 m (Navi: Kardinal-von-Galen-Straße 11, 49497 Mettingen).
ÖPNV: Bushaltestelle Mettingen-Schultenhof bei ❻, u. a. Linie S10 Richtung Recke und Osnabrück via Westerkappeln (täglich stündlich bis halbstündlich), www.rvm-online.de.
Anforderungen: Leichte Wanderung auf Waldpfaden und -wegen durch das Tal und entlang dem Hang. Die Runde nördlich der St.-Agatha-Kirche durch das Städtchen auf Pflaster- und Asphaltbelag.
Markierung: Durchgehend Logo Teutoschleifchen (abgekürzt TS).
Einkehr: Mettingen, z. B. Haus Telsemeyer am Tüöttenmuseum.
Tipps: In Mettingen Tüöttenmuseum beim Haus Telsemeyer in drei Fachwerkhäusern (Di. – So. 11 – 20 Uhr) sowie Schultenhof mit Schul- und Postmuseum (beide nur Sa. und So. nachmittags).

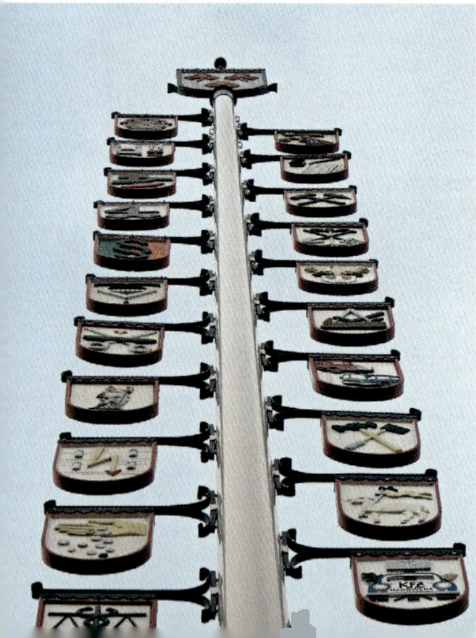

Vom Parkplatz der Mettinger **St.-Agatha-Kirche ❶** wandern wir südwärts, bei der Kreuzung nach 100 m geradeaus (Kardinal von Galenstraße) und an der T-Kreuzung bei der Dampfmaschine sofort rechts aufwärts (Schlangenpättken, Zuweg TS Köllbachtal). TS leitet kurz links zum Bach und quert diesen Richtung Kirchsteinbrunn (1,7 km) über die **Köllbachbrücke ❷**. Bei der Straße (Köllbachweg) kurz rechts, dann links aufwärts (Wieher Kirchweg) und nach 50 m rechts in den Pfad Richtung Prälatenpättken rechts oberhalb der Straße durch das Köll-

Der Mettinger Zunftbaum erinnert seit 1997 an das traditionelle Handwerk.

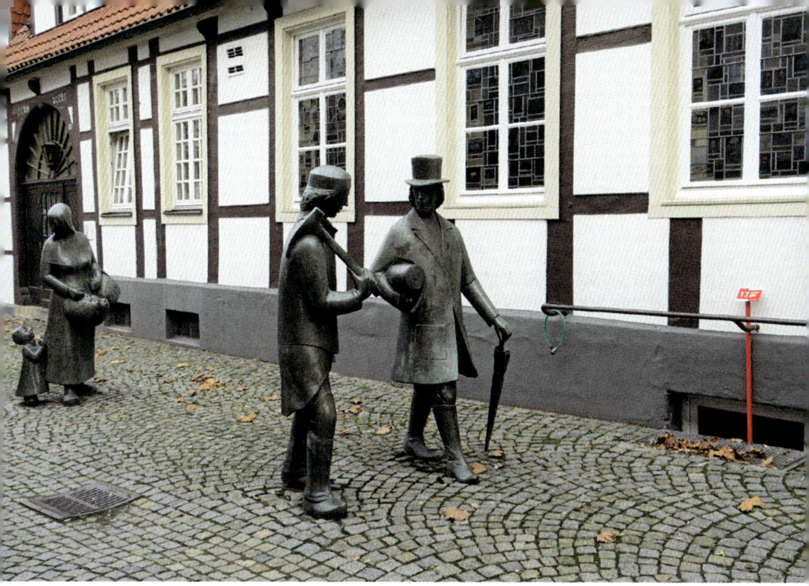

Diese Statuen stehen für drei wichtige traditionelle Berufe: Bäuerin, Bergmann, Händler.

bachtal, in dem rechts unten Forellenteiche erkennbar sind. Nach 10 Minuten schwenkt das Teutoschleifchen nach dem **Wassertretbecken** ❸ links aufwärts und führt oberhalb des Tals durch Misch-/Buchenwald in die entgegengesetzte Richtung. Nach 5 Minuten weist die Markierung durch ein Seitental rechts aufwärts und hinter dem **Mariabrunnen** ❹ nach rechts Richtung Parkplatz Schlangenpättken.

Nach einem Anstieg wandern wir bei einer Kreuzung im Wald rechts hinunter – das vertraute TS-Logo taucht etwas später auf – und bei der folgenden Kreuzung oberhalb vom Kirchsteinbruch links Richtung Parkplatz Schlangenpättken (2,6 km). 200 m nach einem Wasserreservoir zweigt TS bei einer **Kreuzung vor Häusern** ❺ scharf nach rechts aufwärts Richtung Parkplatz Schlangenpättken. Links liegt der ehemalige Nordschacht. Nach Einstellung des Steinkohlenabbaus 2018 im mit 1545 m einstmals tiefsten Schacht Europas und der Verfüllung der Schächte mit mehr als 2500 Lkw-Ladungen flüssigen Betons sollen die 15 ha Fläche für naturnahes Wohnen und Gewerbe genutzt werden.

Bei weiteren Häusern vor einer Straße (Zum Nordschacht) schwenken wir noch einmal nach rechts Richtung Parkplatz Schlangenpättken (1,6 km). Nach der Straßenquerung geht es wieder geradaus aufwärts in den Wald und vorbei an einem Picknicktisch bei Häusern und später einem alten Waldspielplatz zurück Richtung Mettingen. Beim Zaun des Friedhofs

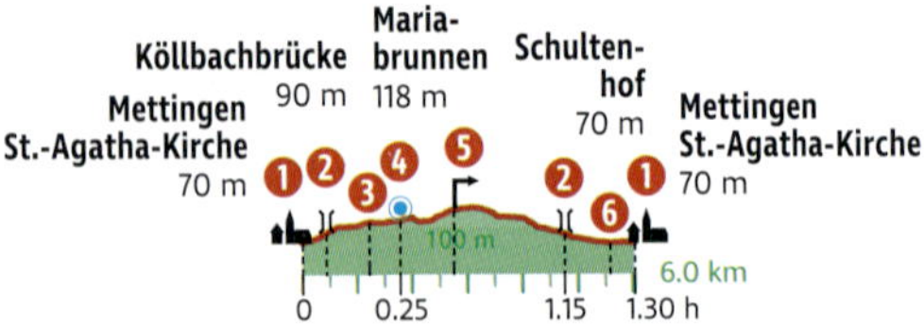

schwenkt TS nach links entlang dem Friedhofszaun, führt schließlich links oberhalb der Forellenteiche zurück zur vom Hinweg bekannten **Köllbachbrücke** ❷ und auf demselben Weg wie hin zur **St.-Agatha-Kirche** ❶.

Im Anschluss lohnt sich eine Runde durch den Fachwerkort, wegen seiner Bedeutung für den Textilhandel auch »Tüöttendorf« genannt (von Tödden für Textilhändler). Rechts vorbei an der im 19. Jh. erbauten Kirche und an der Nordseite links vom Rathaus in die kopfsteingepflasterte Gasse (Markt). Rechts liegt das Haus Telsemeyer mit dem in drei Fachhäusern untergebrachten Tüöttenmuseum im Innenhof mit Schwerpunkt Textilproduktion und -handel. Die drei 1988 aus Bronze gegossenen lebensgroßen Skulpturen vor dem Haus symbolisieren die für Mettingen wichtigen Berufsgruppen Bergmann, Tüötte (Textilhändler) und Bäuerin mit Kind. Hinter den Figuren biegen wir nach rechts ab (Clemensstraße) und gleich darauf nach links. Die Straße (Rathausplatz) führt zur Burgstraße mit dem **Schultenhof** ❻ dahinter. Diese ursprüngliche Keimzelle des Ortes wurde im 11. Jh. erstmals urkundlich erwähnt als »Haupthof Mettingen«. Der Name des zuvor von Adligen bewohnten Hofes mit seinen Nebengebäuden geht zurück auf die Nutzung durch einen Bauern seit dem 16. Jh., der als »Schulte« die Geschicke des Dorfes lenkte. Der in den 1990er-Jahren restaurierte Hof dient heute als Kulturzentrum. Zurück geht es wieder durch den Rathausplatz und danach geradeaus, jetzt links am Tüöttenmuseum vorbei und zuletzt die Treppe aufwärts zur **St.-Agatha-Kirche** ❶.

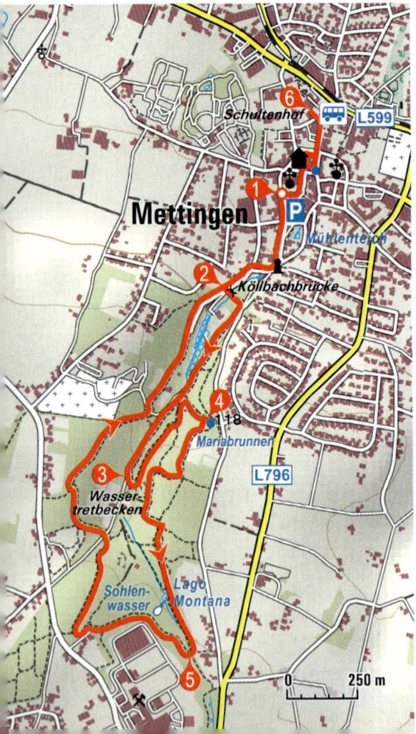

↗ 90 m | ↘ 90 m | 7,4 km

2.00 h

Steinbeck – Buchholzer Forst

Teutoschleifchen am Mittellandkanal

Diese prämierte Rundwanderung am Mittellandkanal verdeutlicht trotz der Kürze eindrucksvoll den Strukturwandel der Region: Im Buchholzer Forst erinnern eine Schachthütte und ein Bergbauweg an die rund 500 Jahre zurückreichende Geschichte des Steinkohleabbaus. Heute verlaufen zahlreiche Rad- und Wanderwege, ein Sportlehrpfad sowie diese Teutoschleife durch das Gebiet, am Mittellandkanal steht die Marina Recke für den zunehmenden Freizeitverkehr.

Ausgangspunkt: Kirche in Steinbeck mit Dorfparkplatz, 55 m (Navi: 12, Dorfstraße 12, 49509 Recke), alternativ Parkplatz am Trimmpark 3 des Buchholzer Forsts (Navi: Im Hagen 28, 49509 Recke) oder Marina Recke 5.
ÖPNV: Bushaltestelle Steinbeck-Mitte 250 m vor 1 entlang der Rundroute mit u. a. Linie R26 Richtung Recke und Ibbenbüren (Mo. – Sa. stündlich, So. zweistündlich), www.rvm-online.de.
Anforderungen: Leichte Wanderung über Feld und Waldwege sowie Kanalradweg und am Anfang sowie Ende Asphaltstraße.
Markierung: Durchgehend Teutoschleifchen Steinbecker Runde mit entsprechendem Logo (abgekürzt TS).
Einkehr: Marina Recke (Do. – Sa. ab 14, So. ab 11 Uhr, in der Hauptsaison auch Di. und Mi. ab 14 Uhr), Steinbeck.
Varianten: Abkürzung möglich zwischen dem Ortsende von Steinbeck und der dreistämmigen Eiche 4. Damit kann die Tour jeweils hälftig gegangen werden.
Tipp: Waldfreibad Recke bei 5 am Mittellandkanal (Sommersaison täglich), www.waldfreibad-recke.de.

Vom **Parkplatz** und der **Bushaltestelle Steinbeck** 1 folgen wir der Dorfstraße und kurz darauf der Buchholzstraße in südöstliche Richtung, die **Kirche** im Rücken. 100 m nach dem Ortsendeschild gehen wir links (Tipphof) und nach 20 m rechts, erst über Asphalt dann Gras, ehe TS rechts aufwärts in den Buchholzer Forst führt, wo Wegweiser die Orientierung erleichtern. 200 m nach dem Einbiegen in einen größeren Waldweg rechts erreichen wir den **Aussichtsturm** 2 mit Schutz-

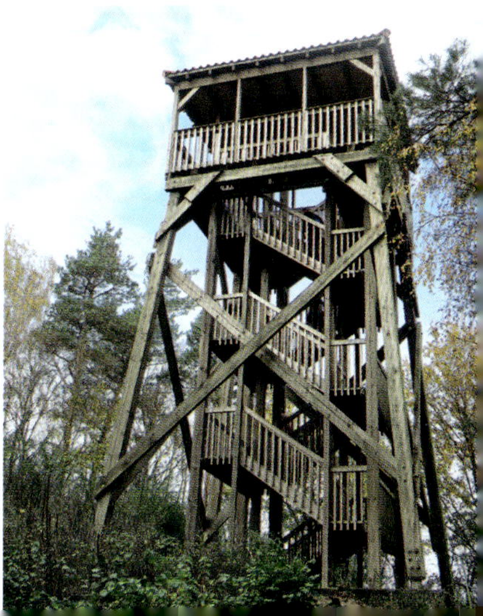

Der Aussichtsturm erinnert an einen Förderturm des früheren Buchholzer Bergbaustollens.

hütte neben der Buchholzer Schachthütte, 99 m. Mehrere Infotafeln erinnern an den früheren Bergbau. Der ehemalige Buchholzer Stollen wurde 2008 zu einem Winterquartier für Fledermäuse umgestaltet und der 15 m hohe Aussichtsturm 2004 im Stil eines Förderturms erbaut, zur Erinnerung an den früheren Kohlebergbau.
Wir wandern weiter durch Wald und halten uns bei der Trimmstation 7 scharf links entlang dem Sport-Lehrpfad des SV Grün-Weiß-Steinbeck. Nach 10 Minuten passieren wir zur Linken die Finnenbahn, eine mit Holzhäckseln präparierte 550 m lange Laufstrecke. Hinter einem **Wanderparkplatz** ❸ am Ende des **Trimmparks** nehmen wir den links aufwärtsführenden Asphaltweg und verlassen ihn nach 70 m rechts auf einem Waldweg. Nach

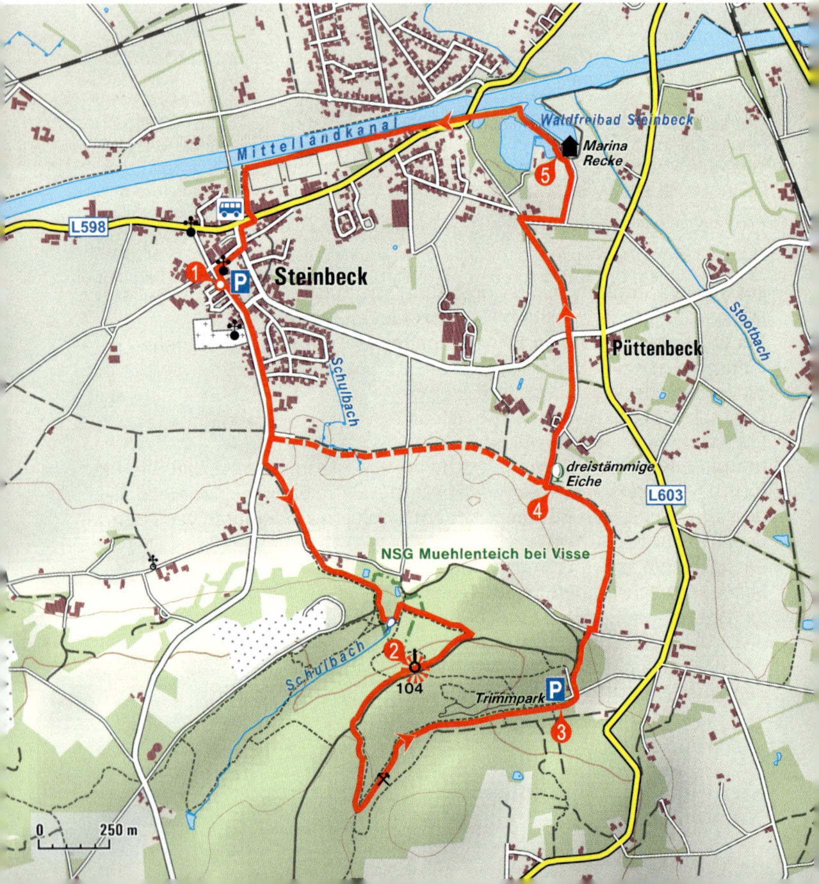

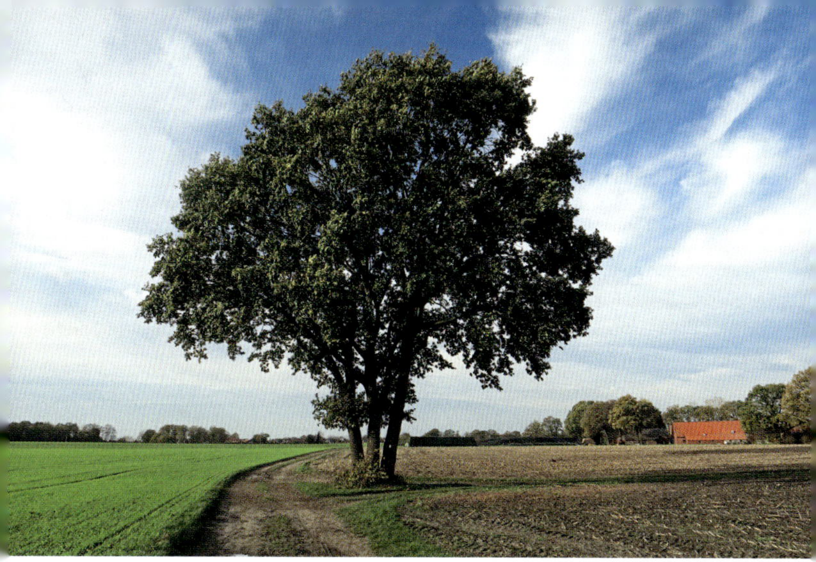

An dieser dreistämmigen Eiche kann geradeaus abgekürzt werden.

100 m zweigt TS in einer Linkskurve leicht nach rechts und führt abwärts zur kleinen Straße, der wir rechts für 30 m folgen, um dann links in den schmalen Pfad neben einem Feld abzubiegen.

Bei einer **dreistämmigen Eiche** ❹ halten wir uns rechts und gehen geradeaus – über einen Hof und später eine Straße querend. Bei einer Gabelung mit einer Bank linker Hand biegen wir rechts in die Straße und folgen 120 m dem Wegweiser Marina Recke nach links. Vor dem Hafenbecken der überschaubaren **Marina Recke** ❺ mit Yachten, Partyboot Paula und Panorama-Café halten wir uns links und gehen links am Café vorbei. Der Pfad führt zwischen Hafenbecken (rechts) und Waldfreibad (links) zum Kanal, an dessen linkem Ufer wir zurückwandern. Nach etwa 15 Minuten verlassen wir den Kanal links auf dem Radweg vorbei an rot-weiß-roten Pollern und kurz darauf einem Sportplatz, queren die Straße und halten uns etwas rechts auf die **Kirche** von **Steinbeck** ❶ zu.

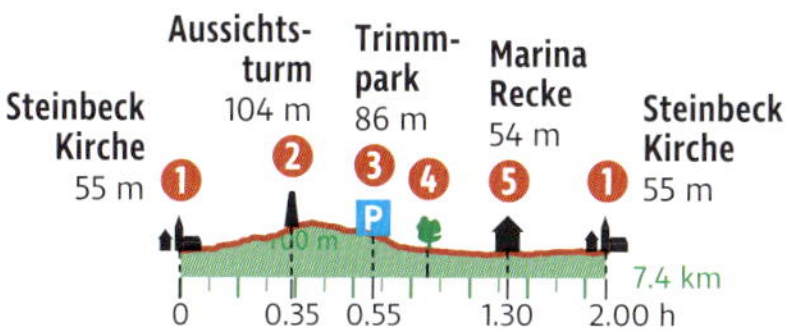

↗ 30 m | ↘ 30 m | 16,6 km

46 Hopsten, Handelsweg und Heiliges Meer

4.15 h

Rundwanderung auf Spuren der Textilhändler

Auf seinem Weg zwischen den ehemaligen Hansestädten Osnabrück und Deventer führt der Handelsweg mit seinem deutschen Teil Töddenweg als Abschnitt des Europäischen Fernwanderweges E11 an der Grenze zwischen NRW und Niedersachsen durch Hopsten, das seinen früheren Wohlstand wesentlich diesem alten Handelsweg der Tödden, wie die Textilhändler genannt wurden, verdankt. Mehrere der alten Häuser im Ortskern gehen auf Textilkaufleute zurück. Die Rundwanderung folgt größtenteils dem Töddenweg und berührt als landschaftliche Höhepunkte den Erdfallsee und das Heilige Meer, beide entstanden durch Lösung von Salzeinlagerungen im Gestein und dem daraus resultierenden Einsturz der Hohlräume. Am Heiligen Meer ist die Verlängerung auf einer Teutoschleife möglich.

Ausgangspunkt: Kirche bei Hopsten, 44 m (Navi: Marktstraße 4, 48496 Hopsten), alternativ Parkplatz an der Kreuzung Bergstraße/Hugostraße 300 m südlich von ❹. Bei der kürzeren Variante, der Teutoschleife Heiliges Meer, Parkplatz am Hotel Mutter Bahr (Navi: Nordbahnstraße 39, 49479 Ibbenbüren).
ÖPNV: Bushaltestellen Hopsten-Schulzentrum am Ausgangspunkt ❶, Abzweig Recke bei ❷ und Heiliges Meer bei ❹ mit R27 Richtung Ibbenbüren (Mo.–Fr. fast stündlich, Sa. als Taxibus, Tel. +49 1803 014037, mind. 60 Minuten vorher), www.gronemann-reisen.de.
Anforderungen: Leichte großteils fahrradfähige Wanderung über Feld- und Graswege sowie kleine Straßen mit wenig Verkehr und kurzzeitig Waldwege.
Markierung: Durchgehend Logo anfangs »T« für Töddenweg und stellenweise »X« für Europäischen Fernwanderweg E11, bei ❹ Teutoschleife Heiliges Meer (→ Variante).
Einkehr: Hopsten, bei der Variante Teutoschleife Hotel Mutter Bahr.
Varianten: 1. Vor ❹ links kurze Runde zum Erdfallsee (0,6 km).
2. Wer sich mit einer kurzweiligeren Tour nur auf das Naturschutzgebiet Heiliges Meer beschränken möchte, kann eine kleine Runde um den See machen (2 km) oder der gut ausgewiesenen Teutoschleife Heiliges Meer zum Mittellandkanal folgen (Gesamtlänge mit Heiligem Meer: 8,5 km) – beide Optionen beginnen zwischen ❸ und ❹.
3. Abkürzungsmöglichkeit auf X18 (4 km kürzer): 1,3 km nach ❹ links X18 folgen zurück nach Hopsten über ❷.

Vom **Parkplatz** neben der **Georgskirche** in **Hopsten** ❶ folgen wir der Marktstraße rechts an der spätbarocken Kirche vorbei und biegen in der Rechtskurve links in die geklinkerte Brenninkmeyerstraße ab, links an dem Restaurant Kerssen-Brons vorbei in einem schönen denkmalgeschützten Fachwerkhaus von 1750 vorbei. Nach 100 m führt die Straße mit dem Töddenweg nach rechts, während wir beim Schild Nr. 7 den gepflasterten Weg links an dem 1963 von der C&A-Gründerfamilie Brenninkmeyer neu errichteten Fachwerkhof vorbei nehmen in die Parkanlage des ehemaligen Hofes Holling, deren Erbin im 19. Jh. Hermann August Brenninkmeyer

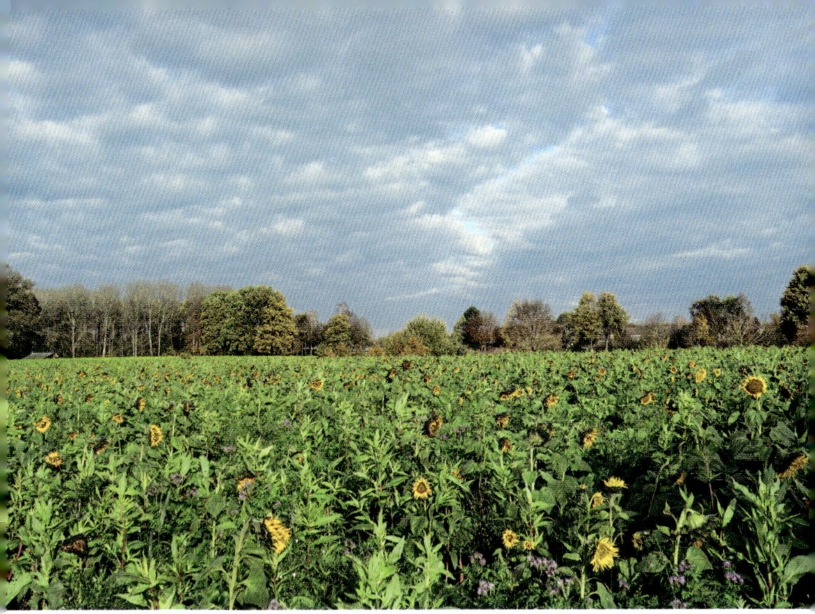

Eine Augenweide sind die blühenden Sonnenblumen südöstlich von Hopsten.

aus der C&A-Dynastie heiratete. Das links im Park stehende alte Brauhaus wird heute vom Heimatverein genutzt. Am Ende des Parks halten wir uns links und verlassen auf kleiner Straße Hopsten in südöstlicher Richtung zwischen Feldern. Wenige Meter nach einer Schutzhütte folgen wir dem »T« nach rechts und queren kurz darauf die Hauptstraße mit einer alten **Lorenbahn** 2 rechts, die an den 2018 eingestellten Steinkohleabbau bei Ibbenbüren erinnert mit dem dazugehörigen Netzwerk an Schmalspurbahnen im Tecklenburger Land.

Nach der Straßenquerung halb rechts auf Grasweg und im Wohngebiet links auf kleiner Asphaltstraße (Prozessionsweg) durch die Linkskurve und aus Hopsten hinaus, ehe sich die Straße verzweigt: links Postdamm (X) und rechts Uffelner Straße (T) – beide Optionen sind ähnlich lang (1 km) und recht langatmig über kleine Straßen. Bei der rechten Option biegen wir bei

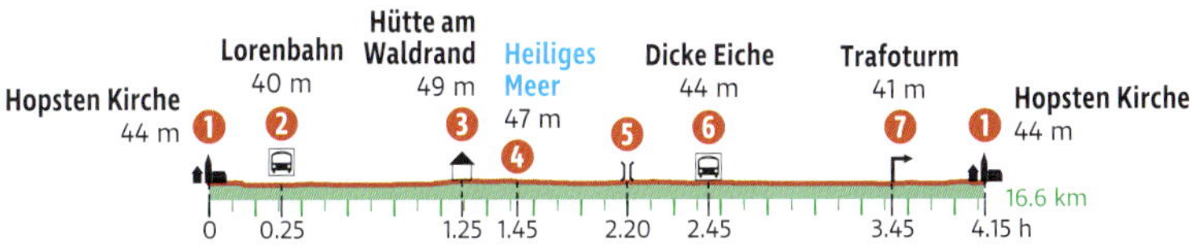

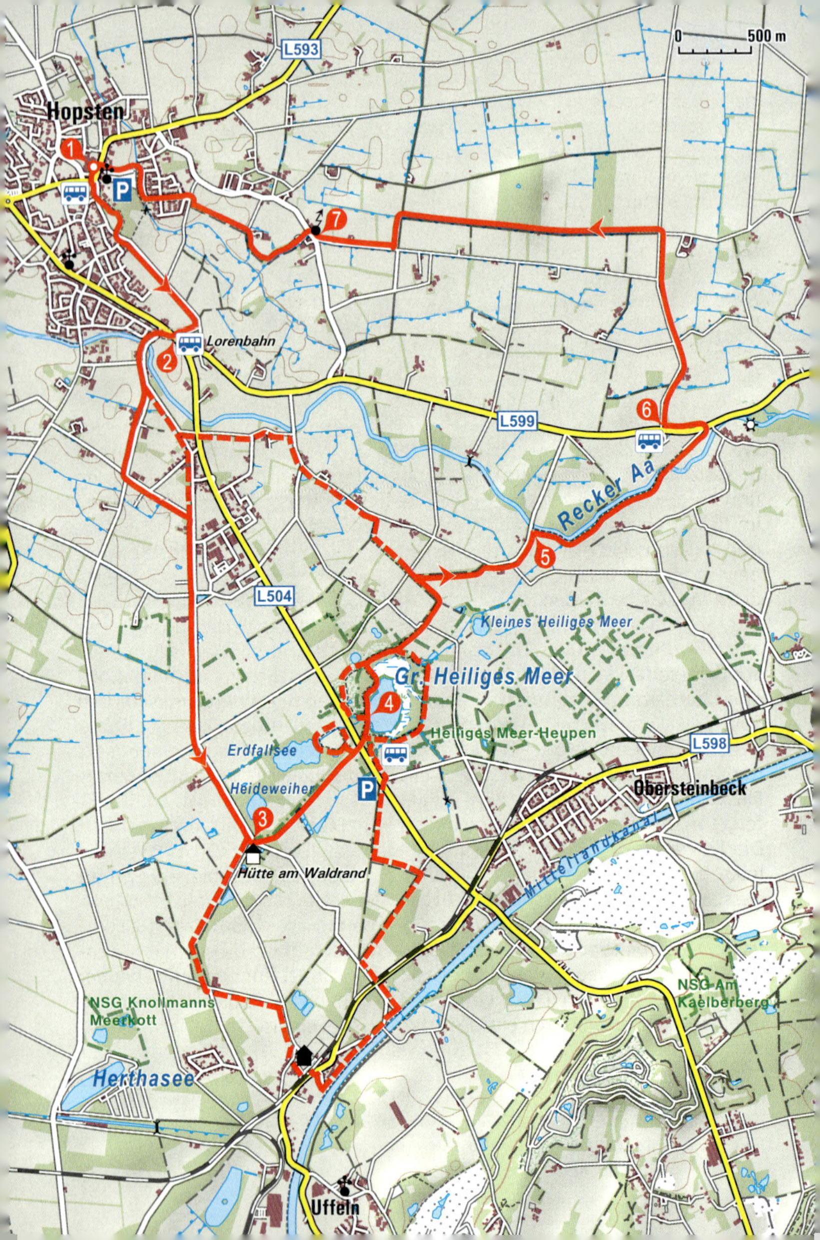

0
500 m
L593
Hopsten
1
P
7
Lorenbahn
2
L599
6
Recker Aa
5
L504
Kleines Heiliges Meer
Gr. Heiliges Meer
4
Heiliges Meer-Heupen
L598
Erdfallsee
Heideweiher
P
Obersteinbeck
3
Hütte am Waldrand
Mittellandkanal
NSG Knollmanns Meerkott
NSG Am Kaelberberg
Herthasee
Uffeln

einer Kreuzung links in die Feldkampstraße und an deren Ende rechts wieder in den Postdamm. Bei der folgenden halbstündigen Passage südwärts entlang dieser kaum befahrenen Straße bildet unterwegs eine Schutzhütte mit Bank und Tisch die einzige Abwechslung.
Bei der folgenden **Schutzhütte am Waldrand** ❸, 49 m, beginnt das Naturschutzgebiet (NSG) Heiliges Meer. Vorbei an einem Schlagbaum geht es links in den sich bald lichtenden Wald am Südrand des Schutzgebiets entlang, begleitet von der Teutoschleife Heiliges Meer. Kurz vor Querung der Ibbenbürener Landstraße liegt links etwas versteckt der um 1913 entstandene **Erdfallsee**, der über eine 0,6 km lange Runde erreicht werden kann. Wir folgen der Teutoschleife über die Landstraße mit einer Bushaltestelle rechter Hand und weiter durch ein Gatter, halten uns nach 30 m bei einer Gabelung links und passieren das **Heilige Meer** ❹. Der Name soll der Sage nach zurückgehen auf ein Kloster mit lasterhaft lebenden Mönchen an Stelle des Sees, das durch Gottes Strafe mit dem Boden versunken sein soll. Weniger Meter nach dem Ufer gabelt sich der Weg in zwei etwa gleich lange Varianten (jeweils 0,4 km): geradeaus uriger Waldpfad, links Töddenweg und Teutoschleife durch freies Gelände. Die Wege führen nördlich vom See im Heidegebiet wieder zusammen, auf dem gelegentlich Heidschnucken und Mufflons grasen. Nach 200 m zweigt die Teutoschleife bei einer Gabelung rechts ab zur Seerunde, während wir dem Töddenweg geradeaus durch das Gatter folgen und damit das NSG verlassen.
Nach 200 m erreichen wir eine Asphaltstraße und folgen ihr 30 m geradeaus, obwohl der Töddenweg nach links abzweigt. In der Rechtskurve der Straße geradeaus auf dem Feldweg und vor einem Hochsitz nach links. Vor einer Asphaltstraße nehmen wir scharf rechts den mit Bäumen gesäumten Spurweg – jetzt wieder auf dem Töddenweg. Die nächste Straße rechts und nach der folgenden **Brücke** ❺ rechts auf schmalem Grasstreifen für 15 Minuten links neben der Recker Aa. Bei einem Schuppen verlassen wir den Fluss, indem wir uns leicht links halten und dem Zufahrtsweg zur Straße folgen. Dort links und bei der **Bushaltestelle Dicke Eiche** ❻ rechts.
Die kleine Straße führt 20 Minuten nordwärts, ehe wir 200 m nach der links abzweigenden Ödingstraße links in einen Feldweg biegen und an dessen Ende bei einer T-Kreuzung nach links. Bei der nächsten Kreuzung rechts (Tempo 50) auf kleiner Asphaltstraße (X). Vor einem **Trafoturm** ❼ und Hof folgen wir der Stadener Straße nach rechts und biegen nach 20 m links in den Feldweg, anfangs über das Hofgelände. Kurz darauf führt der Spurweg mit stellenweise Schlamm und Gras neben einem Graben entlang und nach 5 Minuten durch eine Rechtskurve. Bei einem Pferdehof mit efeuumrankten Eichen links auf Feldweg neben einem Zaun auf Hopsten zu, am Ortsrand rechts und bei einem Verkehrsspiegel links auf Radweg durch ein Wohngebiet. Bei einem Spielplatz zur Linken folgen wir dem Radweg nach rechts und gehen nach dem rot-weiß-roten Poller links über die Holzbrücke auf die **Kirche** von **Hopsten** ❶ zu.

TOP

47 Piesberg

↗ 200 m | ↘ 200 m | 7,6 km

2.15 h

Aussichtsreiche Rundwanderung zum höchsten Punkt Osnabrücks

Der Piesberg steht für jahrhundertelange Industriegeschichte, dem Abbau von 300 Millionen Jahre alten Bodenschätzen unter und über Tage: bis 1898 und teilweise bis nach dem Zweiten Weltkrieg Anthrazit-Steinkohle in Zechen bis zu 200 Meter Tiefe und bis heute (und voraussichtlich noch bis 2030) in Gruben Piesberger Karbonquarzit-Sandstein. Die Wanderung führt stellenweise entlang der alten Trassen eines ehemals 110 Kilometer langen Gleisnetzes um den riesigen Steinbruch und bietet von phänomenalen Aussichtsplattformen tiefe Ein- und weite Ausblicke. Unterwegs erinnern Schachtanlagen an den früheren Anthrazit-Abbau.

Ausgangspunkt: Parkplatz Industriemuseum, 80 m (Navi: Fürstenauer Weg 171, 49090 Osnabrück). Alternativ größerer Parkplatz nördlich von ❹ am Grubenweg (Navi: Grubenweg 4, 49134 Wallenhorst) mit 0,4 km langem Zuweg.
ÖPNV: Bushaltestelle Industriemuseum Richtung Osnabrück-Zentrum mit Linien 18, 581, 582 nahe ❶, www.vos.info. Verbindung zum Altstadtbahnhof → Kombi-Tipp.
Anforderungen: Leichte Wanderung großteils über gut angelegte Wege, stellenweise auch Treppen und Waldpfade.
Markierung: Rote Wegweiser mit Entfernungs- und Zeitangaben zu den Höhepunkten sowie großteils rote Schilder mit dem Hinweis »Rundwanderweg 8000 m 120 min«.
Einkehr: Nur Unterhalb vom Piesberg in altem Zechenbahnhof (nur Wochenende und Freitagnachmittag).
Varianten: Mehrere Abkürzungen/Abstecher möglich und ausgeschildert, etwa:
1. Abkürzung nach Kompostieranlage links abwärts auf Treppe (150 m kürzer).
2. Abkürzung nach Aussichtsplattform Nordblick (800 m kürzer); nach der Wendeltreppe der Aussichtsplattform Nordblick rechts (Stüveschacht 500 m) und bei Wegkreuzung geradeaus.
3. Abstecher zwischen ❸ und ❹ rechts zum Arboretum (150 m) mit einem Mammutbaum als Höhepunkt. Der Weg führt zum Eingang mit Übersichtsplan zum Arboretum, angelegt im 19. Jh. auf dem Grundstück eines ehemaligen Bergwerkdirektors.
Tipps: Museum Industriekultur Osnabrück, kurz »MIK« in mehreren denkmalgeschützten Gebäuden am Piesberg, darunter dem Haseschachtgebäude bei ❶ mit einem gläsernen Fahrstuhl 30 m tief in einen alten Bergwerksstollen (Mo./Di. Ruhetag), www.mik-osnabrueck.de. Die Feldbahn bietet öffentliche Fahrten im Sommerhalbjahr jeden 1. und 3. Sonntag im Monat, www.feldspur.de, Arboretum westlich vom Piesberg (→ Variante 3).

Der **Parkplatz Industriemuseum** ❶ liegt etwas versteckt in einer lang geschwungenen Kurve des Fürstenauer Wegs im bewaldeten Tal. Links von der Straße steigen wir vom Parkplatz den Zubringerweg aufwärts zum Haseschachtgebäude, errichtet 1871 in neoromanischer Rundbogenarchitektur und heute Teil des Museums Industriekultur, das den Abbau von Steinkohle am Piesberg dokumentiert. Wir umgehen das Gebäude und ge-

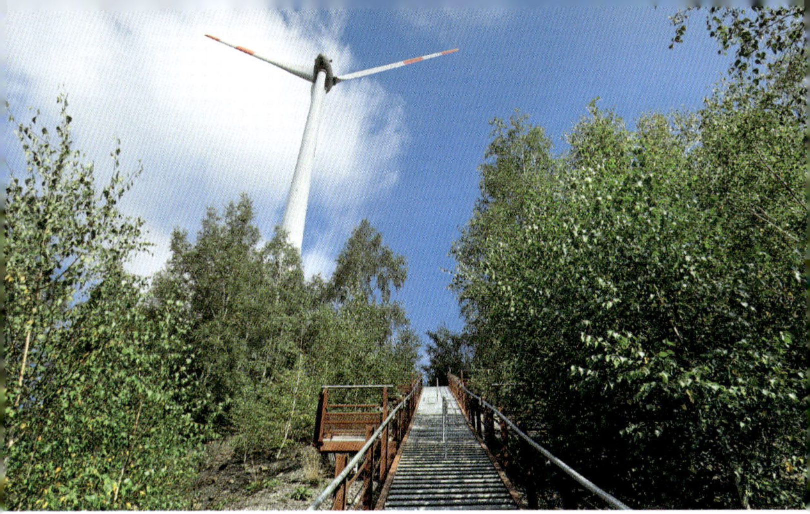

Die Erdzeitaltertreppe führt auf die Felsrippe des Piesbergs, Osnabrücks höchsten Punkt.

nießen links den weiten Blick über das Osnabrücker Land, ehe uns hinter dem Gebäude rechts Treppenstufen aufwärtsführen zur Überquerung des Fürstenauer Wegs. Gleich danach rechts und kurz darauf vor der **Haltestelle Haseschacht** 2 entlang der alten Lorenbahntrasse, die 2009 stellenweise für Museumsfahrten wiederhergestellt wurde.

Nach einer Gleisquerung halten wir uns bei einer Gabelung mit Weiche links und folgen dem Pfad rechts neben den Gleisen (Aussichtsturm 1000 m), die später abenteuerlich über eine Brücke und zwischen Felsen hindurchführen. Links bietet sich ein schöner Blick auf die Steingrube, vorne rechts ragt der mit drei Windrädern gekrönte Piesberg auf und rechts davon erinnert der Hügel der einst zweitgrößten Deponie Niedersachsens für Hausmüll an eine Zeit des eher sorglosen Umgangs mit Abfällen. Hier wurde von 1975 bis 2005 der Müll von einer halben Million Müllwagen entleert – umgerechnet das Volumen eines Würfels mit der Kantenlänge 200 m.

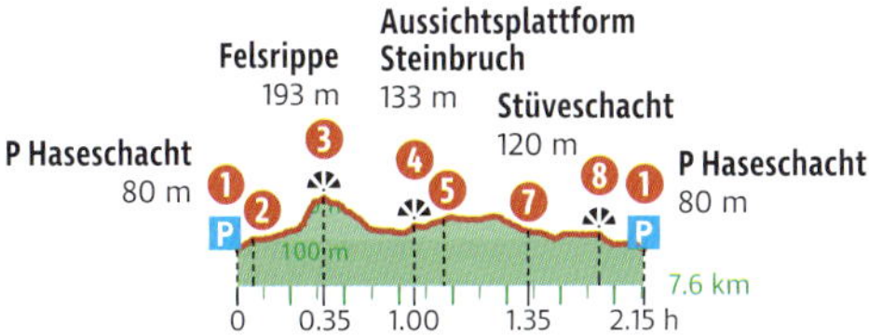

Nach einer schmalen Stelle zwischen Felsen enden an der Haltestelle am Südsteg die Bahngleise und wir gehen noch 50 m geradeaus aufwärts und dann scharf links neben einem Stahlgeländer (»Aussichtsturm 350 m«) und die Erdzeitalter-Treppe hinauf, bei der Straße 10 m nach rechts versetzt und weiter geradeaus aufwärts zum Gipfel des Piesbergs, der sogenannten »Felsrippe«. Die **Felsrippe** ❸, 193 m, der höchste Punkt Osnabrücks, wird gekrönt von einem Windrad und einer Aussichtsplattform. In den 1970er-Jahren lag der höchste Punkt im jetzigen Abbaufeld und war 17 m niedriger als die jetzige Felsrippe, die ihr Wachstum dem Aufschütten von Abraum verdankt.

Der Rundweg führt rechts vorbei an der Aussichtsplattform über den Kamm der Felsrippe und nach einem Treppenabstieg links vorbei an einer Kompostieranlage. An deren Ende gehen wir bei einer Infotafel geradeaus abwärts – oder optional links die Treppe – auf etwas steinigem Waldweg und am Ende nach Stufen bei der T-Kreuzung links. Bei der Kreuzung am Arboretum geradeaus (»Aussichtsturm Steinbruch 600 m«), nach rechts zweigt ein Abstecher zum Arboretum ab. Wir erkennen rechts unterhalb einen Bikepark und einen Parkplatz und erreichen schließlich einen as-

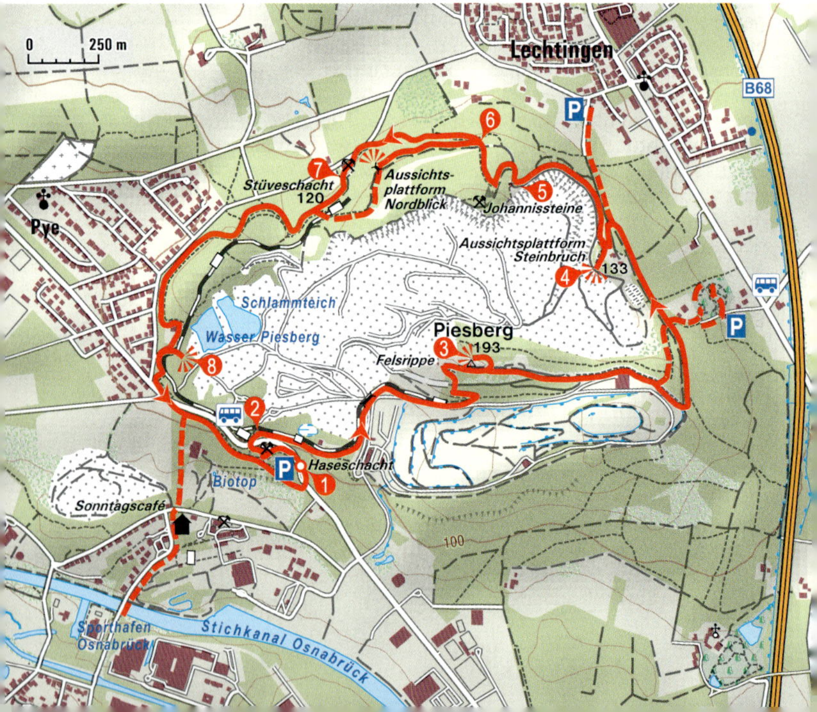

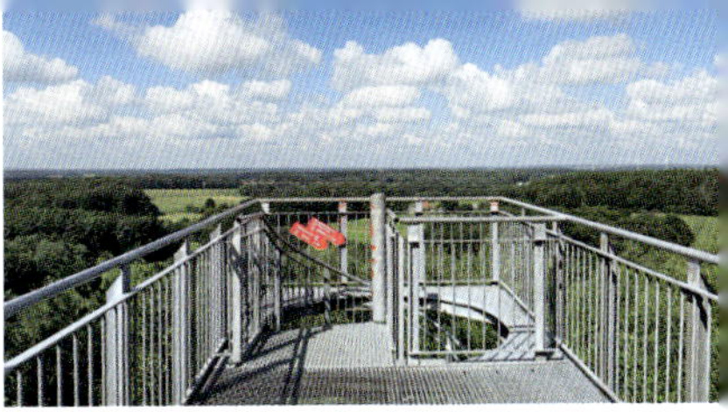

Die Aussichtsplattform Nordblick bietet einen weiten Blick über das Osnabrücker Land.

phaltierten Weg, der uns links aufwärts führt. Vor einem Gatter geht es rechts aufwärts (»Aussichtsturm Steinbruch 100 m«). Nach 50 m zweigt der Rundweg bei einer Gabelung nach rechts, vorher lohnt sich links der Abstecher zur **Aussichtsplattform Steinbruch** ❹.

Der Rundweg führt nordwärts weiter am Rand des Steinbruchs, links vorbei am Labyrinth mit Steinen des Piesbergs und erreicht nach einer Linkskurve ein **Ziegengehege** ❺ mit Toggenburger Ziegen, die seit 2020 als berggängige aus der Schweiz stammende Landschaftspfleger die Hänge des Steinbruchs von störenden Pflanzentrieben frei halten.

50 m nach dem Ziegengehege biegen wir links Richtung Johannissteine. Bei dieser 300 Millionen Jahre alten Felsgruppe aus konglomeratischem Sandstein sollen angeblich Fußspuren von Johannes dem Täufer zu sehen sein, tatsächlich sind sie, wie acht weitere Löcher, von Menschenhand 1926 hinein gemeißelt. Bei den Johannissteinen schwenken wir nach rechts, zwei Stufen aufwärts, gehen auf dem Waldpfad zur **Kreuzung** ❻ mit dem Rundweg und auf diesem links entlang einer 0,7 km langen Schleife zum **Aussichtspunkt Nordblick**, der als einziger nicht zum Steinbruch ausgerichtet ist.

Am Aussichtspunkt geht es die Wendeltreppe hinunter und danach links in östliche Richtung oder rechts um 0,8 km abkürzend direkt Richtung Stüveschacht (500 m). Bei der bekannten **Kreuzung** ❻ biegen wir scharf nach links und folgen dem Weg abwärts, vor einer Straße über Treppenstufen und danach links, vorbei am Gebäude des ehemaligen **Stüveschachts** ❼, der infolge Problemen mit Grubenwasser nur wenige Jahrzehnte in Betrieb war. Dahinter auf dem Waldweg leicht links Richtung Aussichtsplattform Nordblick (500 m) und Feldbahn (200 m).

Bei einer Kreuzung mit der Feldbahn wechseln wir auf den rechts abwärtsführenden Waldweg und gehen bei der folgenden Gabelung rechts abwärts über Stufen. Vor der unten verlaufenden Straße links und im weiteren Verlauf linke Abzweigungen ignorierend bald neben der Feldbahn. Nach der Einmündung in eine asphaltierte Zufahrt geradeaus und nach 50 m links, neben den Gleisen. Nach 20 m zweigt links ein Zuweg ab zur **Aussicht Am Wasserwerk** ❽.

Weiter geht es neben der Feldbahntrasse südwärts, ehe wir nach einem Bahnübergang rechts den Waldpfad nehmen, hinunter zur Straße Fürstenauer Weg. Dort links, nach 20 m rechts in den Rad-/Fußweg (Schwarzer Weg), nach 10 m links und vorbei am Deport der Feldbahn zurück zum **Haseschachtgebäude** und unterhalb davon dem **Parkplatz Industriemuseum** ❶.

↗ 30 m | ↘ 30 m | 6,0 km

48 Osnabrück-Hafen

1.30 h

Rundwanderung entlang der Hase und dem Osnabrücker Stichkanal

Entlang der Hase und dem Stichkanal Osnabrück überraschen westlich von Osnabrück viel Grün und Ruhe an den Küstenstreifen. Die Wege führen schattenreich großteils entlang dem Wasser, lediglich einige Zwischenabschnitte über Straßen.

Ausgangspunkt: Bahnbrücke Römereschstraße, 55 m, mit Parkgelegenheit im Gewerbegebiet bei Supermarkt an der Kreuzung Breite Günzke/Pagenstecherstraße (Navi: Pagenstecherstraße 98, 49090 Osnabrück).
ÖPNV: Bushaltestelle Kiefernweg am Ausgangspunkt mit Ringbuslinien 10/20 (täglich alle 20 – 30 Minuten), www.vos.info. Der Altstadtbahnhof ist über einen 2,2 km langen netten Zuweg erreichbar: vom Bahnhofsausgang schräg rechts halten, Straßen queren und auf kleiner Tunnelstraße links neben der Bahntrasse in nordwestliche Richtung, am Ende vor Wohnhäusern links auf Fußweg, erst im Bogen entlang Hase mit japanischem Knöterich, nach Bahnquerung links über Hase und geradeaus auf Radweg rechts neben der Bahntrasse bis ❶.
Anforderungen: Leichte Wanderung fast ausschließlich über radfähige Wege.
Markierung: Stellenweise Beschilderung Richtung Piesberg (Zubringer aus Zentrum), Hasetal-Uferweg, Radwegweiser.
Einkehr: Nur am Start bzw. Ziel im Gewerbegebiet.
Varianten: Abkürzungsmöglichkeit durch Aufteilung in etwa zwei gleich lange Hälften bei ❷ bzw. ❹ über Schleusenweg und Brückenstraße.
Kombi-Tipp: Tour 47 Piesberg mit kurzem Zubringer ab Wendepunkt bei ❸. Dort rechts der Straße folgen, nach 5 Minuten kurz rechts, dann links aufwärts Richtung Industriemuseum zur Straße am Piesberg, dort rechts auf ausgeschilderten Rundwanderweg.

Der 14,5 Kilometer lange Stichkanal verbindet den Osnabrücker Hafen mit dem Mittellandkanal.

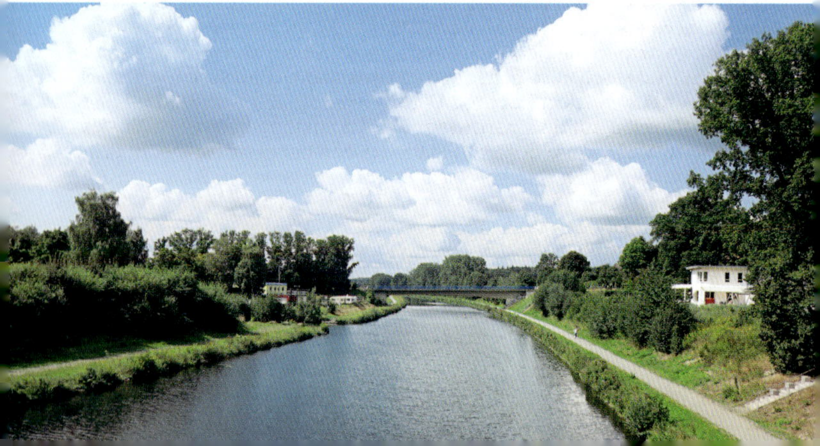

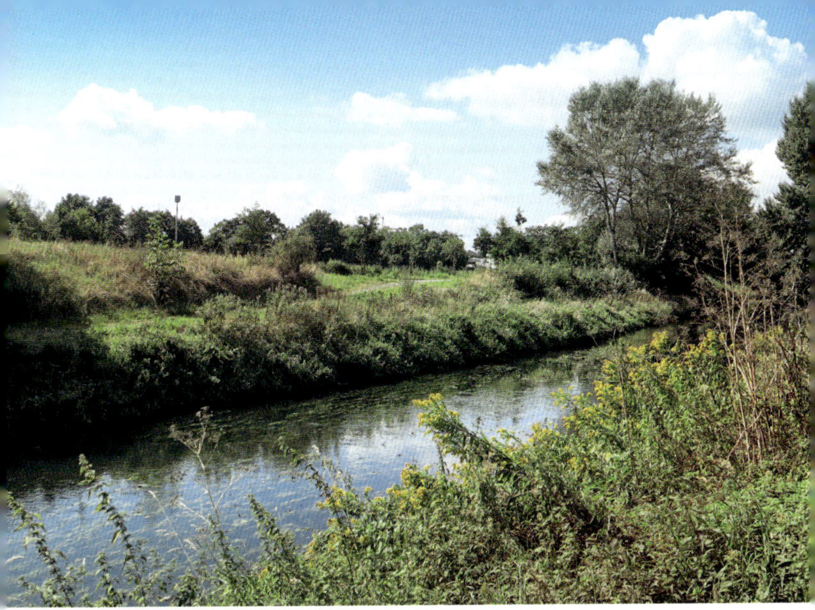

Unweit der Kläranlage präsentiert sich die Hase als Naturidyll.

Der Ausgangspunkt an der **Bahnbrücke Römereschstraße** ❶ im Gewerbegebiet ist wenig einladend, liegt aber günstig (Bushaltestelle, Parkgelegenheit, Zuweg zum Bahnhof). Auf der linken Seite der Römereschstraße geht es in nordöstliche Richtung, rechts vorbei am Gelände einer Fabrik für technische Spezialpapiere, hervorgegangen aus einer Wassermühle an der Hase vor mehr als 200 Jahren. 50 m nach der Betriebseinfahrt wechseln wir links auf den Pfad neben einem Zaun zum Hafen am Stichkanal Osnabrück und folgen dem Treidelweg nach links vorbei am Gelände der Papierfabrik. Nach der **Haster Schleuse** ❷ mit ihrem Wasserstandsunterschied von rund 5 m führt der Weg leicht nach links, kurz darauf im Zickzack abwärts zum Kanal und weiter auf dem Kanalweg. Der 14,5 km lange Stichkanal wurde 1910 – 15 als Verbindung zwischen Mittellandkanal und dem Hafenbecken

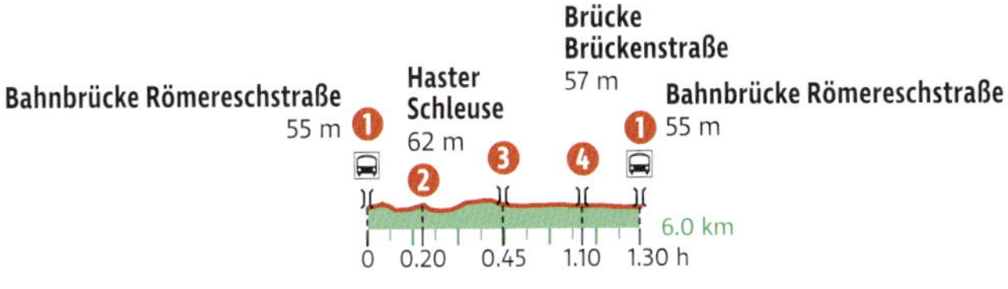

Osnabrück angelegt, dessen Becken zuletzt Ende 2021 auf 2,50 m vertieft wurde, um Binnenschiffe stärker beladen zu können.

Nach rund 20 Minuten verlassen wir nach der **Brücke der Glückaufstraße** ❸ den Kanalweg und gehen links die kleine Treppe aufwärts, rechts neben der Straße bis zur Hase und nach deren Brücke links entlang dem von Bäumen gesäumten Weg rechts neben dem Fluss. Bei der nächsten Brücke (Hafenringstraße) wechseln wir die Seite und folgen dem breitem Kiesweg für Radfahrer und Fußgänger links neben der Hase. Vor der Brückenstraße bei der Weggabelung rechts, unter der **Brücke der Brückenstraße** ❹ hindurch, kurz darauf rechts über den Fluss und weiter rechts entlang der Hase. Rechts ist eine Kläranlage zu sehen und zu riechen, konzipiert für bis zu 250.000 Menschen. Nach 0,5 km schwenkt der Weg nach rechts und erreicht kurz darauf bei zwei Pollern eine Straße (Kiefernweg), der wir rechts zurück zur **Bahnbrücke Römereschstraße** ❶ folgen.

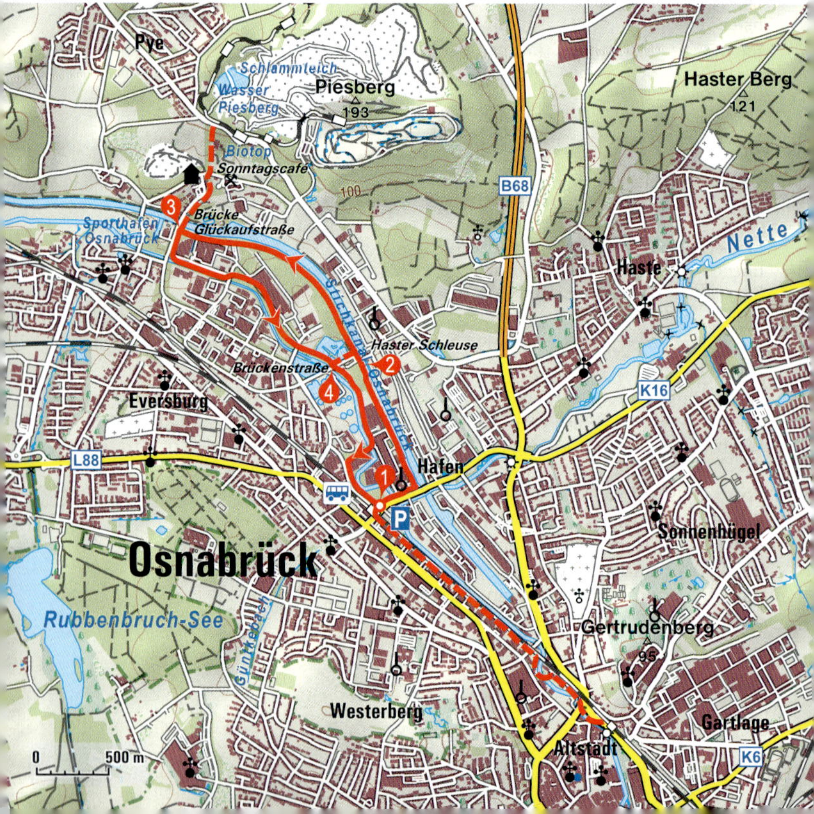

2.45 h

Westerberg – Rubbenbruch-See

Stadt- und Parkwanderung im Westen von Osnabrück

Westlich von Osnabrück zieht sich über den Westerberg eine grüne Achse mit weiten Ausblicken durch die Stadt. Unterwegs erinnern Gruben an den jahrhundertelangen Abbau von Muschelkalk, verwendet in vielen Gebäuden der Altstadt sowie der Stadtmauer. Einer der alten Steinbrüche beheimatet heute den Botanischen Garten mit Regenwaldhaus und aussichtsreichem Alpinum. Ziel- und Wendepunkt dieser Tour ist der künstlich angelegte Rubbenbruch-See.

Ausgangspunkt: Heger Tor im Westen der Osnabrücker Innenstadt, 65 m, nördlich davon (gebührenpflichtiger) Parkplatz am Stadthaus (Navi: Natruper-Tor-Wall 2, 49076 Osnabrück), alternativ Parkplätze beim Campus Westerberg und am Rubbenbruch-See.
ÖPNV: Bushaltestelle Heger Tor am Ausgangspunkt mit häufigen Verbindungen zum Hbf. (u.a. S10, R15/15), unterwegs Haltestelle Botanischer Garten mit R16/16 (So. stündlich, sonst mehrmals stündlich), www.rvm-online.de. Der Regionalbahnhof Osnabrück-Altstadt ist über einen 1 km langen Zuweg Richtung Botanischer Garten angebunden: Vom Bahnhof den Remarque-Ring queren, vor dem Barenturm über die Hase, nach dem Abstieg vom Turm rechts über die mehrspurige Ringstraße B 68 und in die Stüvestraße, nach 100 m links in den Fußweg (Heckengang), an dessen Ende rechts in die Natruper Straße und nach 70 m links in die Gutenbergstraße, die vor ❷ auf die Route trifft.
Anforderungen: Leichte Wanderung über verkehrsarme Straßen, Radwege und kurzzeitig Pfade.
Markierung: Wegweiser sowie stellenweise Töddenweg (T).
Einkehr: Rubbenbruch-See.
Varianten: Verlängerung um 0,3 km entlang des Westufers des Rubbenbruch-Sees.
Kombi-Tipp: Diese Tour lässt sich zusammen mit der Altstadt-Runde 50 zu einer rund 16 km langen Osnabrück-Rundwanderung kombinieren oder man nutzt die Tour 50 hälftig zur Anbindung an den Hauptbahnhof (2,5 km).
Tipps: Am Ausgangspunkt Museumsquartier (→ Tour 50); Botanischer Garten der Universität Osnabrück (gratis) mit Freifläche und Regenwaldhaus (täglich, im Winterhalbjahr Sa. geschlossen), www.bogos.uni-osnabrueck.de.

Von der Bushaltestelle westlich der Ringstraße (Rolandsmauer) am **Heger Tor** ❶ aus lokalem Kalkstein des Westerbergs steigen wir die Stufen aufwärts durch den kleinen Park und umgehen linksseitig das Stü-

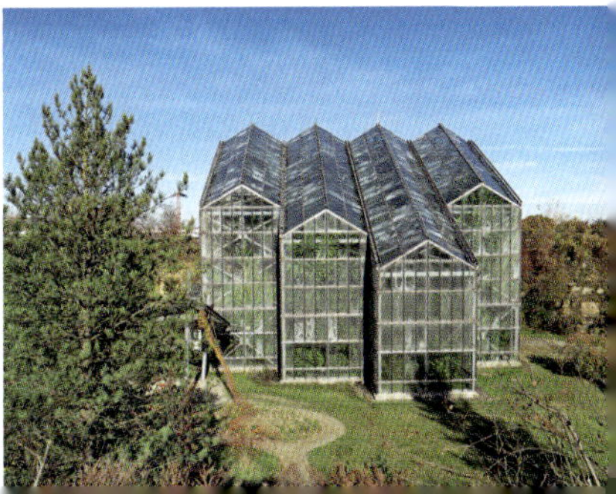

Der Botanische Garten mit seinem Tropenhaus entstand 1984 in einem Kalksteinbruch.

vehaus, heute VHS und früher städtisches Krankenhaus. Leicht aufwärts auf der Bergstraße und nach der Bergkirche von 1893 rechts (Bergstraße) bis zur Kreuzung mit der Lürmannstraße; dort links, durch eine Rechtskurve und bei der nächsten Kreuzung links in die Gutenbergstraße.

Nach 100 m führt uns ein einladender Weg beim Hintereingang in den Botanischen Garten, wo wir uns nach 150 m links halten und kurz darauf rechts den gepflasterten Weg aufwärts in das Alpinum nehmen. Oben bietet sich ein schöner Blick auf die Anlage des **Botanischen Gartens** ❷, der 1984 in einem Steinbruch mit 230 Mio. Jahre altem Muschelkalk angelegt wurde. Blickfang ist unten das gläserne Tropenhaus. Beim Abstieg halten wir uns links und biegen unten rechts in den Hauptweg. Am Haupteingang geradeaus abwärts, über die Straße mit einer Bushaltestelle rechter Hand und vor dem naturwissenschaftlichen Campus Westerberg der Universität Osnabrück links. Bei nächster Gelegenheit wählen wir den rechts abwärtsführenden Pfad zu den Teichen bei der Uni und nehmen leicht links versetzt den geradeaus führenden Pfad rechts an der Skulptur vorbei am Südrand des Fachbereichs Biologie. Bei der nächsten querenden Straße halten wir uns links und erreichen kurz darauf den höchsten Punkt des kammartigen **Westerbergs** ❸.

Ab hier leitet der mit »T« markierte Töddenweg rechts abwärts aussichtsreich über den Kamm und taucht nach 1 km in das Heger Holz ein, wo wir dem Forstweg immer geradeaus folgen bis zum Nordrand des Rubbenbruch-Sees. Dort verlassen wir den Töddenweg und nehmen den Uferweg links, vorbei an einem schönen Pausenplatz mit Bänken direkt am **Rubbenbruch-See** ❹, der in drei Bauabschnitten zwischen 1968 und 1991 zu Erholungszwecken angelegt wurde. Der Aushub des 24 ha großen bis zu 24 m tiefen Sees fand Verwendung beim Bau von Straßendämmen der A30 und B51.

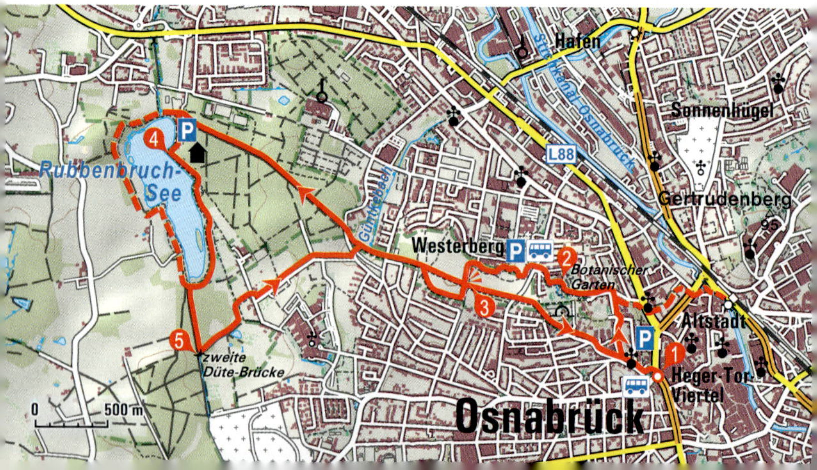

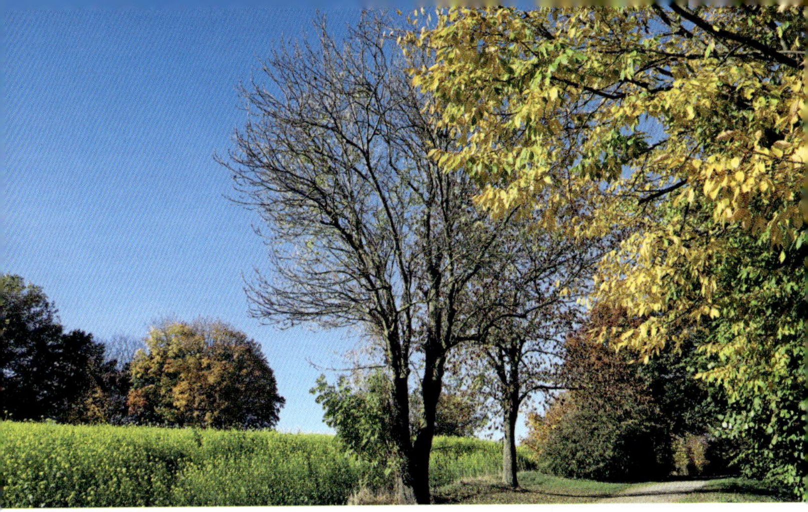

Im gleichnamigen Stadtteil bildet der 103 m hohe Westerberg eine grüne Hochfläche.

Am Südende des Sees biegen wir nach Querung der Düte-Brücke links südwärts in den Waldweg und nach 0,5 km nach links; der Weg führt nach erneuter Querung der Düte 2 kurz durch das Hakenhofer Holz und anschließend an dessen Rand entlang. 200 m nach der Düte bei einer Kreuzung geradeaus, bei der folgenden Möglichkeit links auf dem Grasweg neben einer Baumreihe und nach 100 m wieder rechts. Bei einem Poller erreichen wir vor einer Weide eine kleine Straße und folgen ihr kurz nach rechts, um nach 30 m links abzubiegen. Hier begleitet die kleine Straße Am Heger Holz links ein breiter Radweg. Mit Blick nach links über Weiden bis hin zum Waldrand führt die verkehrsarme Straße zurück zum Weg am Westerberg; nach Querung einer Straße (Lieneschweg) geht es geradeaus weiter und links an der Kleingartenanlage vorbei, ehe wir wieder auf den Töddenweg treffen, dem wir rechts über den **Westerberg** 3 zurück folgen; wobei sich am höchsten Punkt eine kleine Schleife nach rechts anbietet, ehe der Töddenweg vorbei am alten Steinbruch Westerberg zurück zur **Altstadt Osnabrücks** am **Heger Tor** 1 führt.

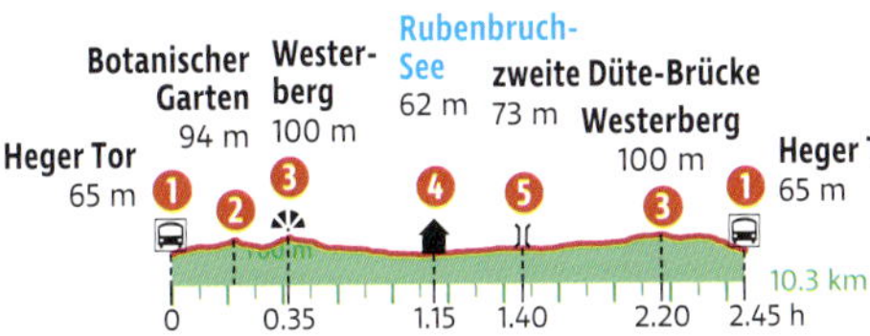

↗ 30 m | ↘ 30 m | 5,4 km

50 Osnabrücker Altstadt

2.00 h

Stadtrundgang zwischen Dom und Hauptbahnhof

Osnabrück, die drittgrößte Stadt Niedersachsens, hat eine lange Vergangenheit: gegründet 780 als Bischofssitz unter Karl dem Großen entwickelte sie sich schnell zu einem wichtigen geistlichen Zentrum. In der Hansezeit blühte der Handel an dem Kreuzungspunkt wichtiger Wege, an dem einst Ochsen die Hase querten, woraus sich der heutige Name entwickelte, zurückgehend auf das niederdeutsche »Ossenbrügge«. Einen historischen Meilenstein markierte der 1648 im Osnabrücker Rathaus unterzeichnete Westfälische Friede als Schlussstrich unter den Dreißigjährigen Krieg. Die Rundwanderung durch die Altstadt schlägt einen Bogen vom Mittelalter in die Gegenwart – eine Zeitspanne, in der sich Osnabrück als Friedensstadt etablierte, passend dazu auch Geburtsort des Antikriegs-Autors Erich Maria Remarque und Standort der deutschen Stiftung Friedensforschung im Ledenhof.

Ausgangspunkt: Osnabrück-Hauptbahnhof, 75 m, mit (gebührenpflichtigem) Parkhaus Bahnhofsgarage (Navi: Theodor-Heuss-Platz, 49074 Osnabrück), alternativ Parkplatz Große Domfreiheit am Dom. Weitere Parkgelegenheiten in Osnabrück: www.parken-osnabrueck.de.
ÖPNV: ICE-Bahnhof Osnabrück am Ausgangspunkt sowie unterwegs Stadtbus-Haltestellen, www.vos.info.
Anforderungen: Leichter Stadtrundgang großteils über gepflasterte Wege, Plätze und Bürgersteige sowie Rad- und Uferwege.
Markierung: Wegweiser und Straßenschilder.
Einkehr: Große Auswahl im Zentrum.
Varianten: Zahlreiche Abkürzungsmöglichkeiten im Zentrum.
Kombi-Tipps: Tour 49 zum Westerberg ab 4 – zusammen rund 16 km.
Tipps: Museumsquartier bei 3 in der Lotter Straße, www.museumsquartier-osnabrueck.de, Kunsthalle nahe 3 und Gestapokeller (Dauerausstellung) im Osnabrücker Schloss 5.

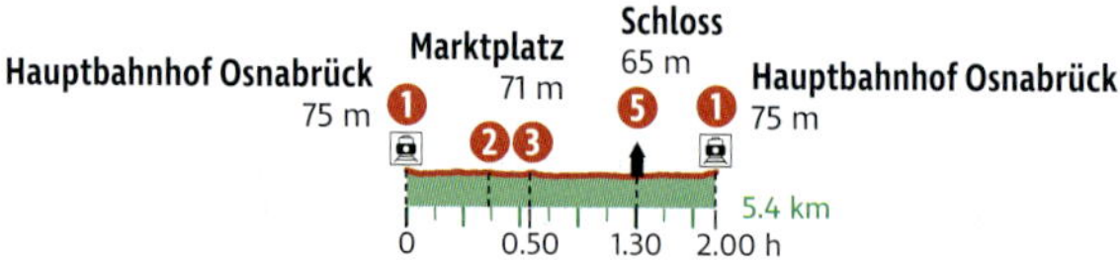

Den **Hauptbahnhof Osnabrück** 1 im Rücken gehen wir halb links über den Vorplatz und biegen in die Bruchstraße ab, zwischen Post (rechts) und Parkhaus (links). Nach 100 m erreichen wir die Hase, die uns bis zum Zentrum begleiten wird, zunächst bleiben wir rechtsseitig auf dem Radweg über dem Ufer, auch nach Querung der Heinrich-Heine-Straße. Nach der insgesamt dritten Straße (Wittekindstraße) wechseln wir bei der Neumarkt-Apotheke die Seite und folgen der Uferpromenade linksseitig der Hase, die

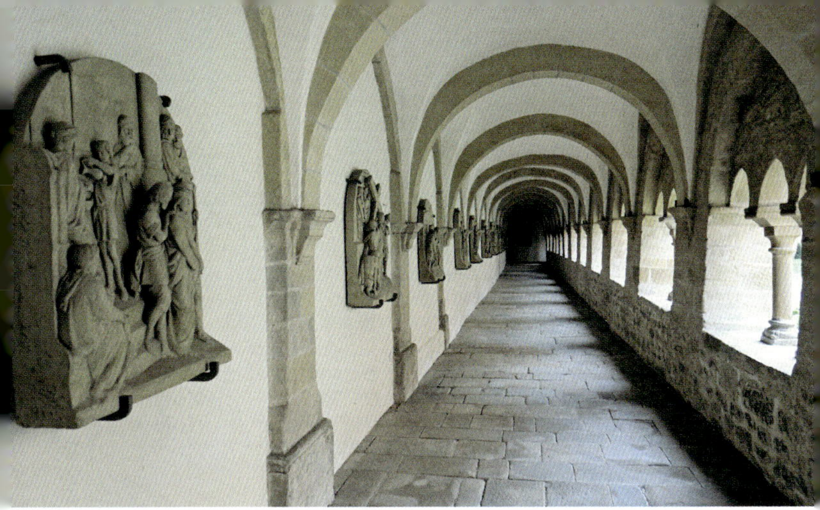

Südlich vom Dom bietet der Kreuzgang eine Reise zurück in das Mittelalter.

bei einem Rechtsknick verlassen wird. Die Gasse Kleine Domfreiheit führt rechts vorbei an einem Parkhaus auf den Dom zu, den wir rechts umrunden. Vorher lohnt sich ein Besuch des mittelalterlichen **Kreuzganges** 2 an der Südseite des Doms mit seinen dreiteiligen Arkaden zum Innenhof. Der frei zugängliche **Dom St. Petrus** soll von Karl dem Großen gegründet worden sein, der heutige Sandsteinbau geht überwiegend auf die Spätromanik des 13. Jh. zurück und wird von zwei ungleichen Türmen geprägt: Der frühere romanische Südturm wurde im 16. Jh. durch den jetzigen gotischen ersetzt. Nördlich vom Dom führt uns die Große Domfreiheit links an einem Parkplatz entlang, dahinter gehen wir halb links und nach Querung der Hasestraße geradeaus in die kopfsteingepflasterte Turmstraße, die am **Marktplatz** 3 endet, dem bürgerlichen Zentrum der Altstadt mit der evangelischen **Marienkirche** (links) und dem **Historischen Rathaus** (rechts). Dort erinnern im Friedenssaal 42 Ölgemälde an die Unterzeichnung des Westfälischen Friedens, der am 25. Oktober 1648 nach vier Verhandlungsjahren den Dreißigjährigen Krieg beendete. Auch die Südseite des Marktplatzes steht im Zeichen des Friedens: Neben der Stadtbibliothek erinnert das **Erich-Maria-Remarque-Friedenszentrum** an den 1898 in Osnabrück geborenen Schriftsteller, dessen Antikriegsroman »Im Westen nichts Neues« in mehr als 50 Sprachen übersetzt wurde.

Am Marktplatz gehen wir links am Rathaus vorbei, dahinter rechts und vor der Touristinfo links in die Gasse (Kleine Gildewart), an deren Ende wir links der Großen Gildewart folgen zum **Heger Tor** 4, das 1817 als »Waterloo-Tor« errichtet wurde zur Erinnerung an Osnabrücker Soldaten der

1815 auf Seiten der Engländer kämpfenden »Kings German Legion«. Schräg links gegenüber liegt jenseits der Ringstraße (Rolandsmauer) das auch als »Friedenslabor« vermarktete **Museumsquartier** mit seinen vier Gebäuden, darunter das vom Architekten Libeskind entworfene Felix Nussbaum-Haus mit 200 Werken des 1904 in Osnabrück geborenen und Malers und Opfers der NS-Herrschaft. Die kurze Museumsrunde führt nach der Ampel in den Park, links vorbei am Akzisehaus, dem heute als Kulturzentrum genutzten ehemaligen Zollhaus und kurz darauf links abwärts und unter der Bogenbrücke der alten Stadtbefestigung hindurch, die erst beim Bau des Nussbaum-Hauses 1996 entdeckt wurde. Der Glasgang verbindet Teile des Nussbaum-Hauses. Wir passieren den Innenhof des Kulturgeschichtlichen Museums und schwenken vor der Villa Schlikker nach links. Als Wohnhaus der Tuchmacherfamilie Schlikker erbaut diente das Gebäude 1932–45 als NSDAP-Hauptquartier in Osnabrück und 1945–60 als Sitz der britischen Militärregierung. Derzeit (bis 2023) wird sie zum »Lernort gegen Rassismus und Ausgrenzung« ausgebaut.
Wir queren wieder die Ringstraße, halten uns links und nehmen die Treppen aufwärts zur alten Stadtbefestigung am **Heger Tor** 4 mit schönem Blick über die Altstadt. Vom Heger Tor folgen wir der Marienstraße durch das für seine Kneipen bekannte Heger-Tor-Viertel Richtung Altstadt und biegen kurz vor dem Rathaus rechts in die Krahnstraße ab, eine beliebte Einkaufsstraße, die wir nach 150 m rechts verlassen. Die Hakenstraße ist weniger mondän und führt unter dem 180 m langen 1984 erbauten Nicolai-Zentrum mit Mischnutzung hindurch, landläufig auch als »Supertanker«

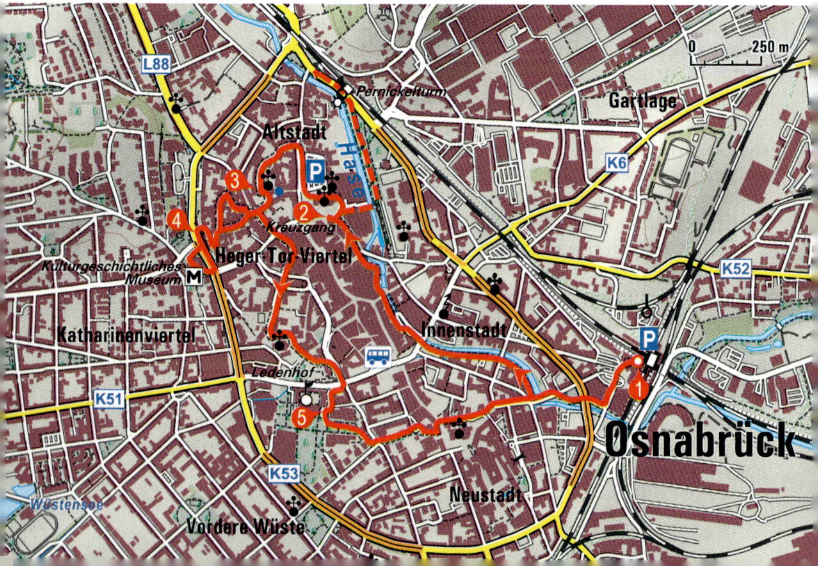

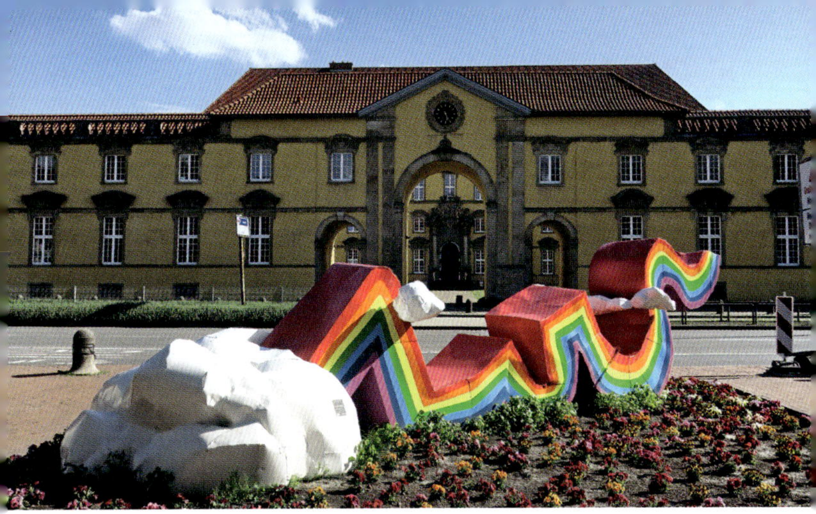

Osnabrücker Schloss mit der (temporären) Skulptur ALLESWIRDGUT.

bezeichnet. 100 m danach umgehen wir links die Katharinenkirche und kurz darauf uns links haltend den **Ledenhof** mit der Deutschen Stiftung Friedensforschung, queren die mehrspurige Straße (Neumarkt) und spazieren durch die Parkanlage.

Rechts liegt das **Osnabrücker Schloss** 5. Das ehemalige Residenzschloss diente seit 1803 als Verwaltungsgebäude und wurde zu Zeiten des Nationalsozialismus im Westflügel von der Gestapo als Gefängnis und Folterstätte genutzt. Im Zweiten Weltkrieg bis auf die Außenmauern zerstört beheimatet es seit dem Neuaufbau eine Pädagogische Hochschule bzw. seit 1974 die Universität Osnabrück als deren Nachfolgerin. Wir passieren die Ostseite des Schlosses, wo links vom Innenhof-Durchgang ein Fensteraufsatz den Kopf der Comicfigur Mecki trägt, eine Eigenwilligkeit bei der Nachkriegssanierung und Nachlässigkeit der Bauaufsicht, vermutlich ein Werk des Osnabrücker Bildhauers Hans-Gerd Ruwe.

Im Schlossgarten links auf asphaltiertem Weg durch den Campus Innenstadt, links vorbei an der Mensa und nach den Pollern auf dem Radweg, über die Kolpingstraße, rechts am modernen Unigebäude vorbei und westwärts auf dem Rad-/Fußweg Richtung Hauptbahnhof. Nach einem kurzen Linksknick auf der Johannisstraße auf dem Fußweg Hubert-Eichholz-Gasse links vorbei an der Sankt-Johann-Kirche und kurz darauf entlang der Straße Johannisfreiheit zur Hasebrücke der Heinrich-Heine-Straße. Ab hier geht es wie beim Hinweg zurück zum Ausgangspunkt: rechts abbiegend links entlang der Hase und 50 m nach Querung des Konrad-Adenauer-Rings links entlang der Bruchstraße zum **Hauptbahnhof Osnabrück** 1.

STICHWORTVERZEICHNIS

Umschlagbild: Östlich von Osnabrück erhebt sich das mittelalterliche Wasserschloss Schelenburg.

Bild im Innentitel: Blühender Rhododendron am Ahler Bach in Bippen (Tour 34).

Bild S. 2: Diese Fußgängerallee führt am Gertrudenberg in den Osnabrücker Bürgerpark.

Alle Fotos vom Autor, ausgenommen die Fotos der Umschlagseite sowie der Seiten 90 – 99 (Idhuna Barelds).

Kartografie:
50 Wanderkärtchen im Maßstab 1:25.000 / 1:50.000 / 1:75.000
Geodaten © OpenStreetMap und Mitwirkende
Kartografisches Design: Freytag & Berndt, www.freytagberndt.cz
2 Übersichtskärtchen im Maßstab 1:400.000 und 1:700.000
© Freytag & Berndt, Wien

1. Auflage 2022

ISBN 978-3-7633-4598-4

MIX
Papier aus verantwortungsvollen Quellen
FSC® C021956
FSC www.fsc.org

Wir freuen uns über jeden Korrekturhinweis zu diesem Wanderführer!
Bitte per E-Mail an: leserzuschrift@rother.de

ROTHER BERGVERLAG · Keltenring 17 · D-82041 Oberhaching
Tel. +49 89 608669-0 · www.rother.de